STAATSFINANZIERUNG: STEUERN, SPAREN ODER VERSCHULDEN?

AXEL STOMMEL

STAATSFINANZIERUNG: STEUERN, SPAREN ODER VERSCHULDEN?

BÜCHNER-VERLAG
Wissenschaft und Kultur

Axel Stommel
Staatsfinanzierung: Steuern, Sparen oder Verschulden?

ISBN (Print) 978-3-96317-431-5
ISBN (ePDF) 978-3-96317-1005-4

Bahnhofstraße 5, 35037 Marburg
Kontakt: info@buechner-verlag.de
Satz und Umschlaggestaltung: DeinSatz Marburg
Bildnachweis Umschlag: www.freepik.com
Druck und Bindung: CPI Books GmbH, Leck
Die verwendeten Druckmaterialien sind zertifiziert als FSC-Mix.
Printed in Germany

Bibliografische Informationen der Deutschen Nationalbibliothek
Die Deutsche Nationalbibliothek verzeichnet diese Publikation in der Deutschen Nationalbibliografie, detaillierte bibliografische Angaben sind im Internet über http://dnb.de abrufbar.

www.buechner-verlag.de

Inhalt

Vorwort

Am 18. März 2025 hat der bereits abgewählte Deutsche Bundestag einer noch nicht gewählten Bundesregierung tausend Milliarden Euro aus neuer Verschuldung zur Verfügung gestellt; das Grundgesetz musste dafür von dem bereits abgewählten Parlament geändert werden. Tausend Milliarden sind eine Billion. Das ist eine Zahl mit 12 Nullen: 1.000.000.000.000.

Tatsächlich ging und geht es jedoch um noch viel mehr. Obwohl noch gar nicht zum Kanzler gewählt, hat FRIEDRICH MERZ der Bundeswehr unverzüglich hoch und heilig versprochen, sie werde von seiner Regierung bekommen, »whatever it takes« (auf Deutsch: koste es, was es wolle). Das konnte er versprechen, weil alle Ausgaben für äußere Sicherheit, die ein Prozent des nominalen Bruttoinlandsproduktes überschreiten, im Rahmen der besagten Grundgesetzänderung von der Schuldenbremse ausgenommen worden sind.

Damit hat sich das Parlament zwar eine Untergrenze für kreditfinanzierte Rüstungsausgaben in die Verfassung geschrieben, aber keine Obergrenze. Das ist brandgefährlich, und zwar nicht nur sicherheitspolitisch und international, sondern auch rein ökonomisch und national. Denn finanziell unbegrenzte Rüstungsausgaben können nur allzu leicht die heimischen Produktionskapazitäten überlasten und die Inflation, die Geißel des sogenannten »gemeinen Volkes«, schüren.

Zu allem Überfluss hat jemand etwa vier Wochen nach dem Parlamentsbeschluss bemerkt, dass eine Neuverschuldung des gebilligten Ausmaßes gegen die Schuldenregeln der EU verstößt. Die waren übrigens ein Jahr zuvor eigens verschärft worden – pikanterweise auf deutsche Anregung hin. Mit Datum 24. April musste der noch amtierende deutsche Wirtschaftsminister aus der abgewählten Regierung bei der EU um eine Ausnahmeregel für die gesamte, künftige Wahlperiode nachsuchen: Das forsche Whatever-it-takes des FRIEDRICH MERZ braucht den Segen der EU. Falls die EU ihrem größten, wirtschaftsstärksten Mitglied den Segen nicht verweigern sollte: Was bedeutet das für den Rest der Gemeinschaft? Was für die Haushaltsdisziplin der anderen und die gemeinsame Währung?

Was auch immer noch kommen und wie es auch immer ausgehen mag: Der Vorgang gibt Anlass, Fragen der Staatsfinanzierung von Grund auf zu untersuchen. Zwar hat der in Aussicht genommene Mega-Kredit mit all seinem ungewöhnlichen Drum und Dran umfängliche, engagierte Erörterungen in den Medien ausgelöst. Für eine gründliche, systematische Untersuchung zumal in wirtschafts- und finanzpolitischen Alternativen ist dort jedoch naturgemäß kein Platz. Erstaunlicherweise fehlt eine derartige Untersuchung jedoch auch auf wissenschaftlicher bzw. populärwissenschaftlicher Ebene, wie sich nachfolgend noch zeigen wird. Damit ist das Thema dieser Schrift benannt: Basics der Staatsfinanzierung und der Streit der Interessen und Lehrmeinungen um Steuern, Sparhaushalte und öffentliche Verschuldung.

Die Schrift greift auf verschiedene Veröffentlichungen zurück, in denen ich mich im Laufe der Jahre mit Fragen der Staatsfinanzierung auseinandergesetzt habe, und vereinigt sie systematisch. An erster Stelle sind dabei die »*Basics der Ökonomie*« aus dem Jahr 2019 zu nennen; die ersten vier ihrer 20 Kapitel sind im vorliegenden Zusammenhang von grundlegender Bedeutung, ohne dass dies ihrem Titel, »*Basics der Ökonomie – Herrschende Lehren auf dem Prüfstand*«, anzumerken ist. Das Werk hat es übrigens bis in die Shortlist des Hans-Matthöfer-Preises für Wirtschaftspublizistik 2020 geschafft, obwohl es den Lehrmeinungen der Jury-Mitglieder in vielen Punkten dezidiert widerspricht – sicherlich ein bemerkenswerter Vorgang. Die besagten ersten vier Kapitel dieses Werkes sind in der vorliegenden Schrift über weite Strecken unverändert wiederzufinden.

Des Weiteren ist meine Monografie aus dem Jahr 2020 in diesem Zusammenhang zu erwähnen; sie trägt den Titel »*Die unerträgliche Leichtigkeit der Schulden – Corona, das Klima und die Schwarze Null*«. Außerdem sind zwei Aufsätze in den »Blättern für deutsche und internationale Politik« zu nennen, in denen ich mich mit Easy Financing, also den unablässigen Versuchungen eines vermeintlichen Gebens ohne zu nehmen für Menschen auseinandersetze, die als Politiker:innen ständig dem Wählervotum unterworfen sind (Hefte Nr. 8/2021 und 11/2021); schließlich meine zum Teil bereits im vorigen Jahrhundert in verschiedenen Fachzeitschriften, namentlich in »Wirtschaft und

Erziehung« erschienenen Beiträge zum vorliegenden Thema sowie meine Monografie aus dem Jahre 2012 mit dem Titel »*Die Reichen, die Banken, die Schulden und wir*«. Die verstreuten Abhandlungen also befinden sich auf den folgenden Seiten systematisch zusammengeführt und aktualisiert.

In Wirtschaft und Gesellschaft hängt vieles mit vielem zusammen. Fragen des Staatshaushalts berühren beispielweise auch Fragen der Außenwirtschaft, der Beschäftigungssicherung und des sozialen Ausgleichs, der Umwelt und des Klimas. Es ist unumgänglich, solche Themen zunächst auszuschließen, um den Gang der Untersuchung konzentriert und zielgerichtet durchs schwierige, streckenweise ideologisch wild und stachlig, gleichsam macchia-artig überwucherte Gelände zum Ziel zu führen, hier also zur konzentrierten, allgemein verständlichen und leicht fassbaren Antwort auf die Leitfrage der Untersuchung, die da lautet: Steuern, sparen oder verschulden?

Wer an den beispielhaft genannten, weiteren Fragen interessiert ist, sei auf die erwähnten »*Basics der Ökonomie – Herrschende Lehren auf dem Prüfstand*« hingewiesen. Das Inhaltsverzeichnis dieses Werks befindet sich in Anhang 2. Gelegentliche Hinweise nach folgender Art (→*Basic 17*) verweisen auf diesen Text.

Teil I:
Basics der Staatsfinanzierung

»Und nichts beeinflusst den Wohlstand einer Nation
und ihrer Menschen stärker als die Wirtschaftspolitik.«

Joseph Stiglitz

1
Die schwäbische Hausfrau und der Staat
Bei wem sollten die Ausgaben die Einnahmen bestimmen?

Wer wen bestimmt – und wo

Im Privathaushalt sollen die Einnahmen die Ausgaben bestimmen:

Einnahmen → Ausgaben

Der Grund: Der Privathaushalt, idealtypisch repräsentiert durch die schwäbische Hausfrau, müsste sich sonst verschulden.[1] Das ist teuer und beschränkt die künftigen Ausgaben.[2]

Im Staatshaushalt sollte es genau umgekehrt sein: Die Ausgaben bestimmten die Einnahmen:

Einnahmen ← Ausgaben

Der Grund: Der Staat muss die öffentlichen Aufgaben auf jeden Fall erfüllen, also gerade auch in schlechten Zeiten – Bildung, Sicherheit, Infrastruktur und vieles mehr je nach Kassenlage geht nicht, das wäre kontraproduktiv. Wenn es schon wirtschaftlich bergab geht, darf man nicht auch noch Bildung, Sicherheit und Infrastruktur hinterherschicken und dem Wirtschaftskreislauf weitere Mittel entziehen. Ökonomie-Nobelpreisträger Joseph Stiglitz: »Dämpft der Staat die Nachfrage, sinkt die Wirtschaftsleistung – es sei denn, die Lücke wird durch etwas anderes geschlossen. So einfach ist das.«[3]

Wenn es schon bergab geht, gibt es jedoch, vom Staat abgesehen, nichts und niemand, der bereit und in der Lage ist, Nachfragelücken zu schließen, erst recht nicht die Lücke, die ein Rückzug des Staates zusätzlich aufreißt. Deshalb gilt es – genau umgekehrt –, durch verstärkte staatliche Ausgaben in Bildung, Sicherheit, Infrastruktur und manches mehr dem Niedergang materiell und finanziell Einhalt zu gebieten und die Wende einzuleiten.

»Wer zu hohe Ausgaben hat, soll einfach weniger ausgeben«: Dieser gern zitierte Lehrsatz der privaten Hauswirtschaft führt folglich nicht aus der ökonomischen Krise heraus, sondern tiefer in die Krise hinein. Er weitet die ökonomische zu einer politisch-ökonomischen Krise aus, macht aus der Wirtschafts- eine Staats- und Gesellschaftskrise. Das müsste seit BRÜNINGS Wirtschaftspolitik in der großen Depression von 1929 bis 1932 sowie der in diesen Jahren entstandenen Wirtschaftstheorie von JOHN MAYNARD KEYNES allgemein bekannt sein; schließlich wurde die keynes'sche Lehre seitdem weltweit immer wieder praktisch bestätigt.

Stattdessen muss der Staat gegebenenfalls seine Einnahmen an die Ausgaben anpassen, indem er die, die es zu tragen vermögen, die Vermögenden nämlich, stärker besteuert. Staatliche und private Haushaltsführung unterscheiden sich folglich grundlegend: *Beim Staat bestimmen die Aufgaben die Ausgaben, und die Ausgaben bestimmen seine Einnahmen.*

So sollte es jedenfalls sein. Denn so lautet das entsprechende ökonomische Gesetz. Die in unzähligen Varianten verbreitete Feststellung vorzugsweise konservativ-liberaler Politiker:innen und Medienvertreter, die da lautet: »Wir haben kein Einnahmenproblem; wir haben ein Ausgabenproblem – daher gilt es zu priorisieren/zu sparen!«, verkennt, genauer: verkehrt die Lage der Dinge.

Dass die Ausgaben die Einnahmen bestimmen, gilt beim Staat generell, also keineswegs nur in der Krise, sondern in schlechten wie in guten Zeiten gleichermaßen. Art und Umfang der öffentlichen Aufgaben selber, folglich auch der erforderlichen Ausgaben zu ihrer Erfüllung werden *von der Gesellschaft auf der Grundlage ihrer jeweils erreichten wirtschaftlichen Möglichkeiten in freier Wahl bestimmt.* Das wahlentscheidende Kriterium lautet: Welche Aufgaben kann der Staat besser, d. h. effektiver, weniger aufwendig bewältigen als privat? Demgemäß ist die Gewährung der öffentlichen Sicherheit sehr früh schon als Aufgabe des Staates definiert worden, die Versorgung mit frischen Backwaren dagegen durchweg als Aufgabe, die von Privaten zu erfüllen sei.

Mit zunehmender gesellschaftlicher Komplexität wachsen die Aufgaben, und viele werden zu öffentlichen – Schule, z. B., ist erst vor rund 200 Jahren zur öffentlichen Aufgabe geworden, und seitdem ist diese Aufgabe selber beständig gewachsen sowie immer komplexer, mithin aufwendiger, kostspieliger geworden. Für Verkehrswege, Rechtsprechung und die Rahmenordnung digitaler Dienste, um es bei drei Beispielen zu belassen, gilt dasselbe.

Mit den Aufgaben wachsen beim Staat folglich im Laufe der Zeit die Ausgaben; in ihrem Gefolge wachsen die Einnahmen, die benötigt werden, um die

Aufgaben sachgerecht zu erfüllen. Die Einnahmen des Staates sind in diesem Sinne *auf- und ausgabenbestimmt*. Sie sollten deshalb auch genau so festgesetzt werden.

Das Wagnersche Gesetz und die Bedeutung der Staatsquote

Die Staatsquote, also der Anteil, den der Staat am Bruttoinlandsprodukt in Anspruch nehmen muss, um seine ständig wachsenden Aufgaben zu erfüllen, wächst folglich mit den Aufgaben, genauer: sie muss mit den Aufgaben wachsen. Die ständig wachsende Komplexität der gesellschaftlichen Verhältnisse, wie sie sich im Zuge des technischen und sozialen Fortschritts entwickeln, zwingt dazu. Adolf Wagner hatte diesen Zusammenhang schon im Jahre 1863 erkannt, als allgemeine Regel erfasst sowie in späteren Jahren als ökonomisches Gesetz bezeichnet.[4] Das Wagner'sche »Gesetz der wachsenden Staatsausgaben« wirkt unentwegt und weltweit; sein Walten wurde noch nicht einmal von den beiden Weltkriegen unterbrochen – das Gegenteil war der Fall.

Den vehementen Verfechtern der Sparpolitik, wie man sie etwa im Kreis der Hochvermögenden und weiten Teilen der wirtschaftswissenschaftlichen Orthodoxie findet, sind zunehmende Staatsquoten jedoch ein Gräuel. Vor den wachsenden, sich immer weiter differenzierenden, alten und neuen Staatsaufgaben schließen sie die Augen und nehmen einfach nicht zur Kenntnis, dass

- Schulpflicht und Straßenverkehrsordnung,
- öffentlicher Personennah- und -fernverkehr,
- Lebens- und Arzneimittelüberwachung,
- die Finanzaufsicht und das Kartellamt,
- die Regulierung von IT und KI,
- der Schutz vor Cyberkriminalität aller Art,
- Kinderschutz und Obdachlosenhilfe,
- die Sicherung arbeitsrechtlicher und sozialer Mindeststandards,
- die Zuständigkeit für den Konjunkturverlauf
- und vieles mehr

nach und nach in den Aufgabenkatalog des Staates hineingewachsen sind, und dass dieser Prozess beileibe noch nicht abgeschlossen ist.

Speziell die Infrastruktur: Dazu gehören Energie, Kommunikation, Trinkwasser, Abwasser, Müllabfuhr. Außerdem Verkehr: Straßen, Brücken, Schienen, Schifffahrt, ÖPNV, Radwege. Des Weiteren: das Finanzwesen, Soziales wie Wohnraum, Bildung, das Gesundheitswesen, Kultur und Sport. Aber auch intakte Siedlungsräume, Grünanlagen und Gewässer. All das ist Infrastruktur. Sie ist das Fundament unseres Wohlstands.

Sowie elementare Staatsaufgabe. Wer sonst sollte und könnte sich darum kümmern, wer sonst sollte die ständig komplexer werdende gesellschaftliche Entwicklung regeln und steuern, wenn nicht der Staat? Dass wachsende Aufgaben wachsende Mittel zu ihrer Bewältigung erfordern, wird einfach ausgeblendet. Zu Helmut Kohls Zeiten betrug die deutsche Staatsquote 47 Prozent, heute, rund 30 Jahre später, beträgt sie 48 Prozent. Es liegt auf der Hand, dass dieses minimale Finanzierungswachstum nicht in der Lage war bzw. ist, mit dem Wachstum der Staatsaufgaben in demselben Zeitraum Schritt zu halten, zumal der Produktivitätsfortschritt gerade im Dienstleistungsbereich, damit also auch im staatlichen Leistungsbereich, im Gegensatz zum produktiven Bereich seit jeher gering ausfällt. Dieser große, bunte Strauß neuer Staatsaufgaben verursacht große, neue Ausgaben; der öffentliche Finanzbedarf wächst rapide.

Ohne angemessen wachsende Einnahmen muss der Staat langsam, aber sicher vor seinen Aufgaben, den neuen wie den alten, kapitulieren. Da dieser Prozess langsam voranschreitet, bleibt er anfangs unbemerkt. Wenn er aber dann doch bemerkt wird, schwindet das Vertrauen der Bevölkerung in die Fähigkeit des Staates zur Lösung ihrer Probleme – anfangs langsam, mit der Zeit schneller. Dann wird es ernst. Reden helfen dann nicht mehr; das Vertrauen in den Staat wird im Leben, genauer: im Alltagsleben erzeugt und zerstört, nicht in den Reden von Politikerinnen und Politikern. Große Aufgaben, große Pläne, aber weder Geld noch Personal: Dass das nicht funktioniert, bleibt auf Dauer kein Geheimnis.

Im Jahre 2025 ist Deutschland ein gutes Stück vorangekommen auf dem Weg in den Abgrund der *failed states*/der gescheiterten Staaten. Laut einer Forsa-Umfrage im März spricht die Mehrheit der Befragten keiner der etablierten Parteien mehr die Fähigkeit zur Lösung der anstehenden Probleme zu;[5] immer mehr driften ab zum rechten Rand des politischen Spektrums, dahin, wo eine Partei mit dem verheißungsvollen Namen »Alternative« grundlegenden Wandel verheißt. Katastrophale historische Erfahrungen mit Parteien dieser Art sind im Zeitenlauf verblasst.

Armer Staat, reiche Kreditgeber

Tatsächlich wird der deutsche Staat seit den Zeiten von Kanzler Kohl nach dem Rezept schwäbischer Sparsamkeit regiert; seine Nachfolgerin, obwohl die Erfinderin der Metapher, trat insoweit ganz in seine Fußstapfen: »Wir müssen mit dem auskommen, was reinkommt«, hatte sie nach Hausfrauenart festgestellt; man »kann nicht auf Dauer über seine Verhältnisse leben. Das ist der Kern der Krise.«[6] Auf überschießende Ausgaben reagiert unser Staat mit Einsparungen (in der Bildung, bei öffentlichen Einrichtungen und Diensten aller Art, kurz: in der Infrastruktur), hilfsweise mit Verschuldung, indem er sich Geld für gleichwohl unmittelbar unverzichtbare Aufgaben bei denen leiht, die Geld übrig haben: bei den Vermögenden. Die sind in der Lage, ihm leihweise auszuhelfen, weil sie weder sach- noch leistungsfähigkeitsgerecht besteuert worden sind und werden – Verschuldung ersetzt unzureichende Be-, besser: Ersteuerung. Die Leihe kann entweder direkt mit den Anlegern oder indirekt über Banken abgewickelt werden. Einzelheiten brauchen hier nicht zu interessieren.[7]

Er reagiert also mit einer Kombination aus Sparen (vorrangig in sozialen Bereichen sowie bei der Bildung) und Verschulden (bei Banken und Vermögenden). Das ist ein schwerer Fehler. Er bewirkt, dass die deutsche Bevölkerung mehrheitlich seit Jahren *unter* ihren wirtschaftlichen Verhältnissen lebt. Außerdem befreit der sparende, sich verschuldende Staat die Vermögenden dadurch nicht nur von weiteren Steuerzahlungen. Sondern der sich verschuldende Staat befreit die Vermögenden gleichzeitig aus ihrem Anlagenotstand, hilft ihnen bei der Sicherung und leistungslosen Mehrung ihres Vermögens. *Denn die vertrauenswürdigen Schuldner bilden den Engpass auf den Finanzmärkten*; Kapital dagegen, das gewinnbringende Anlagen sucht, ist im Überfluss vorhanden.

Bester Schuldner aber ist und bleibt der Staat. Denn bei diesem Schuldner bürgen all seine Bürger für all seine Schulden. Die Existenz der Staatsbürger kann auch nicht wie die Existenz von Wirtschaftsunternehmen durch eine einfache Löschung im Handelsregister beendet werden. Außerdem wachsen die bürgenden Bürger ständig nach. Obendrein kann sich dieser Schuldner, der Staat, nicht ins Ausland absetzen, um sich seinen Zahlungsverpflichtungen zu entziehen.

Für den vermögenden Geldbesitzer gilt deshalb: »Nicht nur ist die Armut des Staates sein Reichtum, sondern sie bietet ihm zugleich eine ideale Gelegenheit, diesen [Reichtum – AS] gewinnbringend zu investieren.« So Wolf-

GANG STREECK, Direktor emeritus am Max-Plank-Institut für Gesellschaftsforschung.[8] Der arme Staat ist der Reichen Schatz.

Anmerkungen zu Kapitel 1

1 Die schwäbische Hausfrau als Leitbild staatlicher Haushaltsführung hat ANGELA MERKEL 2008 in ihrer Rede auf dem CDU-Parteitag in Stuttgart ortsgerecht aus der Taufe gehoben: »Man hätte … einfach nur eine schwäbische Hausfrau fragen sollen. Sie hätte uns eine ebenso kurze wie richtige Lebensweisheit gesagt, die da lautet: Man kann nicht auf Dauer über seine Verhältnisse leben.«
Die Karriere dieser Metapher in der wirtschafts- und tagespoltischen Diskussion war auf Anhieb steil und umkämpft. Dabei ist das Ende der schwäbischen Hausfrau schon oft diagnostiziert worden (z. B. von DIRK EHNTS/SKENDER FANI in ihrem gleichnamigen Beitrag im IPG-Journal vom 11.3.2019). Aber immer reichlich verfrüht; wie sich noch zeigen wird, hält ANGELA MERKELS schwäbische Hausfrau den Löffel bis zum heutigen Tage immer noch wacker in der Hand. Der gerade erst gescheiterten Ampelkoalition hat die schwäbische Hausfrau sogar den Todesstoß versetzt, insofern sich der Finanzminister, CHRISTIAN LINDNER, der Hausfrau unbeirrt als finanzpolitischem Leitbild verpflichtet hatte und sich dabei des verlässlichen Beifalls der orthodoxen Ökonomie sicher sein konnte (»Lindner war ein guter Finanzminister«: So z. B. lobt ihn der Präsident des ifo-Instituts für Wirtschaftsforschung, CLEMENS FUEST, in der Süddeutschen Zeitung vom 11.4.2025).

2 Die Möglichkeiten zur Steigerung der Einnahmen sind im Privathaushalt jedenfalls eng begrenzt und werden erfahrungsgemäß überwiegend nicht vom Haushalt selber bestimmt, sondern von äußeren Umständen (offene Stellen, verlangte berufliche Fähigkeiten, familiäre Situation und örtliche Bindungen, Gesundheit, Alter u. a.).

3 JOSEPH STIGLITZ, Europa spart sich kaputt – Warum die Krisenpolitik gescheitert ist und der Euro einen Neustart braucht, München 2016, S. 262.

4 ADOLF WAGNER: »Aber auch seine [des Staates – AS] relative Bedeutung steigt, d. h. eine immer grössere und wichtigere Quote der Gesammtbedürfnisse eines fortschreitenden Culturvolks wird durch den Staat statt durch andere Gemeinwirtschaften und Privatwirtschaften befriedigt.« (Grundlegung der Politischen Ökonomie, Teil I, 3. Aufl., Leipzig 1893, S. 893 f.)
Wie geht die herrschende Lehre mit WAGNERs Gesetz um? Sie erklärt es für überholt, zudem »normativ«, d. h. von persönlichen Wertvorstellungen getrieben: Das Gesetz beruhe »auf Beobachtungen einer historischen Situation, aus der eine Allgemeingültigkeit im Sinn eines ›Gesetzes‹ nicht beansprucht werden kann; auch normative Aussagen fließen ein.« (STEFFEN MINTER in: Gablers Wirtschaftslexikon – Das Wissen der Experten, https://wirtschaftslexikon.gabler.de).
Eine Gesellschaft, die ihre wissenschaftliche Expertise (immer noch) an der Methodologie des Kritischen Rationalismus des KARL R. POPPER ausrichtet und »normativ«, »Allgemeingültigkeit«, »Situation« pauschal als Totschlagargumente verwendet,

darf sich über Irrungen und Wirrungen in ihrem Entwicklungsgang nicht beklagen. Dies jedoch nur ganz am Rande.

5 Quelle: Statista, Politische Kompetenz, Abfrage vom 19.3.2025.

6 So ANGELA MERKEL auf dem Evangelischen Kirchentag (gemäß Berliner Zeitung vom 14.11.2012) sowie bei vielen, weiteren Gelegenheiten, namentlich auf dem Parteitag der CDU in Stuttgart 2009. Gleich zu Beginn ihrer vierten und letzten Amtsperiode stellt ihr frisch ernannter Wirtschaftsminister, PETER ALTMAIER, unmissverständlich klar, dass es unverändert weitergeht: Es gelte, »dauerhaft einen ausgeglichenen Bundeshaushalt vorzulegen, auf Steuererhöhungen zu verzichten und die Sozialabgaben unter 40 Prozent der Bruttolöhne zu halten.« (In: Der Spiegel vom 4.4.2018.) Hier wird wachsendes Staatsversagen als Regierungsprogramm verkündet!

7 Im Detail: Die neuen Staatsschulden werden in der Regel über Wertpapierausgaben des Bundes und der Länder finanziert. Diese Papiere werden überwiegend von in- und ausländischen Banken und Zentralbanken, Versicherungen, Vermögensverwaltungsgesellschaften und anderen institutionellen Anlegern stellvertretend für ihre vermögenden Eigentümer bzw. Auftraggeber gekauft; private Kleinanleger spielen nur eine unbedeutende Rolle.

8 WOLFGANG STREECK, Gekaufte Zeit – Die vertagte Krise des demokratischen Kapitalismus, erweiterte Ausgabe, Frankfurt/M. 2015, S. 157.

2
Wer nicht investiert, verliert – am Ende gar die Demokratie
Wie man den Staat durch Sparen nicht nur in die Verschuldung treibt

Sparen (bzw. dasselbe, fachwissenschaftlich ausgedrückt: »Austeritätspolitik«) heißt hier, öffentliche Aufgaben, sprich öffentliche Investitionen in die Zukunft zu begrenzen, um privaten Reichtum zu schonen. Die Staatsquote wird absichtsvoll zu niedrig gehalten, um die Privatquote, also den Anteil der – vornehmlich eh schon vermögenden – Privatpersonen am Bruttoinlandsprodukt, sachwidrig hoch zu halten. Das Bruttoinlandsprodukt selber, also der volkswirtschaftliche Wohlstand, wird dadurch insgesamt geschmälert.

Das Duo »Sparen & Verschulden«

Verschulden heißt hier nämlich, ausgewählte, unabdingbare öffentliche Aufgaben, sprich Investitionen in öffentliche Güter der austeritär-sparsamen, einnahmearmen öffentlichen Haushaltsführung zum Trotz doch noch zu finanzieren, nämlich um den Wirtschafts- und Gesellschaftsbetrieb nicht mutwillig sehenden Auges zu gefährden. Sparen und Verschulden sind deshalb keine Gegensätze. Sondern die beiden ergänzen sich und treten regelmäßig als Paar auf – hier kommt zusammen, was zusammengehört; es herrscht die Einheit von Sparen und Verschulden.

Solche Sparpolitik treibt den Staat in die Schulden. Zugleich eröffnet die Sparpolitik vermögenden Anlegern sichere Anlagemöglichkeiten, nicht zuletzt auch für ihre ersparten Steuern. Es geht also geradezu darum, den Staat durch Sparen weiter in die Verschuldung zu treiben. (Am Ende des vorliegenden Kapitels befinden sich zahlenmäßig konkretisierte, exemplarische Ausführungen zur Entwicklung von Staatsschulden und öffentlichen Investitionen.)

Wenn und wo immer dagegen in der herrschenden, neoliberalen Wirtschaftspolitik Sparen ohne Verschulden auftritt, also solo und damit blind gegenüber den gewachsenen öffentlichen Aufgaben, wird alles nur noch schlimmer, d.h. noch unwirtschaftlicher. So jahrzehntelang in Deutschland:

Die Schwarzen Nullen der öffentlichen Haushalte wurden damit erkauft, dass die Infrastruktur zerbröselt – Brücken zum Beispiel (11.000 Brücken auf Autobahnen und Bundesstraßen müssen saniert oder komplett ersetzt werden,[9] eine bedeutende innenstädtische Großstadtbrücke gar ist unversehens einfach zusammengesackt in den Fluss, den sie überbrücken sollte) sowie tausende von Schulen und Hochschulen. Von der mangelhaften Personalausstattung der Schulen, der Polizei, der Justiz, der Ordnungsämter, der kommunalen Behörden sowie der unterentwickelten digitalen Infrastruktur soll hier erst gar nicht die Rede sein. Die Ausbildung unserer Jugend in überfüllten, maroden Klassen- und Hörsälen, die Straßensperrungen und Fahreinschränkungen des Personen- und Güterverkehrs oder eine unzureichend personell und materiell ausgestattete und deshalb heillos überforderte Gerichtsbarkeit, zum Beispiel, kosten heute schon. Morgen kosten sie noch mehr: *Wer nicht investiert, verliert – am Ende gar die Demokratie.*

Dass Deutschland seit Jahren auf Verschleiß gefahren wird: In diesem Punkt sind sich ausnahmsweise alle einig, die sich mit der Materie beschäftigen – vom etablierten Wirtschaftsforschungsinstitut bis zur örtlichen Handwerkskammer. Exemplarisch der Präsident des Zentralverbandes des Deutschen Handwerks und Präsident der Handwerkskammer zu Köln, HANS PETER WOLLSEIFER: Es ist »keine Frage, dass wir Nachholbedarf bei Investitionen haben. Unsere Infrastruktur fahren wir vielfach auf Verschleiß, für Bildung sollte Geld ausgegeben werden, vor allem auch für die berufliche Bildung. Wenn der Staat hier mehr macht, ist das nicht nur gut für die Konjunktur und den Arbeitsmarkt, sondern auch für den sozialen Zusammenhalt in unserem Land.«[10] Es gilt: Wer nicht investiert, verliert – am Ende gar die Demokratie.

Wenn es noch nicht einmal für Ersatzinvestitionen reicht...

Um es ausdrücklich zu betonen: Bei den angemahnten staatlichen Investitionen geht es zunächst nicht um neue, nicht um Erweiterungsinvestitionen. Sondern es geht zunächst schlicht und einfach darum, den Verzehr der wirtschaftlichen Substanz, sprich den Verfall aufzuhalten. Zunächst geht es also lediglich um Ersatzinvestitionen. Muss der öffentliche Sektor verkümmern, damit die Schwarzen Nullen der öffentlichen Haushalte in jenen modrigen Tiefen verharren können, in denen sie seit Jahren gehalten werden?

Wenn die Einnahmen eh schon unzureichend sind, dann ist die Kombipackung aus Sparen und Verschulden vorteilhaft, genauer: weniger nachteilig als das einfache Sparpaket. Sparen & Verschulden ist also besser als ein schwarznulliges, reines Sparen allein. Dabei ist »besser« – wohl gemerkt – schlechter als gut; es ist lediglich besser als ganz schlecht. Also mangelhaft.

Zwei grundverschiedene Schwarze Nullen: die aufgaben- und einnahmenbestimmte Null

Die Schwarze Null ist deshalb nur dann ein Zeichen guter Haushaltsführung, wenn das ausgeglichene Staatsbudget *eine* aufgabengerechte Ausgabenhöhe erreicht (*»auf- bzw. ausgabenbestimmte Null«*).

Eine *»einnahmenbestimmte Null«*, d. h. eine Schwarze Haushaltsnull, deren Lage einseitig von der Höhe der Staats*einnahmen* bestimmt wird, ist dagegen nicht nur mangelhaft, sondern ungenügend, um es in Schulnoten auszudrücken. Die Aufgaben passen sich nun mal nicht an die Einnahmen an.

Folglich ist das Umgekehrte richtig: Die regulären Einnahmen des Staates müssen an seine Aufgaben und die dafür erforderlichen Ausgaben angepasst werden. In einem reichen Land wie Deutschland ist diese Anpassung über weite Strecken möglich, ohne dass irgendjemand zu Schaden kommt. Darauf wird noch zurückzukommen sein. Eine permanente Schuldenfinanzierung dagegen kam selbst für den großen JOHN MAYNARD KEYNES, den Vater allen *Deficit spendings*, nicht in Frage – führt sie doch auf Dauer in schwere wirtschaftliche und gesellschaftliche Turbulenzen. Auch darauf wird noch systematisch einzugehen sein.

Aber immerhin: Die Vorteile des Kombipacks aus Sparen und Verschulden gegenüber dem reinen Sparpaket sind unübersehbar, auch wenn in der Rezession bereits gleichbleibende Schulden genügen, um die Schuldenquote des Landes zu erhöhen und seine Schuldentragfähigkeit zu senken. Solch tragische Schauspiele mit laufend wachsenden Schulden, die an dieser Stelle jedoch noch nicht weiter verfolgt werden, zeigen letztlich nichts anderes als die von den Wählern und Wählerinnen mehrheitlich instinktiv korrekt erfasste, grundsätzliche Überlegenheit der schuldenfreien Finanzierung staatlicher Aufgaben bzw. Ausgaben. Auch hierauf wird noch ausführlich zurückzukommen sein. An dieser Stelle bietet es sich an, erste Ergebnisse zusammenzufassen.

Fazit: Über ausgabenbestimmte Steuern zu aufgabengerechter Steuerung

Der Unterschied zwischen der Ökonomie der schwäbischen Hausfrau und der des Staates besteht nicht darin, dass der Hausfrauen-Haushalt aus eigenen Einkünften auszugleichen ist und der Staatshaushalt aus denen seiner Bürger:innen entsprechend ihrer jeweiligen Leistungsfähigkeit.

Sondern der Unterschied besteht in der Frage, *wie* der Ausgleich herzustellen ist: durch Angleichung der Ausgaben an die Einnahmen oder umgekehrt – Sparen auf Kosten von Investitionen insbesondere in öffentliche Güter, sich verschulden zugunsten von Investitionen oder investieren aus eigenen, ersteuerten Mitteln? So lautet die Frage beim Staat.

In der Verkennung der je besonderen, gegenläufigen Beziehungen zwischen Einnahmen und Ausgaben im Privathaushalt einerseits und beim Staat andererseits (wer bestimmt wen, E → A oder E ← A?) hat die verfehlte, austeritäre Politik des Sparens & Verschuldens ihren Ausgangspunkt. Erst recht so die verfehlte Politik des reinen, schwarznulligen Sparens.

Nicht, dass die Schuldenbremse eingehalten und der Staatshaushalt ausgeglichen wird, ist deshalb zu kritisieren, sondern gegebenenfalls sein Umfang – zu kritisieren ist, dass der Staatshaushalt zu klein geraten ist, dass, mit anderen Worten, die Null zu tief liegt, einseitig bestimmt von unzureichenden Einnahmen anstatt von den staatlichen Aufgaben und den dazu erforderlichen Ausgaben.

Zahlen und Daten zur Entwicklung von Staatsschulden und öffentlichen Investitionen

a) Staatsschulden

In den 70er Jahren des vergangenen Jahrhunderts wurde die einnahmen- und ausgabenfreudige keynesianische Wirtschaftspolitik weltweit schrittweise durch austeritäre, neoliberale Sparpolitik abgelöst. Seitdem ist die Staatsschuldenquote in den großen, führenden Industriestaaten kontinuierlich gestiegen: Der sparsame Staat wurde in die Verschuldung getrieben, Sparsamkeit und Verschuldung wurden in dieser Zeit zum Paar, wie die nachfolgende Tabelle zeigt:

Land	Staatsschulden in Prozent des BIP		
	1975	2013	2023
USA	38	über 100	120
Deutschland	20	75	62/über 100 *
Großbritannien	20	80	knapp 100
Frankreich	18	knapp 100	110

* unter Einbeziehung der am 24.2.2025 beschlossenen Neuverschuldung über die nach oben unbegrenzten 1.000 Mrd. Euro, also über 1.000 + x Mrd. Euro mit x = whatever it takes. (Im sozialwissenschaftlichen Bereich gilt für Zahlen grundsätzlich: Präzision ist Illusion. Mehr dazu später.)

Abb. 1. Entwicklung der Staatsschuldenquote zwischen 1975 und 2023

Es war also gerade nicht die keynesianische Periode der Wirtschaftspolitik von den Nachkriegsjahren bis in die frühen 1970er, in der die Staatsverschuldung in den am weitesten entwickelten Staaten drastisch gestiegen ist, obwohl doch gerade in dieser Periode die hohen Ausgaben für den Wiederaufbau der im Zweiten Weltkrieg zerstörten Infrastruktur sowie für die Wohlfahrt breiter Bevölkerungsschichten zu bewältigen waren.

Der unmittelbar einsichtige Grund für diese Entwicklung lautet: Auf der einen Seite hatte die ausgabenfreudige keynesianische Wirtschaftspolitik schlicht und ergreifend für entsprechende Einnahmen gesorgt, insbesondere über progressive Besteuerung der Einkommen mit Sätzen bis über 90 Prozent wie in den USA. Auf der anderen Seite hatte diese Wirtschaftspolitik in einer in weiten Teilen kriegszerstörten Welt wirkungsvolle Investitionen anregen können.

Thomas Piketty hat sich die Mühe gemacht, diese Entwicklung einer genaueren historischen Analyse zu unterziehen und die Ergebnisse seiner Bemühungen der Öffentlichkeit zugänglich zu machen. Mit dem Spitzensatz der Einkommensteuer in den USA beginnend, führt Piketty aus: »1933 steigt er auf 63 Prozent und 1937 auf 79 Prozent… 1942 lässt der Victory Tax Act den Spitzensatz auf 88 Prozent hochschnellen, ein Niveau, das durch verschiedene Steuerzuschläge 1944 auf 94 Prozent steigt. In der Folge stabilisiert sich der Steuersatz bis Mitte der 1960er Jahre bei 90 Prozent, danach bei 70 Prozent bis zur Mitte der 1980er Jahre. Insgesamt liegt zwischen 1932 und 1980, also fast ein halbes Jahrhundert lang, der Spitzensatz der bundesweiten Einkommensteuer in den Vereinigten Staaten durchschnittlich bei 81 Prozent.« Frankreich und Deutschland »haben seit den 1940er Jahren Spitzensätze, die im Allgemeinen zwischen 50 Prozent und 70 Prozent liegen.« Großbritannien meldet sogar die höchsten Sätze überhaupt: »98 Prozent während der 40er Jahre, sodann wieder während der 70er Jahre.«

Piketty schlussfolgert: »Alles weist darauf hin, dass ein Satz von 80 Prozent für Einkommen über 500.000 oder einer Million Dollar dem amerikanischen Wachstum nicht nur nicht schaden, sondern ihm Auftrieb geben und zu einer spürbaren Eindämmung ökonomisch unvertretbarer (ja schädlicher) ökonomischer Verhältnisse führen könnte.«[11] Also: Nicht *trotz* der hohen Spitzensätze in der Einkommensteuer, sondern *wegen* der hohen Spitzensätze hatten sich die Volkswirtschaften besonders dynamisch entwickelt.

Die nachfolgende, neoliberale Politik hatte dagegen die fortschreitende »Entlastung« von Unternehmen und Vermögenden besorgt. Damit hat sie Finanz-»Investitionen« angeregt sowie, ab 1980, die Herausbildung einer eigenen Finanz-»Industrie« einschließlich der dazugehörigen Finanzmärkte; den zunehmend verschuldeten Staat hat sie systematisch in die Hände vermögender Gläubiger getrieben. So gesehen, ist austeritäre Sparpolitik sogar nur unzureichend als ein Sparen *und* Verschulden zu begreifen. Tatsächlich handelt es sich um ein Sparen *zum* Verschulden; der Staat wird absichtsvoll in die wirtschaftliche Abhängigkeit getrieben.

Es bedurfte allerdings noch einer Reihe von Jahren, bis die anfangs libertären, zunehmend autoritär-populistischen Staatsverächter der US-amerikanischen Tea-Party-Bewegung genau dies offen als politisches Ziel verkündeten – »to starve the beast/das Monster [gemeint: Der Staat –AS] auszuhungern« fordern sie seit 2009 lautstark und aggressiv. Abermals ein paar Jahre später setzt Trump II auch dieses Programm um – mit der interessierten Hilfe des reichsten Menschen der Welt, Elon Musk, als Adlatus und Sonderbeauftragten für Doge (Department of Government Efficieny). Mit der Kettensäge in der Hand hat es sich ans Werk gemacht und die Mitarbeiter diverser Regierungsbehörden, Institutionen und Organisationen von heute auf morgen per Email entlassen, die Organisationen aufgelöst und Regelungen abgeschafft.

b) Zum allmählichen Aufbau der Investitionslücke

Solch verhängnisvolle Entwicklung hinterlässt Schneisen der Verwüstung. Für Deutschland hat MARCEL FRATZSCHER, der Präsident des Deutschen Instituts für Wirtschaftsforschung (DIW), errechnet: »Der Nettowert des Staatsvermögens, inklusive Straßen, Brücken, Land und anderer Infrastruktur, ist seit dem Jahr 2000 um fast 500 Milliarden Euro gesunken.«[12] Die »IHK beklagt: Industrie- und Verkehrspolitik, Verwaltung und Berufsbildung sind katastrophal.«[13]

Die öffentlichen Investitionen hätten jedoch nicht nur auf unveränderter Höhe verweilen, sondern zusammen mit der wachsenden Wirtschaft steigen müssen, und zwar nach Angaben des DIW um etwa jenen Betrag, um den das öffentliche Vermögen gesunken ist; die öffentliche Investitionslücke beträgt demnach in Deutschland Ende 2016 rund eine Billion, sprich: 1.000 Milliarden Euro. Jene 500 Milliarden, die 2025 im Megaschuldenpaket der CDU/SPD-Koalition unter FRIEDRICH MERZ, der neuen SchuKo, der Schuldenkoalititon, enthalten sind, werden angesichts dieser Zahlen auf einmal sogar klein und bescheiden!

FRIEDHELM HENGSBACH SJ, der Doyen der katholischen Wirtschafts- und Soziallehre, hatte zuvor schon folgende Werte ermittelt: »Das öffentliche Nettovermögen, als ›staatliches Reinvermögen‹ definiert, ist 1991 bis 2011 von knapp 800 Milliarden Euro auf 11,5 Milliarden Euro geschmolzen. Dieser Vermögensabbau ist verursacht durch eine rückläufige Investitionstätigkeit des Staates, den Wertverlust der öffentlichen Infrastruktur, den Verkauf öffentlichen Vermögens an Private, durch höhere Sozialausgaben und die Finanzierung des Aufbaus Ost. Dem Schrumpfen des öffentlichen Vermögens stehen die beträchtlichen Zuwächse des Nettovermögens der privaten Haushalte gegenüber… *Öffentliche Armut korrespondiert mit einem exzessiv zugelassenen und geförderten privaten Reichtum.*«[14]

Die Investitionslücke ist also keineswegs erst gestern entstanden. Sondern sie ist mit Beendigung der keynesianisch inspirierten Wirtschaftspolitik in Jahrzehnten langsam, aber beständig auf- und ausgebaut worden.[15] Die Probleme sind also Jahrzehnte alt und bekannt. Jedes nur halbwegs interessierte Regierungsmitglied konnte, ja musste sie erkennen. Trotzdem wurde an der Austeritätspolitik solange festgehalten, bis sie unumgänglich in die Verschuldung geführt hat: Ziel erreicht, die Einheit von Sparen und Verschulden ist hergestellt! Es funktioniert, dieses *Sparen um zu verschulden*!

Deutschland hat diesen Punkt nach der Bundestagwahl vom 24.2.25 endgültig erreicht, als der neue, deutsche Bundestag auch nach drei Wochen ausdrücklich noch nicht einberufen worden war, damit der alte, schon abgewählte Bundestag mit seiner alten, schon abgewählten Mehrheit noch genau jene Neuverschuldung über jene offiziell ausgewiesenen 1.000 Milliarden Euro beschließen konnte, die den Anlass für diese Schrift bilden.

Anmerkungen zu Kapitel 2

9 Zahlenquelle: Marode Autobahnbrücken: Verkehrsminister rechnet die Zahl klein, BUND-Newsletter vom 13.6.2024, https://www.bund.net

10 Hans Peter Wollseifer, »Uns ist jeder willkommen, der sich engagieren möchte«, in: Berliner Zeitung vom 19.8.2017, S. 6.

11 Thomas Piketty, Das Kapital im 21. Jahrhundert, München 2014, S. 682 und 692; Grafiken – leider schwer lesbare – über die Entwicklung der Spitzensätze der Einkommen sowie der Erbschaft- und Schenkungsteuer zwischen 1900 und 2013 in den erwähnten Ländern sind ebenda, S. 670 und 675, zu finden.

12 Marcel Fratzscher, Öffentliche Geldverbrennung, in: Handelsblatt vom 10.1.2017

13 Der Tagesspiegel vom 22.6.2018

14 Friedhelm Hengsbach, Teilen, nicht töten, 2. Aufl., Frankfurt/M. 2015, S. 26 (Hervorhebung –AS). Der Namenszusatz »SJ« steht für »societas Jesu« und kennzeichnet den Autor als Mitglied des Jesuitenordens.

15 Dass es Gründe gegeben hat, mit der keynes'schen Politik zu brechen, soll hier nicht bestritten werden; Kapitel 12 ist ausdrücklich der keynes'schen Rezeptur und ihren besonderen Voraussetzungen gewidmet. Kritisiert wird lediglich, dass mit austeritärer Sparpolitik unangemessene Konsequenzen gezogen worden sind.

3
Was eine Schuldenbremse leistet und was nicht
Über einen flächendeckend verbreiteten Denkfehler

Zunächst der Denkfehler

Was besagt eine Schwarze Null im Staatshaushalt? Tatsächlich besagt sie einzig und alleine, dass die staatlichen Einnahmen (E) den staatlichen Ausgaben (A) entsprechen: E = A.

Der Ausgleich von E und A ist auf jedem erdenklichen Niveau möglich: E und A können beliebige Werte annehmen, kleine, mittlere oder große; beide müssen nur jeweils gleich klein, mittel oder gleich groß sein. Zu der Frage, auf welchem Niveau der Ausgleich stattfindet,

- tief im Keller der Austeritätspolitik oder
- auf einer der Entwicklung angemessenen Höhe,
- womöglich gar in der dünnen, in Demokratien eh kaum mehr erreichbaren Luft gleichsam feudalistisch-verschwenderischer Staatswirtschaft:

Zu dieser Frage sagen Schwarze Nullen und Schuldenbremsen folglich nur eins: nichts. Die durchgängig in Wissenschaft, Medien und Bevölkerung verbreitete Annahme des Gegenteils, nämlich dass Schuldenbremsen Sparhaushalte verlangen, beruht auf einem schlichten, von Fachwissenschaft, Medien und Politik sorgsam gepflegten Denkfehler. Ob wissentlich oder bloß gedankenlos, braucht hier nicht zu interessieren. Pflegedienste können auch auf bloßer, gedankenloser Routine beruhen.

Sodann zum Leistungsspektrum der Bremse

Indem Schwarze Nullen bzw. Schuldenbremsen für jede Steuersenkung, wie sie laufend von den bekannten Verdächtigen, den vermögenden »wirtschaftsnahen Kreisen«, gefordert wird, eine entsprechende Ausgabensenkung als Gegenfinanzierung verlangen, erschweren sie unverantwortliche Steuer*senkungen* einschließlich der Versuchungen eines Steuersenkungswettbewerbs politischer Parteien und Wahlkreisbewerber:innen insbesondere in Wahlkampfzeiten. *Hier bremsen sie.*

Nils Schmid zum Beispiel bestätigt diese Feststellung vollumfänglich. Aus seiner Erfahrung als Finanzminister von Baden-Württemberg, der Heimat der schwäbischen Hausfrau, berichtet er: »Am wirkungsvollsten war die Schuldenbremse in den vergangenen zehn Jahren in ihrer Funktion als Steuersenkungsbremse… Diese wenig beachtete Seite der Schuldenbremse ist elementar für die Handlungsfähigkeit des Staates. Eine Aufhebung würde unweigerlich dazu führen, dass das Spiel der Steuersenkungen neu eröffnet würde.«[16]

Für Einnahme*verbesserungen* dagegen, folglich für erweiterte staatliche Handlungsspielräume zur Erfüllung der staatseigenen Aufgaben sind die Schuldenbremsen uneingeschränkt offen. Hier bremsen sie nicht. Dabei ist es sogar gleichgültig, ob die Einnahmeverbesserungen aus endlich gewährleistetem, ordentlichem Steuervollzug stammen, aus dem Stopfen von Steuerschlupflöchern oder aus einer überfälligen, sach- und leistungsfähigkeitsgerechten Gestaltung von bestimmten Steuerarten und Steuersätzen: *Hier bremsen sie in keinem Fall.*

Mit Steuern steuern – aufgabengerecht & ausgabenbestimmt

Grundsätzlich, d. h. »im Normalbetrieb« braucht der Staat ausgabenbestimmte Steuern, um in die Lage zu kommen, die wirtschaftliche Entwicklung aufgabengerecht zu steuern. Für ihn lautet deshalb die Devise denkbar einfach: *Über auf- und deshalb ausgabenbestimmte Steuern zu aufgabengerechter Steuerung.* Besondere Notlagen wie Naturkatastrophen und Konjunktureinbrüche bilden dazu jene Ausnahmen, welche die Regel periodisch bestätigen. Mehr dazu in Kapitel 12.

Ausgeglichene Haushalte auf niedrigem Niveau, sprich tiefliegende, *einnahmen*bestimmte Nullen, verschieben dagegen lediglich das Defizit aus dem Staatshaushalt in die Infrastruktur, die Bildung, die soziale und öffentliche Sicherheit – und manches mehr.

Das bestätigt inzwischen sogar schon eine Institution wie die private Bertelsmann-Stiftung, jene einflussreiche, private, selbsternannte Regierungsberaterin. In ihren diversen Studien zu den Investitionen der öffentlichen Hand kommt sie regelmäßig zu dem Ergebnis, der Staat dürfe keineswegs nur zur sparsamen, ausgeglichenen Haushaltsführung gesetzlich verpflichtet werden, sondern auch zu ausreichender Investitionstätigkeit – ohne allerdings jemals zu verraten, woher die zusätzlichen Einnahmen kommen sollen, die für die angemahnten Investitionen benötigt werden: Das Wort »Steuern« meiden die Bertelsmänner wie der Teufel das Weihwasser.[17]

Neben der ökonomischen bleibt allerdings gerade auch die soziale und alltagspolitische Bedeutung guter öffentlicher Güter auf der Strecke der einnahmenbestimmten Haushaltsführung. Körperliche und soziale Sicherheit, leistungsfähige Kinderbetreuungs-, Bildungs- und Freizeiteinrichtungen, intakte Dienste, Notdienste und Infrastrukturen sind neben persönlichen Beziehungen die entscheidenden Gründe dafür, dass die Menschen in Skandinavien in internationalen Vergleichen regelmäßig als die meist entspannten, höchst zufriedenen, bestens mit der heimischen Gemeinschaft verbundenen, mit einem Wort: als die glücklichsten Gesellschaften dieser Welt abschneiden – allen Wettern und dem langen, dunklen nordischen Winter zum Trotz. Eine vergleichsweise hohe, sozial abgestimmte Besteuerung haben sie dafür einsichtig in Kauf genommen. *Gute öffentliche Güter sind also verantwortlich für eine höchst bedeutsame Leistung: die Identifikation mit Kommune, Staat und Gesellschaft.*

Über diesen Sachverhalt sehen hartgesottene Vertreter der austeritären Sparpolitik regelmäßig mit gelassener Interessiertheit hinweg; wo immer möglich, folgen sie dem alten Wiener Spruch, der da lautet: Nicht mal ignorieren. Demgemäß nehmen sie einfach nicht zur Kenntnis, dass Deutschland sich seit Jahren seine Investitionen spart; seit 2003 liegen die Bruttoanlageinvestitionen in Deutschland regelmäßig bei weniger als 2,5 Prozent des Bruttoinlandsprodukts. Mindestens das Doppelte ist erforderlich.

Mangels aufgabenbestimmter Einnahmen lebt Deutschland von der Substanz

Folglich lebt Deutschland permanent von der Substanz. Das Vorhandene zu verwalten, erscheint zwar zunächst kostensparend. Aber am Ende wird es richtig teuer – spätestens dann, wenn man feststellt, dass man den Anschluss verloren hat.

Mit etwas Abstand sind solche Sachverhalte übrigens besser zu erkennen. In der Schweiz z. B. hat man's bemerkt und seine Schlüsse daraus gezogen; unter der fetten Überschrift »Drittweltland Deutschland« vermerkt die Basler Zeitung 2017 süffisant: »Die Schweiz täte gut daran, Deutschland künftig als Drittweltland einzustufen, insbesondere wenn es dort um Infrastruktur und

Verkehrspolitik geht. Die Schweiz muss sich deshalb überlegen, ihr Entwicklungshilfebudget aufzustocken…«[18]

2024 hatte es dann gereicht, und den Schweizern ist der Kragen geplatzt. Die ständige Unpünktlichkeit der Deutschen Bahn brachte das durchgetaktete Schweizer Bahnsystem so sehr durcheinander, dass man sich genötigt sah, »den deutschen Zügen die Einreise [zu] untersagen. So müssen ICE-Reisende der Deutschen Bahn in Basel Badischer Bahnhof aussteigen« und mit S-Bahn oder Tram zum Schweizer Bahnhof fahren, um von dort aus ihre Reise in Schweizer Zügen neu anzutreten.[19]

Währenddessen ächzt in Deutschland der Öffentliche Dienst unter dem ständigen Spardiktat und erstarrt zunehmend in Bürokratie. Cornelia Heintze hat die Ausgaben für das Personal des Öffentlichen Dienstes unter die Lupe genommen und international verglichen. Das Ergebnis hat sie in der nachfolgenden Tabelle übersichtlich zusammengefasst.

Ausgaben für das Personal des öffentlichen Dienstes (in % des BIP): Deutschland im Vergleich zum skandinavischen und kontinentaleuropäischen Durchschnitt (ohne DE)

	1995	**2000**	**2005**	**2010**	**2016**
Deutschland	8,7	8,2	7,9	7,9	7,5
Skandinavischer Durchschnitt (DK, FI, IS, NO, SE)	14,5	13,3	13,7	14,1	14,2
Kontinentaleuropäischer Durchschnitt (AT, BE, FR, NL, SL)	11,5	11,0	11,2	11,7	11,2
Darunter Österreich	11,8	11,0	10,9	11,1	10,7
Notwendige deutsche Mehrausgaben, um das jeweilige Referenzniveau zu erreichen (in Mrd. €)					
Skandinavisches Niveau	115,5	108,4	135,3	161,0	211,2
Kontinentaleuropäisches Niveau	57,1	60,1	75,5	98,6	117,2
Österreichisches Niveau	67,4	63,5	71,3	85,1	103,4

Quellen: (1) Personalausgaben: Eurostat, Staatseinnahmen, -ausgaben und Hauptaggregate [gov_10a_main]; Update vom 27.04.2017; (2) Bruttoinlandsprodukt in laufenden Preisen: Eurostat, GDP and main components (output, expenditure and income) [nama_10_gdp]; Update vom 16.06.2017

Abb. 2. Entnommen: Cornelia Heintze, Öffentlicher Dienst zwischen fortgesetzter Auszehrung und Renaissance, Manuskript 2017, S. 20. (Die Autorin war u.a. Lehrbeauftragte für Statistische Methoden an der Freien Universität Berlin sowie Stadtkämmerin in Delmenhorst.)

Die Tabelle ist meines Wissens nicht mehr fortgeschrieben worden. Ist das ein gutes Zeichen, ein Zeichen dafür, dass 2017 endlich die Probleme erkannt und einer Lösung zugeführt worden sind? Leider nein! Es ist eher ein Zeichen dafür, dass solch despektierliche Übersichten ziemlich unerwünscht sind und deshalb auch kaum je erstellt werden. Mit so was verdient man sich keine Lorbeeren.

Überhaupt bringen derartige Fortschreibungen in diesen Zeiten selten mehr als den Nachweis, dass die Entwicklungstrends ungebrochen und die Verhältnisse starr sind. Also auch die Zahlenverhältnisse und darunter wieder besonders die Verhältniszahlen, die so genannten »Prozentsätze«. Aber gerade deshalb sind die Verhältnisse, die sie widerspiegeln, nicht stabil, sondern gefährdet – der starre Ast bricht im Sturm; erstarrt heißt tot.

In der *Frankfurter Allgemeinen Zeitung* beklagt der Vorsitzende des Beamtenbundes, Ulrich Silberbach exemplarisch: »Wir warnen seit viele Jahren, dass eine Politik der Personalknappheit im öffentlichen Dienst in die völlig falsche Richtung führt und irgendwann an Grenzen stößt… Wir haben es hier mit einer immer wiederkehrenden Spielart politischer Verantwortungslosigkeit zu tun… Deshalb bin ich ja so in Sorge, wenn sich Politik lauter neue, anspruchsvolle Aufgaben vornimmt …«.[20]

Kurz: Große Pläne und Gesetze, aber weder Geld noch Personal – das funktioniert nicht. Die Identifikation mit Kommune, Staat und Gesellschaft wächst nicht, sie stagniert auch nicht, sondern sie schwindet – anfangs noch langsam, aber sicher; später schneller.

Anmerkungen zu Kapitel 3

16 Nils Schmid im Interview, in: Der Tagesspiegel vom 1.8.2022. Aber auch beim aktuellen Megakredit 1.000 + x macht sich dieser Effekt bemerkbar: Er finanziert nämlich beispielsweise schon jetzt Steuerausfälle in der Gastronomie und bei der Pendlerpauschale in Höhe von 400 Millionen Euro jährlich. Und dabei wird es wohl nicht bleiben.

17 So der durchgängige Tenor der diversen, periodischen Studien der Bertelsmann-Stiftung zum Thema »gesellschaftlicher Zusammenhalt«, etwa zu Kinderarmut, inklusivem Wachstum, Lehrkräftemangel, Altersarmut, kommunalen Leistungen und Finanzen mindestens seit 2016 bis zur Gegenwart. Die Bertelsmann-Papiere zeichnen sich durchweg durch hohe soziale Sensibilität bei gleichzeitiger finanzieller Ignoranz aus; wie die jeweiligen, problembewussten sozialen Anregungen und Rahmenpläne finanziell zu begründen sind? Kein Wort dazu – Steuern sind tabu.

18 Basler Zeitung vom 18.8.2017.

19 Lennart Schwenk, Einreiseverbot wegen Unpünktlichkeit: ICE-Züge der DB kommen nicht in die Schweiz, www.hna.de am 1.8.2024.

20 Der Staat fliegt uns um die Ohren – Ulrich Silberbach im Gespräch, in FAZ vom 19.1.2022, S. 17.

4
Steuern im Wirtschaftskreislauf: Gift oder Medizin?
Über Steuern für Unvermögende und ihr Gegenteil

»Steuern sind Gift für die Wirtschaft« – so hört man es laufend landauf und landab. Aber auch durch andauernde Wiederholungen wird der Satz nicht richtig. Er wird nur bedeutsam, öffentlichkeitswirksam.

Die sofortige Wandlung von Staatseinnahmen in Staatsausgaben

Tatsache ist: Der moderne Staat gibt umgehend aus, was er einnimmt. Gewöhnlich sogar noch ein bisschen mehr. Darauf ist Verlass, durchaus auch in Zeiten der Schuldenbremse – zur Not werden »Sondervermögen« eingerichtet. Folglich geht dem Wirtschaftskreislauf durch Steuern grundsätzlich keine Kaufkraft verloren.

Die gesamtwirtschaftliche Nachfrage wird durch Steuereinnahmen lediglich in Maßen verschoben – weg von privaten, hin zu öffentlichen Gütern und Leistungen. In Anbetracht der eklatanten Unterversorgung mit öffentlichen Gütern und Leistungen ist eine solche Umschichtung, für sich genommen, alles andere als ein Drama. Sie ist vielmehr dringend geboten, und zwar gleichermaßen aus wirtschaftlichen und sozialen Gründen – seit Jahrzehnten schon leiden wir unter öffentlicher Armut trotz privaten, teilweise exorbitanten, sinnlosen, ja »toxischen« Reichtums[21]; an den teilweise jämmerlichen Zustand der öffentlichen Dienste und Einrichtungen haben wir uns schon fast gewöhnt.

Zwei grundverschiedene Fälle: Steuern für Vermögende und Steuern für Unvermögende

Betrachtet man Steuern im Wirtschaftskreislauf näher, so sind zwei grundverschiedene Fälle zu unterscheiden.

Fall 1. Die Steuern belasten die Geringverdienenden, es handelt sich also um *Steuern für Unvermögende (abgekürzt: StUV).* In diesem Fall sinkt zwar deren Nachfrage nach privaten Gütern und Leistungen (die Unvermögenden *wollen zwar noch konsumieren, aber sie können nicht mehr*). Jedoch: An die Stelle ihrer ausfallenden, privaten Nachfrage nach privaten Gütern tritt staatliche Nachfrage nach öffentlichen Gütern wie z. B. Bildung, Straßennetz, Sicherheit. Unter dem Strich geht dem Wirtschaftskreislauf dadurch kein Cent verloren.

Allerdings finanzieren in diesem Fall die Unvermögenden die öffentlichen Güter. In diesem Fall gilt: *Die am wenigsten zahlen können, müssen zahlen.* Diese Art von Steuern verstößt zwar gleich gegen mehrere Vorschriften des Grundgesetzes, insbesondere das Sozialstaatsgebot des Artikels 20, Absatz I. Gleichwohl sind die Steuern für Unvermögende weit verbreitet, wie noch genauer zu zeigen sein wird (in Kapitel 11).

Fall 2. Die Steuern belasten die Vermögenden, es handelt sich also um *Steuern für Vermögende (abgekürzt: StV).* Deren Nachfrage sinkt nicht, die Vermögenden können und werden immer noch konsumieren, soviel sie wollen: Steuern berühren ihren Kontostand, nicht ihr Leben. Martin Winterkorn etwa, der Ex-VW-Chef und mit rund 1,5 Millionen Euro Monatsgehalt ein Spitzenverdiener, sowie Erbinnen wie Susanne Klatten, die Großaktionärin aus der Quandt-Dynastie, werden nicht deshalb auf ein zweites Frühstücksei, ein drittes Auto oder ein viertes Ferienhaus verzichten, weil ihre Steuern erhöht worden sind. Andererseits leisten sie sich kein zusätzliches Ei, Auto oder Haus, wenn ihre Steuern gesenkt werden. Denn sie *können* zwar noch zahlen, aber sie *wollen nicht* mehr.

In diesem Fall gilt: *Die am meisten zahlen können, müssen es nicht.* Für profitable, vermögende juristische Personen, sprich für Unternehmen, gilt prinzipiell dasselbe. Diese Art der Besteuerung, besser: Verschonung durch Steuern für Vermögende verstößt genauso gegen Vorschriften des Grundgesetzes wie ihr Gegenpol, die Steuern für Unvermögende. Das Grundgesetz nämlich fordert eine sach- und leistungsfähigkeitsgerechte Besteuerung. Leider vergeblich, wie sich ebenfalls noch im Detail erweisen wird.

Klassische StUV, sprich Steuern für Unvermögende sind Umsatz- und Verbrauchsteuern, klassische StV, sprich Steuern für Vermögende sind die Vermögensteuer, die Erbschafts- und Schenkungssteuer sowie die Einkommensteuer bei hinreichend progressiver Tarifgestaltung. Mehr dazu wie gesagt in Kapitel 11. In der Steuerlehre ist diese Unterscheidung allerdings – warum nur, warum? – völlig unbekannt.[22]

Derweil sitzen die hochprofitablen, vermögenden Unternehmen auf ihren angehäuften Gewinnen und wissen nicht wohin damit. Bei Apple in den USA beispielsweise sind es wohl aktuell (2025) rund 250 Milliarden US-Dollar. Ihre Investitionsentscheidungen fällen die Unternehmensleiter:innen in Abhängigkeit von künftig zu erwartenden Gewinnen; der jeweilige Steueranteil daran ist keine entscheidende Größe, zumal er als Prozentsatz in festem Verhältnis an die Gewinne gekoppelt ist, die Gewinne folglich niemals aufzehrt. Sind in näherer Zukunft mangels absehbarer Nachfrage keine nennenswerten Gewinne zu erwarten, so werden die Unternehmensleiter:innen, statt zu investieren, die Dividenden, also die Gewinnausschüttungen an die Unternehmenseigentümer, erhöhen; oder sie werden eigene Aktien zurückkaufen, um den Kurs in die Höhe zu treiben, oder in sonstige Finanzanlagen ausweichen – oder schlicht abwarten (→*Basic 15*). Außerdem werden sie sich weitere Gehaltserhöhungen genehmigen lassen.

Im Übrigen gilt: Unternehmen gehören Personen; Unternehmensgewinne und Unternehmensvermögen schlagen sich letztlich immer als Gewinne und Vermögen derjenigen Personen nieder, denen die Unternehmen gehören. Damit schließt sich der Kreis, denn für diese Personen gilt von einem bestimmten Vermögensstand an das zuvor Gesagte wieder unmittelbar: Steuern berühren ihr Konto, aber nicht ihr Leben.

Steuern als Medizin für den Wirtschaftskreislauf

Über den Multiplikatoreffekt des ausgeglichenen Haushalts

Folglich gilt: Im zweiten Fall, bei den Steuern für Vermögende, wird die zusätzliche staatliche Nachfrage *nicht* durch den Ausfall privater Nachfrage gemindert wie im ersten Fall, bei den Steuern für Unvermögende. Sondern bei den Steuern für Vermögende erhöht die zusätzliche staatliche Nachfrage die gesamtwirtschaftliche Nachfrage ungeschmälert; die deflatorische Lücke, der »letzte Grund« aller konjunkturellen Schwächen des Wirtschaftskreislaufs, schwindet (detailliert: →*Basic 12*).

Im vorliegenden Zusammenhang genügt die Feststellung, dass Steuern für Vermögende Mittel, die dem realwirtschaftlichen Kreislauf entzogen waren, dem realwirtschaftlichen Kreislauf wieder zuführen. Auf diese Weise wird verhindert, dass dieses Geld in den Finanzsektor abfließt und für Zwecke der

Spekulation eingesetzt wird (Details: →*Basic 15*), darunter eben auch zur Kreditgewährung an unterfinanzierte, genauer: an untersteuerte Staaten.

Solche Steuern stärken demnach Konjunktur und Wirtschaft. Sie sind Medizin für den Wirtschaftskreislauf; mit Hilfe dieser Steuern wird dem volkswirtschaftlichen Kreislauf gewissermaßen Eigenblut, nämlich Eigenkapital zugeführt. JOSEPH STIGLITZ drückt den Zusammenhang wie folgt in reiner, bildloser Sachlichkeit aus: »Wenn man eine Steuer einführt und die daraus resultierenden Einnahmen ausgibt, … wächst die Wirtschaft. Der konjunkturanregende (expansive) Effekt der Ausgaben ist größer als der konjunkturdämpfende (kontraktive) Effekt der Steuer. Und werden die Ausgabenbereiche gut gewählt – z. B. das Bildungswesen, nicht das Militär – und ebenso die Steuern – zum Beispiel auf Vermögende –, dann kann der ›Multiplikatoreffekt des ausgeglichenen Haushaltes‹ groß sein.«[23]

Solange der Staat freilich auf die Zufuhr entsprechender Steuermittel verzichtet, bleibt ihm nur folgende Wahl:

- entweder die *laufende Hinnahme von Kreislaufschwächen* in Gestalt von chronischen und periodischen Wirtschaftskrisen (→*Basics 12, 13*),
- die Zufuhr von fremdem Blut, sprich: die Kreditaufnahme, also *Verschuldung*,
- die *Flucht in ständige Exportüberschüsse* (→*Basic 14*) oder
- eine *Kombination* aus alledem: der aktuelle, deutsche Fall.

Nachteile unterlassener Besteuerung

Gegenüber der Zufuhr von Eigenmitteln durch sach- und leistungsfähigkeitsgerechte Besteuerung besitzt die zuletzt genannte Operation, die Verschuldung, schwere Nachteile. Zwei seien genannt:

1. Die Mittelzufuhr aus Verschuldung ist nicht nachhaltig. Es müssen nämlich, sofern und soweit eine direkte oder indirekte Staatsfinanzierung über die Notenbank ausgeschlossen wird (s. nachfolgend Kapitel 6), dem Wirtschaftskreislauf laufend Werte wieder entzogen werden für die Verzinsung und Tilgung der aufgenommenen Kredite, um sie an die vermögenden Kreditgeber zurückzugeben: Die Schulden von heute sind die gesteuerte Umverteilung von heute und morgen (bzw. von übermorgen, sofern die Schulden wie üblich über neue Verschuldung »getilgt« werden (Kapitel 10).
   Dieser Werteabfluss verschärft die deflatorische Lücke, verschärft also genau das Problem wieder, welches durch die Kreditaufnahme entschärft

worden war. Zusätzlich sinkt die »Schuldentragfähigkeit« des Staates: Die Lösung wird zum Problem. Die Werte, die dem Wirtschaftskreislauf für die Bedienung der Kredite entzogen werden, finanzieren sich nämlich keineswegs regelmäßig selber über kreditinduzierte staatliche Mehreinnahmen – Staatskredite wirken komplett anders als Unternehmenskredite. Dies wird unten in den Kapiteln 6 und 7 in gebührender Ausführlichkeit behandelt.

2. Der Staat begibt sich ohne Not in die Abhängigkeit der Fremdblutspender, sprich: der Kreditgeber bzw. der »Finanzmärkte«, wie es so schön anonymisierend heißt. Ratingagenturen, obwohl in privatem Eigentum befindlich und diesem verpflichtet, bringen ganze Regierungen reihenweise zu Fall (in der Eurokrise 2009 ff. z. B. die irische, portugiesische, spanische, griechische, slowakische, slowenische, rumänische, belgische, die litauische, lettische und die zypriotische).
   In Italien reichte sogar die bloße Drohung, die staatliche Kreditwürdigkeit werde herabgestuft, um Berlusconi von heute auf morgen aus dem Amt des Ministerpräsidenten zu vertreiben – *es war das verlorene Tripel-A, nicht Bunga-bunga und die Mafia!* Dass weite Teile der Bevölkerung zuvor jahrelang gegen diese Karikatur eines Staatsmannes, den Bauunternehmer, Medienmogul und Liebhaber sehr junger Frauen, diesen Vorläufer Donald Trumps, Sturm gelaufen waren, war dagegen von durchschlagender Wirkungslosigkeit geblieben.

Aktuelle Wirtschaftspolitik und ihre Folgen

Bedauerlicherweise verzichtet jedoch nicht nur der deutsche Staat permanent darauf, das gute und preiswerte Stärkungsmittel, die sach- und leistungsgerechte Besteuerung, einzusetzen. Stattdessen greift er beständig zur teuren, schlechten Wirkstoffkombination, zu Sparhaushalt & Verschuldung. Ein Grund dafür lautet: Angesichts der vorherrschenden wirtschafts- und steuerpolitischen Ahnungslosigkeit weitester Wählerkreise sind Sparen & Verschulden für Politiker:innen gleich welcher Couleur schlichtweg einfacher erhältlich als Mehrheiten für die Erhöhung *bestimmter* Steuern, nämlich sach- und leistungsfähigkeitsgerechten Steuern für Vermögende, den StV. Von der ständigen Versuchung zu Steuersenkungsversprechen vor Wahlen soll hier erst gar nicht die Rede sein.

Eine dritte Folge: In Deutschland zum Beispiel sind die Haushaltsnettoeinkommen des obersten Zehntels von 1999 bis 2007 um 14,5 % gestiegen, und zwar *nach* Steuern. Das unterste Zehntel verlor währenddessen 8,7 %. Im Zuge der Finanzkrise von 2008 ff. hat sich diese Entwicklung sogar dramatisch verschärft: Die Reichen werden immer reicher, die Armen immer zahlreicher. Die Bewertungsgewinne der Vermögensbesitzer im Gefolge namentlich der seitherigen, ultra-lockeren Geldpolitik sind »spektakulär« (Marcel Fratzscher[24]); das Vermögen speziell der hiesigen Milliardäre hat sich seit dem Ausbruch der Finanzkrise bis 2016 schon verdreifacht. Gleichzeitig erhalten Durchschnittsverdiener inflationsbereinigt weniger als noch zur Jahrtausendwende. Dieser Trend hat sich seitdem u. a. als Folge der Corona-Krise abermals verstärkt, wie jeder besseren Tageszeitung zu entnehmen ist.

Diese Polarisierung zersetzt das gesellschaftliche Gefüge. Sie ist im Übrigen keine deutsche Spezialität, sondern weltweit überall dort zu beobachten, wo sich reiche Staaten verschulden. Führend in dieser Entwicklung sind, wie so oft, die USA. Josef Stiglitz zufolge ist das mittlere Einkommen eines männlichen Vollzeitbeschäftigten dort derzeit niedriger als vor 42 Jahren; und das, obwohl sich die Wirtschaftsleistung in demselben Zeitraum fast versechsfacht hat.[25]

Also gilt folglich: Auf seinem Weg in die verschuldete Enthaltsamkeit schürt der verarmte, schlanke Staat die sozialen Spannungen, namentlich die von morgen. Kommenden Generationen vererbt er nämlich nicht nur Rückzahlungs- und Zinsverpflichtungen, also Schulden, sondern auch Rückzahlungs- und Zinsansprüche in exakt derselben Höhe, also Vermögen: Den Schuldenbergen entsprechen centgenau riesige, rechtsverbindlich vereinbarte Vermögen aus staatlicher Umverteilung – weg von den Steuer- und Gebührenlastträgern, hin zu den vermögenden Staatsanleihe-Zeichnern. Nicht nur, dass die Schulden von heute grundsätzlich die Steuern von morgen sind. Sondern die Schulden der einen, der Staatsbürger, sind das Vermögen der anderen, der Staatsgläubiger; gesamtwirtschaftlich gilt:

Vermögen = Schulden
(sagt: die Vermögen des Einen sind die Schulden des Anderen;
wird der Schuldner zahlungsunfähig,
muss der Vermögende sein Vermögen entsprechend »wertberichtigen«).

Außerdem gilt:
Zinsaufwand = Zinsertrag
(gezahlte Zinsen gleich erhaltene Zinsen).

Dazu mehr in Kapitel 10.

Die unterschätzte Last der Schulden

Hier sei lediglich abschließend erwähnt, dass – zumal in Zeiten niedriger Zinsen – die kumulierte Last der Schuldenberge in den Haushalten der verschiedenen Gebietskörperschaften, der so genannten Parafisci, also z. B. der Sozialversicherungsträger, und der »Sondervermögen«, besser: Sonderschulden systematisch unterschätzt wird. Für Deutschland wird sie mit rund 2,3 Billionen Euro beziffert (Stand 2022)[26]. Dass es dabei nicht geblieben ist, wird niemand überraschen. Der letzte, große Schub erfolgte ja gerade dieser Tage mit jenen amtlich bezifferten tausend Milliarden Euro, die den aktuellen Anlass für die vorliegende Schrift gegeben haben.

Für die Dienstbarkeiten, die aus den Schulden erwachsen, gilt dasselbe; sie werden sogar regelmäßig schlicht und einfach übersehen bzw. mit voller Absicht ignoriert. Der Schuldendienst konfisziert jedoch nicht nur einen erheblichen Teil der staatlichen Einnahmen. Sondern er verhindert naturgemäß zugleich entsprechende Ausgaben, verhindert Investitionen zugunsten der Gesellschaft, darunter vorzugsweise ihrer ärmsten Teile, jener Teile, die besonders auf staatliche Leistungen angewiesen sind. Im Ergebnis werden die sozialen Spannungen weiter vorangetrieben. Der AfD verschafft diese Entwicklung einen soliden Auftrieb.

Steuerfinanzierte staatliche Ausgaben dagegen, die entsprechend der wirtschaftlichen Leistungsfähigkeit erhoben worden sind, stärken den Wirtschaftskreislauf wie eine Medizin, und zwar regelmäßig ohne die beschriebenen sozio-ökonomischen Nebenwirkungen und Folgen. Außerdem entsprechen steuerfinanzierte Ausgaben den Vorgaben des Grundgesetzes sowie entsprechenden Vorschriften in den Verfassungen der Bundesländer. In Artikel 109 Absatz 3 des Grundgesetzes heißt es demgemäß: »Die Haushalte von Bund und Ländern sind grundsätzlich ohne Einnahmen aus Krediten auszugleichen.«

Diese Gebote für Bund und Länder entsprechen den Geboten der politischen Vernunft. Es war übrigens eine der führenden, privatwirtschaftlichen Unternehmensberatungen, die Boston Consult, die 2013 angesichts des Größenverhältnisses zwischen Privatvermögen und Staatsbedarf von mindestens drei zu eins darauf hingewiesen hatte, dass die gesamten europäischen Staatsschulden mit einer einmaligen, 30-prozentigen Abgabe auf die großen europäischen Privatvermögen auf einen Schlag getilgt werden können.[27] Zum Jahresende 2024 betrug das nominelle Geldvermögen der privaten Haushalte in Deutschland 9.050 Milliarden Euro.[28] Demgemäß kann der aktuelle, amtlich mit 1.000 Milliarden Euro bezifferte Megakredit sogar durch eine einmalige Vermögensabgabe in Höhe von rund elf Prozent umstandslos ersetzt werden.

Fazit

Fürs Erste genügt es festzuhalten: Eine zügige Tilgung unserer Staatsschulden sowie ein Verzicht auf neuerliche Kreditfinanzierungen stellen kein quantitatives, kein mengenmäßiges ökonomisches Problem dar, sondern ein politisches. Dabei sind Tilgung und künftige, grundsätzliche Steuerfinanzierung von den Vermögenden regelmäßig ohne Verlust an Lebensqualität zu verkraften. Zu beachten ist lediglich, dass man nicht alles haben muss, um reich zu sein; es genügt, dass nichts fehlt – mehr nutzt hier nicht mehr. Oft schadet es vielmehr. Mancher Zeitgenosse (m/w/d) kann davon berichten.[29]

Anmerkungen zu Kapitel 4

21 So der jüngste unter der Vielzahl von Titeln, die diesen Zustand kritisch beschreiben, freilich kaum je gründlich, ursächlich: Sebastian Klein, Toxisch reich – Warum extremer Reichtum unsere Demokratie gefährdet, München 2025.

22 In den Standardwerken der Steuerlehre ist vielmehr die folgende Systematik regelmäßig anzutreffen: die Unterscheidung
– nach der Erhebungsform in direkte und indirekte Steuern,
– nach der Zugehörigkeit in Bundes-, Landes-, Gemeinde- und Gemeinschaftssteuern,
– nach der Verwaltungspraxis in Besitz-, Verkehr-, Real-, Verbrauchsteuern und Zölle,
– nach der Abzugsfähigkeit in abzugsfähige und nicht abzugsfähige Steuern.
(Exemplarisch: Heinrich Rauser u. a., Steuerlehre für Ausbildung und Beruf, 40. Aufl., Darmstadt 2013, S. 88 ff.) Eine Unterscheidung bzw. eine Klassifizierung nach der sozialen Stellung der jeweiligen steuerlichen Hauptlastträger, folglich auch nach dem Maß der Steuertragfähigkeit bzw. der Leistungsfähigkeit, habe ich noch niemals irgendwo inner- oder außerhalb des Mainstreams zu sehen oder zu hören bekommen – obwohl gerade diese Unterscheidung doch sowohl naheliegend als auch wirtschaftspolitisch bedeutsam ist. Auch die Steuer-Statistiken schließlich, die das

Statistische Bundesamt oder der Bundesminister der Finanzen herausgibt, sind verwirrend aufbereitet. Warum bloß, warum!

23 Joseph Stiglitz, Europa spart sich kaputt – Warum die Krisenpolitik gescheitert ist und der Euro einen Neustart braucht, München 2015, S. 238 f. »Multiplikatoreffekt« bedeutet im vorliegenden Zusammenhang, dass eine steuerfinanzierte Ausgabe von einem Euro eine Erhöhung des Bruttoinlandsproduktes um mehr als einen Euro zur Folge hat.
In der öffentlichen Diskussion ist dagegen üblicherweise die Rede davon, dass Steuer*senkungen* zu mehr Wachstum führen und dem Staat am Ende höhere Steuereinnahmen bescheren. Steuersenkungen also sollen es sein, denen ein Multiplikatoreffekt innewohnt. Leider ist »diese Vorstellung jedoch äußerst selten dokumentiert.« Mit diesen schlichten Worten kommentiert Victor Gaspar vom Internationalen Währungsfonds (IWF) höflich, aber bestimmt, diese Lehre (in: Berliner Zeitung vom 27.10.2017, S. 5). In Deutschland beispielsweise haben sich die Unternehmensgewinne seit Mitte der neunziger Jahre verdoppelt, die Nettoinvestitionen hingegen sind gefallen: Nichts da mit Wachstumsschub und Steuermehreinnahmen infolge von Steuersenkungen!

24 So Marcel Fratzscher in der Berliner Zeitung vom 18.04.2015, S. 10.

25 S. Stefan Kaufmann, Trumps Luftschlösser, in: Berliner Zeitung vom 1.11.2016.

26 Quelle: Friedrich-Ebert-Stiftung, Schulden in Deutschland, https://www.fes.de

27 Daniel Stelter, Boston Consulting Group, fordert Schuldenschnitt und Vermögensabgabe – Erklärung vom 20.4.2013, www.diapod.de/cms/?m=20130421.

28 Quelle: Deutsche Bundesbank, Geldvermögensbildung und Außenfinanzierung in Deutschland im vierten Quartal 2024, Pressenotiz vom 25.4.2025, https://www.bundesbank.de

29 Thomas Middelhoff zum Beispiel, der ehemalige Vorstandsvorsitzende der Bertelsmann AG und des Quelle/Karstadt-Konzerns, hatte jedes Maß verloren und wurde zum verurteilten Wirtschaftsstraftäter. Durch bittere Erfahrungen geläutert, bekennt er (in: Der Tagesspiegel vom 15. 11. 2018): »Nach dem größten Deal meines Lebens saß ich in einer Bar in New York mit einem Glas in der Hand und dachte mir: Jetzt kann mir keiner mehr etwas sagen… Ich wünschte, ich hätte dieses Geld nie besessen, das hätte mir vieles erspart.« Die erfolgsgewohnten Manger der deutschen Automobilkonzerne sind besonders gefährdet; die Vorstandsvorsitzenden der Porsche SE, Wendelin Wiedeking, der DaimlerChrysler AG, Jürgen Schrempp, der Audi-AG, Rupert Stadler, und der VW AG, Martin Winterkorn, wähnten sich gleichsam allmächtig – und stürzten, obwohl von der deutschen Justiz skandalös verschont, allesamt tief. Martin Winterkorn beispielsweise ist in den USA zügig wegen Betrugs verurteilt worden. In Deutschland ist ihm seit bisher zehn Jahren nichts geschehen – die Richter warten wohl darauf, dass sich der Fall durch Tod oder Altersschwäche auf natürliche Weise erledigt. Auch ein Fall von Staatsversagen!

5
Das Steuer-Tabu
Mit »sparen, sparen, sparen« aus dem Haushaltsloch?

»Es gibt nur ein Rezept: sparen, sparen, sparen.«
Bild-Zeitung[30]

»Belgien hat versprochen, die Neuverschuldung im kommenden Jahr unter die Marke von drei Prozent zu drücken. Dafür muss die Regierung im nächsten Haushalt mehr als elf Milliarden Euro sparen, mithin ein Zehntel des Budgets.«
Berliner Zeitung[31a]

»Schuldenmachen oder Sparen: Was hilft der Wirtschaft in der nächsten Krise wirklich?«
Frankfurter Allgemeine Sonntagszeitung[31b]

»Die Wahl besteht zwischen zwei Formen der Verdammnis: Sparen und Rezession oder Zahlungsunfähigkeit und Rezession. Unsere Daten zeigen, dass der Weg mit Sparprogrammen schneller aus der Rezession führt.«
Carmen Reinhart
vom Peterson Institute for International Studies[32]

Ein unbemerktes Tabu

Sehen wir noch einmal genauer hin: Sie scheint wie durch die Natur der Sache vorgegeben, die Wahl zwischen Schuldenmachen und Sparen. Und weil sich Schuldenmachen gemeinhin von selbst zu verbieten scheint, erscheint Sparen wie selbstverständlich als die einzig übrigbleibende, die richtige Wahl. Also sparen, sparen, sparen! So hört und liest man es andauernd und überall – kurz und bündig in der Bild-Zeitung, eher beiläufig in einer seriösen Variante, mit ausdrücklichem Krisenbezug in einem der Flaggschiffe der deutschen Journalistik, komplizierter und scheinbar tiefgründig, auf jahrelangen, komplizierten Berechnungen fußend, aus dem Munde der angesehenen Konjunkturforscherin, einer internationalen »Star-Ökonomin«.[33]

Einnahmeverbesserungen werden nicht einmal mehr bedacht, geschweige denn ernsthaft in Betracht gezogen: sach- und leitungsfähigkeitsgerechte Steuern sind unbemerkt zum Tabu geworden – diese Alternative entschwindet unter derlei Dauerberieselung allmählich heimlich, still und leise aus dem Reich unserer Sinne.

Darüber wird Sparen praktisch »alternativlos«, wie unsere Kanzlerin zu sagen pflegte.[34] Straßen und Brücken müssen demnach, wie bereits dargestellt, dem Verfall preisgegeben werden, ebenso Schulen, Bildung, Kultur, Rechtspflege und mancherlei mehr, wie gesagt. »Das kann der Staat nicht mehr leisten«, heißt es seit den 80er Jahren des vorigen Jahrhunderts, ganz so, als ob die ganze Gesellschaft immer ärmer würde und der wissenschaftlich-technische Fortschritt den Rückwärtsgang eingelegt hätte.

Die Alternative

Es gibt sie aber, die Alternative. Sie ist so naheliegend, so banal, dass man sich eigentlich wundern müsste, dass sie ewig außer Betracht bleibt. Sie lautet: Bei einem Haushaltsdefizit von drei Prozent wie dem erwähnten, belgischen werden die Staatseinnahmen entsprechend erhöht. Wir haben also durchaus eine Wahl. Was ist wahlentscheidend?

Entscheidend müsste wohl die Frage sein, welcher Weg unsere gemeinsame sozio-ökonomische Entwicklung besser fördert:

- Sparen (»Austeritätspolitik«), das heißt staatliche Investitionen zurückstellen bzw. ganz aufgeben? Dem Wirtschaftskreislauf weitere Mittel entziehen? Obwohl einen die Investitionslücken auf Schritt und Tritt verfolgen?
- Oder die Einnahmen soweit verbessern, dass Bildung und Rechtspflege wieder leistungsfähig werden, die soziale Kluft im Lande nicht weiter vertieft und der Wirtschaftskreislauf gestärkt wird?

Für die wieder entdeckte bzw. wieder bedachte Möglichkeit der Einnahmeverbesserung sind jedoch nicht »die Steuern« zu erhöhen, wie es völlig undifferenziert allenthalben heißt, sondern lediglich einzelne, bestimmte Steuern, andere dagegen definitiv nicht. Steuern sind ein äußerst differenziertes Gebilde; die übliche, pauschalisierende Rede von »den Steuern« signalisiert geradewegs ökonomisches Analphabetentum.

Die erwähnten, nachhaltigen Verbesserungen sind nämlich dann möglich, wenn der Staat diejenigen Steuern erhöht, welche die Vermögenden belasten. Denn solche Steuern füllen die deflatorische Nachfragelücke im System,[35] indem sie Mittel, die dem Wirtschaftskreislauf entzogen sind, dem Wirtschaftskreislauf wieder zuführen: »Die Kunst besteht darin, nicht den Konsum der privaten Haushalte, sondern ihre Ersparnisse zu senken und zum Staat umzuverteilen.« (WERNER KAMPPETER)[36]

Die Kunst, der Charme und die Popularität des Umverteilens

Dieses Kunststück ist technisch recht einfach; seine Schwierigkeiten sind politischer Natur. Denn dieses Kunststück ist ohne die Unterstützung einer wirtschaftlich halbwegs aufgeklärten Bevölkerung nicht zu bewältigen. Den Schulen kommt hier eine herausragende Bedeutung zu. Sie werden ihr derzeit allerdings nicht einmal ansatzweise gerecht.[37]

Politiker nämlich betrachten sich regelmäßig weniger als Treiber. Vielmehr suchen sie mehrheitlich den Weg des geringsten Widerstandes. Zum Jagen lassen sie sich gerne tragen; es ist ihnen in der Regel viel lieber, wenn sie sich vom Willen der jeweils (Laut-)Stärkeren, Aktiven treiben lassen können, wenn sie also mit den Stärkeren, den Einflussreichen übereinstimmen. Ihr diesbezügliches Harmoniebedürfnis jedenfalls ist riesengroß. Die Reichen aber sind die Einflussreichen, und zwar von Hause aus, ohne allzu großen Organisationsaufwand. Warum sollten sie ihren Einfluss nicht wahrnehmen?

Sobald dem Staat aber das Kunststück der Umverteilung vom überschüssigen, privaten hin zum unterbemittelten, genauer: untersteuerten öffentlichen Bereich gelingt, leistet er zugleich einen elementaren Beitrag zum sozialen Frieden, eine gewaltige Investition in gesellschaftliche Stabilität also.

Spielraum jedenfalls ist da: »Millionäre könnten 100 Milliarden aufbringen«, verriet unlängst GERT WAGNER als zeitweiliger Direktor des Deutschen Instituts für Wirtschaftsforschung (DIW) in aller Öffentlichkeit.[38] Selbst die Organisation für wirtschaftliche Zusammenarbeit und Entwicklung (OECD) sowie der Internationale Währungsfonds (IWF) bringen entsprechende, mahnende Worte zu Gehör. Demgemäß forderte IWF-Chefin CHRISTINE LAGARDE z. B. auf der IWF-Jahrestagung 2016 in Washington die Regierungen der reichen Länder nachdrücklich auf, »mehr für Arbeitnehmer mit mittleren und unteren Einkommen zu tun«. Speziell Deutschland, so stellte sie fest, müsse da »mehr investieren«.[39]

Investieren – wohlgemerkt. Hier schon deutet niemand Geringeres als die IWF-Chefin und spätere Präsidentin der Europäischen Zentralbank (EZB), wenn auch sicherlich unbeabsichtigt, an, was im nächsten Kapitel im Detail herauszuarbeiten sein wird, nämlich dass sich die in der Privatwirtschaft wesentliche Unterscheidung zwischen Konsum- und Investitionsausgaben beim Staat *gerade nicht* anwenden lässt: Staatliche Ausgaben für soziale Zwecke beispielsweise sind immer auch Investitionen, nämlich Investitionen in sozialen Frieden, gesellschaftliche Stabilität und als solche von grundlegender Bedeutung. Überhaupt sind alle staatlichen Ausgaben Investitionen. Fraglich ist lediglich, ob es sich jeweils um eine lohnende staatliche Investition handelt oder um eine Fehlinvestition. Die Goldene Regel der Staatsfinanzierung, die da lautet: »Konsum aus Steuern, Investitionen aus Krediten finanzieren« (s. u. Kapitel 11), erweist sich an dieser Stelle schon als völlig verfehlt. Dies jedoch nur vorab.

Zurück zur Ausgangsfrage. Während man mit der Sparalternative alles verschlechtert, vor allem die deflatorische Nachfragelücke vergrößert, erreicht man mit der Einnahmeverbesserung glatt fünf Ziele auf einen Streich, nämlich eine Stärkung

- der Zukunftsfähigkeit durch Investitionen in Bildung, Infrastruktur, Forschung, Entwicklung u. a.,
- des Wirtschaftkreislaufs,
- des sozialen Ausgleichs sowie
- der gesellschaftlichen Stabilität.

Zusätzlich nimmt man Luft aus dem aufgeblähten Finanzmarkt.

Denn die Staatsverschuldungen, einerseits, sowie die dank unzureichender Besteuerung übergroßen, anlagesuchenden Vermögen, andererseits, bilden die Grundlage für das adipöse Wachstum des Finanzmarktes und die Basis für seinen spekulativen Überbau (→*Basic 15*). Wir haben die Qual der Wahl!

Um den national begrenzten Horizont kurzzeitig zu verlassen: In Anbetracht der Armut, die rund ein Drittel der Weltbevölkerung erfasst hat, gelingt Entwicklungspolitik sogar nur über eine Erhöhung der öffentlichen Investitionen in Gesundheit und Familienplanung, in Wohnen, Bildung, Infrastruktur und wirtschaftliche Entwicklung. Von einer Änderung der Handelsbeziehungen abgesehen,[40] kommen zu ihrer Finanzierung jenseits einer progressiven Besteuerung von Einkommen, Vermögen und Unternehmensgewinnen, Devisen- und Finanztransaktionen lediglich weniger gesittete Mittel in Betracht, als da sind: Enteignung, Revolten, Raub, Krieg und Bürgerkrieg, Migration und Völkerwanderungen, Mord & Totschlag.

Wer die zuletzt genannten Mittel vermeiden will, muss das Erstgenannte wählen: »Steuern sind der Preis, den wir für eine zivilisierte Gesellschaft zahlen müssen.« So der für seine Aphorismen berühmte 32. Präsident der USA, Franklin D. Roosevelt.

Donald Trump, als 45. und 47. einer von Roosevelts Nachfolgern im Weißen Haus, hat übrigens verstanden, *wie ungemein populär die Vorstellung einer sach- und leistungsfähigkeitsgerechten Besteuerung ist* – sie ist einfach, naheliegend, in ihrer Gradlinigkeit für jeden sofort einsichtig und vollständig überschaubar. In seinem Wahlkampf sprach Trump deshalb wiederholt davon, dass Vermögende wie er stärker besteuert werden müssen. »Mein Steuerplan«, so verkündete er, »wird mich selber ein Vermögen kosten.«[41] Dass er, einmal gewählt, diesen Plan umgehend aber auch total vergessen hat, steht auf einem anderen Blatt.

Dieses Blatt, das internationale Verzeichnis der gebrochenen Wahlversprechen, ist zwar schon sehr alt und lang, wird aber vor der Öffentlichkeit geschützt, wo immer es geht. Im Fall Trump ist entscheidend, dass »der Donald« seinen Plan unter einem Feuerwerk anderer, eingehaltenen Versprechen wie Einreisesperren für bestimmte Nationalitäten und Waren, Rüstungspolitik, spektakuläre Treffen mit ehedem Verfemten wie nordkoreanischen, chinesischen und russischen Machthabern u. a. erfolgreich aus dem Rampenlicht des Wahlkampfes zurück ins Dunkel des Vergessens geschoben hat. Hut ab vor dieser auf Anhieb gelungenen, waghalsigen politischen Verschiebe-Leistung!

Fazit

Mit Steuern steuern lautet das Gebot der Stunde: »Kann es sein, dass der Kampf um Steuern – um Verteilung unter den Bedingungen zunehmend schrumpfenden Wachstums zu organisieren – sozusagen die Front der Zukunft ist?« Diese treffliche Frage hat Matthias Greffrath gestellt.[42]

Die Frage gibt Anlass, unser Steuersystem genauer zu betrachten. Das erfolgt unten in Kapitel 11. Vorher jedoch gilt es zu untersuchen, was den Staatskredit vom Unternehmenskredit grundlegend unterscheidet. Diese Aufgabe ist sogar letztlich entscheidend. Ihr dient nach folgende Kapitel.

Zuvor soll jedoch noch auf einen nahliegenden Einwand in gebotener Kürze eingegangen werden.

Aber die Verschwendung!

Kurzer Nachtrag zu einem naheliegenden Einwand

Zweifellos gibt es überall auch unsinnige, verschwenderische Staatsausgaben, z. B. für Brücken, die ins Nirgendwo führen, oder für sinnwidrige, ja schädliche Unterstützungsleistungen wie z. B. die Subventionen für Diesel-Kraftfahrzeuge, Dienstwagen und den extrem klimaschädigenden Flugverkehr – das gehört doch eingespart und eingestellt! Es gibt also ein Einsparpotenzial!

Der Einwand ist berechtigt. Aber er geht an der hier behandelten Frage vorbei. Denn dieses Einsparpotential besteht unabhängig von der Haushaltslage, muss also aus gleichermaßen ökonomischen, ökologischen und sozialen Gründen immer und überall zu heben versucht werden.

Die Erfolge werden allerdings wohl nie vollständig sein. Das erzwingt sowohl die Dynamik der Organisationen als auch die Natur des Menschen. Außerdem beträgt die Misswirtschaft des Staates, soll man dem Bundesrechnungshof glauben, etwa ein Prozent aller öffentlichen Ausgaben.[43] Staatliche Misswirtschaft wird also von der Misswirtschaft im Bereich der privaten Unternehmen und Banken mit Sicherheit locker übertroffen.

Privatwirtschaftliche Misswirtschaft ist jedoch als »Betriebsgeheimnis« auf das Strengste geschützt und ist auch so ein Tabu in unserer modernen Gesellschaft. Demgemäß wird diese Form der Misswirtschaft von keinem Rechnungshof untersucht und nicht öffentlich zur Sprache gebracht. Der Staat dagegen ist zur Transparenz verpflichtet. Zwar versucht er immer wieder, sich dieser Transparenz zu entziehen, aber völliger Erfolg ist ihm nicht beschieden – im Gegensatz zur privaten Wirtschaft.

Von den Geldvernichtungen durch finanzwirtschaftliche Gebilde wie die Münchner Hyporealestate, wirecard & Co. soll erst gar nicht die Rede sein.

Anmerkungen zu Kapitel 5

30 Vom 21.11.2011.

31a Vom 2.12.2011.

31b Vom 22.10.2017.

32 Carmen Reinhart, Sparprogramme führen schneller aus der Rezession, in: Berliner Zeitung vom 27.2.2011.

33 Ihre Berechnungen hatte CARMEN REINHART zusammen mit KENNETH ROGOFF, dem zeitweiligem Chef-Ökonomen des Internationalen Währungsfonds, durchgeführt. Ihre gemeinsamen Berechnungen erwiesen sich jedoch als zu kompliziert für sie; ein Student hatte ihre Ergebnisse rechnerisch überprüft; dabei war er auf derart grobe Fehler gestoßen, dass die beiden Top-Ökonomen nicht umhinkamen, sie kleinlaut einzugestehen. Ihre austeritären Schlussfolgerungen haben sie jedoch ausdrücklich beibehalten – Begründung weg, Lehre bleibt. Oder muss es »Leere« heißen? Auf jeden Fall ein hochexemplarischer Vorgang. (Zur Rolle der Mathematik in der Ökonomie →*Exkurs 16E*).

34 Die Kanzlerin pflegte ihre Politik für »alternativlos« zu erklären, und zwar so lange, bis eine politische Partei entstand, die das Wort »Alternative« gerade deshalb zu ihrem Namen machte.

35 Die »deflatorische Lücke« bzw. »Nachfragelücke« ist, wie gesagt, ein zentraler Begriff in Wirtschaftstheorie und -politik (→*Basic 12*).

36 WERNER KAMPPETER, Internationale Finanzkrisen im Vergleich, in: Friedrich-Ebert-Stiftung, Hrsg., Internationale Politikanalyse, Bonn 2011, S. 25.

37 Dazu habe ich eine Vielzahl von Beiträgen in verbreiteten Fachzeitschriften veröffentlicht, namentlich in »Wirtschaft und Erziehung«, »Bildung und Beruf«, »Winklers Flügelstift«, »Wirtschaft und Gesellschaft im Beruf«, »KMI Bürowirtschaft« und »Berliner Lehrerzeitung«.

38 In: Berliner Zeitung vom 15.10.2011.

39 CHRISTINE LAGARDE gemäß MARKUS SIEVERS, IWF-Chefin prangert Ungleichheit an – Gewinne aus Globalisierung sollen fair verteilt werden, Berliner Zeitung vom 7.10.2016.

40 Ein Beispiel für das Gemeinte: Seit jeher gestattet die EU Entwicklungsländern lediglich den zollfreien Import von Rohwaren; auf weiterbearbeitete, veredelte Produkte werden regelmäßig Zölle erhoben. Folglich bleiben diese Länder bloße Rohstofflieferanten. So traurig es für Tchibo, Eduscho & Co. einschließlich ihrer Beschäftigten in Hamburg sein mag: Wer Migration gestalten will, muss den Produzenten gestatten, ihre Kaffeebohnen selber zu rösten und zollfrei zu verkaufen. Die Angestellten von Tchibo dagegen könnten, statt Kaffee zu rösten, sicherlich wichtige Aufgaben in Öffentlichen oder in privaten Diensten übernehmen.

41 S. BEN SCHRECKINGER/NICK GASS »Trump: My Tax Plan is Going to Cost Me a Fortune«, 9.11.2015, www.politica.com/story/201509/donald-trump-2016-tax-plan-214139.

42 Im Anschluss an einen Vortrag von THOMAS PIKETTY am 7.11.2014 im Berliner Haus der Kulturen der Welt.

43 »Laut Bundesrechnungshof beschränkt sich die ›Misswirtschaft‹ [des Staates] aber auf ein Prozent aller öffentlichen Ausgaben.« (DIERK HERSCHEL, Die Reichen sollen zahlen, in: Süddeutsche Zeitung vom 27.5.2013.)

6
Die privaten Unternehmen und der Staat
Bei wem rentieren sich Kredite?

Wie festgestellt, überträgt die (neoklassische) Mainstream-Ökonomie die Regeln der privaten Hauwirtschaftsführung, repräsentiert durch die schwäbische Hausfrau, sachwidrig auf den Staat. In diesem Kapitel steht die klassische Alternative zur näheren Betrachtung an. Bei der Alternative handelt es sich um die Auffassung der unorthodoxen, vorwiegend keynesianisch orientierten Nebenstrom-Ökonomie. Wenn es um die Frage geht, wann und für wen Schulden etwas Gutes sind, überträgt die Nebenstrom-Ökonomie nicht die Regeln der privaten Haushaltsführung auf den Staat. Diesen Fehler begeht sie nicht. Sie dagegen nimmt die Regeln der privaten, produktiven Unternehmen und überträgt sie auf den Staat. Hier lautet die Frage demnach: Sollte der Staat genau so wirtschaften, speziell: genauso kalkulieren wie ein privater Unternehmer?

Die kritische Analyse dieser Frage nimmt vergleichsweise viel Platz, Zeit und Konzentration in Anspruch. Aber sie ist unverzichtbar für jeden, der im Streit der Lehren und Konzepte ein begründetes Urteil gewinnen will.

Vorab eine kurze, systematisch strukturierende Passage.

Die Einnahmequellen des Staates, systematisch gelistet

Es ist schon mehrfach festgestellt worden: Der Staat hat Aufgaben; die Aufgaben verursachen Ausgaben; diese Ausgaben erfordern Einnahmen. Dieser Dreisatz gilt unverändert seit den Ursprüngen der Staatenbildung zur Zeit der alten Ägypter.[44] Aus diesem Grund werden beim Staat die Einnahmen durch die Ausgaben bestimmt, nicht umgekehrt wie beim Privathaushalt. So hieß es in Kapitel 1.

Welche Einnahmequellen stehen dem Staat zur Verfügung?
Es sind im Wesentlichen drei:

A. Eigenfinanzierung aus *Steuern* (sowie aus Gebühren, Beiträgen und Zöllen[45]),

B. Fremdfinanzierung aus *Verschuldung*, d. h. Kreditaufnahme »auf den Finanzmärkten«, sprich bei vermögenden Anlegern (direkt oder durch Geldinstitute vermittelt),

C. Geldschöpfung, d. h. »Verschuldung« bei der staatlichen Zentralbank, die das erforderliche Geld aus der Münzprägeanstalt, der Notenpresse bzw. aus dem Computer schöpfen kann, schöpfen darf und schöpfen soll.
Zusätzlich:

C*. Dies ist eine Sonderform von C, der Geldschöpfung, mit Umweg über B, der Kreditaufnahme bei Banken. Sie ist z. B. in der Eurokrise 2009 ff. häufig zu Anwendung gekommen und läuft wie folgt ab: Staaten, in diesem Fall Staaten der Eurozone, verschulden sich, indem sie Staatspapiere an Banken verkaufen (= B). Sodann kommt die Zentralbank, hier also die EZB, und kauft den Banken mit ihrem aus der Tastatur ihres Computers, also aus dem Nichts geschöpften Geld diese Papiere ab (= C), überdies zu einem erhöhten Preis, der sich bei den Banken als leistungs- und risikoloser Gewinn niederschlägt. Mithin wird die Geldmenge aufgebläht und die Inflation geschürt. Letztlich läuft C* auf C mit einer B-Schleife hinaus.
Zweck des Verfahrens: Undurchschaubarkeit/allgemeine Verwirrung erzeugen. Das Verfahren ist zwar arg teuer, aber, weil es zuverlässig vermeintliche Undurchschaubarkeit schafft, sehr effektiv. In der EU jedenfalls ist man gerne bereit, diesen Preis auf Kosten der Steuerzahler zu zahlen, wann immer es erforderlich erscheint.[46]

In welchem Verhältnis stehen die Einnahmequellen zueinander?

- Einerseits *ergänzen* sie sich: Fehlende Steuereinnahmen, A, können ergänzt werden durch B, Verschuldung (und/oder C, Geldschöpfung).
- Zugleich stehen diese Einnahmequellen – andererseits – *in Konkurrenz* zueinander, *ersetzen und verdrängen* sich gegenseitig: Ausreichende Steuerfinanzierung macht Verschuldung bzw. Geldschöpfung zwecks Staatsfinanzierung überflüssig; umfangreiche Kreditfinanzierung ersetzt ausreichende Steuerfinanzierung – mehr schlecht als recht allerdings nur, wie noch im Einzelnen zu sehen sein wird. Kurz: *A ergänzt und verdrängt B* (und C). *B macht dasselbe mit A* (und C). C schließlich entlastet A und B.[47]

Wirtschaften und Kredite aufnehmen wie ein Unternehmer? Die Lehre der alternativen Ökonomen vom fremdfinanzierten Staat

Bekanntlich besteht der ökonomische Mainstream darauf, dass der Staat mit dem auskommt, was er über vorfindliche Steuern, also über A, einnimmt, und lobt staatliche Sparsamkeit und Haushaltsdisziplin. Demgemäß überträgt die Standardökonomie, wie gesehen, die Haushaltsregeln der schwäbischen Hausfrau auf den Staat. Das geht zu Lasten notwendiger Investitionen. Mit dem Einwand, dass verliert, wer nicht investiert, beschäftigt sich die Standardökonomie grundsätzlich nicht.

Außerhalb der neoklassischen Standardökonomie gibt es jedoch gerade deshalb einen merklich und beständig anschwellenden, alternativen Nebenstrom in Gestalt von Ökonomen, Journalisten, Gewerkschaftern und anderen, die nachdrücklich und eloquent fordern, der Staat möge zumal in Zeiten niedriger Zinsen einen großen bzw. einen größeren Teil seiner Aufgaben unbekümmert durch verstärkte Kreditaufnahme, also über B finanzieren.

Anders als die Standardökonomen beherzigen die alternativen Nebenstromler mithin sehr wohl den Grundsatz, dass verliert, wer nicht investiert. Weite Teile der Politiker:innen folgen dieser Lehre aus einem ebenso naheliegenden wie einsichtigen Grund: Steuererhöhungen sind pauschal unbeliebt; sie scheiden als Finanzierungquelle der dringenden Investitionen aus. Und das ist verständlich: Wer gewählt bzw. wiedergewählt werden will, tut nicht gut daran, sich unbeliebt zu machen. Außerdem ist der Grundsatz, dass verliert, wer nicht investiert, zweifellos zutreffend. Also müssen, so lautet die Schlussfolgerung, unumgängliche Investitionen aus Kreditaufnahmen finanziert werden.

Als einer ihrer dezidiertesten und profiliertesten wissenschaftlichen Vertreter hat der US-amerikanische Ökonomie-Nobelpreisträger Paul Krugman weltweit der Nebenstromlehre Gehör verschafft. Krugman argumentiert wie folgt: »Man kann vernünftigerweise sagen, dass die Weltwirtschaft jetzt zum Teil daran krankt, dass die Staaten nicht hoch genug verschuldet sind… Warum? Zum einen deshalb, weil die Verschuldung eine Möglichkeit bietet, für nützliche Dinge zu zahlen, und das sollten wir verstärkt tun, wenn der Preis stimmt. Die Vereinigten Staaten leiden an einer deutlichen Schwäche der Straßen-, Eisenbahn- und Wassersysteme und dergleichen, und die Regierung kann Gelder zu historisch niedrigen Zinsen aufnehmen. Dies ist also eine wirklich gute Zeit, Kredite aufzunehmen…«.[48]

Diesseits des Atlantiks tritt – beispielsweise – HEINER GANSSMANN seinem prominenten Kollegen mit folgendem Plädoyer entschlossen zur Seite: »Bedenklich ist die Aufnahme von Krediten dann, wenn die Zinsbelastungen höher sind als die – erwarteten – Einkommenszuwächse. Und das gilt für Staaten ebenso wie für Privatpersonen. Gegenwärtig liegen die Zinssätze bei null, die erwartete Wachstumsrate des BIPs [des Bruttoinlandsproduktes –AS] ist zwar schwach, aber positiv, und es herrscht kein Mangel an staatlichen Aufgaben, die öffentliche Investitionen erfordern, vor allem in Infrastruktur, Innovationen und Bildung. Unter diesen Umständen ist die Verweigerung von defizitfinanzierten Investitionen und *das Streben nach der schwarzen Null* nichts als *fiskalischer Sadismus.*«[49] PETER BOFINGER, langjähriges Mitglied im amtlichen Rat der Wirtschaftsweisen[50], ergänzt: »Der Staat ist in dieser Hinsicht [gemeint: Kreditaufnahme und -tilgung] analog zu Unternehmen zu sehen.«[51]

Für den Staat soll also gelten: Nicht sparen auf Kosten von Investitionen, sondern – zumal bei Niedrigzinsen – beherzt investieren aus neuer Verschuldung. Auch der Deutsche Gewerkschaftsbund (DGB), um es bei einem dritten Beispiel zu belassen, stimmt engagiert zu und beklagt: »In Zeiten von Niedrigzinsen investiert jeder kluge Privathaushalt: Immobilien werden energetisch saniert, langlebige Güter werden angeschafft. Nur der Staat unternimmt nichts.«[52]

All das klingt stark und überzeugend. Der Stein der Weisen scheint gefunden; zumindest in Zeiten niedriger Zinsen scheint die große Alternative zur herrschenden, neoklassischen Sparpolitik direkt vor unseren Füßen zu liegen. Man muss sie bloß aufheben, zumal sie sich selber äußerst bereitwillig heben lässt: Anlage suchendes Kapital gibt es ja in Hülle und Fülle; es drängt sich dem untersteuerten Staat nachgerade auf. Welch verblüffend einfache Lösung! Die Ökonomen und Wirtschaftspolitiker des Mainstreams sehen im Lichte dieser Betrachtung alt aus, wie »lauter schwarze Nullen«, wenn nicht gar wie »fiskalische Sadisten«, um mit HEINER GANSSMANNS drastischen Worten zu sprechen.

Aber ist das auch zu Ende gedacht? Wird hier nicht übersehen, dass der Staat von Natur aus anders rechnen und wirtschaften muss als Privathaushalte und Unternehmen? Finanzierung staatlicher Investitionen aus sach- und leistungsfähigkeitsgerechter Besteuerung erscheint glatt überflüssig. Die Option »Staatsfinanzierung aus Steuern« verschwindet bei beiden, den Standardökonomen und ihren Kritikern, gleichermaßen aus dem Blickfeld; »Sparen oder

Verschulden?« heißt die Alternative, etwas Drittes gibt es bei beiden, den Mainstreamlern und den Nebenstromlern, noch nicht einmal in Gedanken. Die beiden unterscheiden sich lediglich durch ihre jeweiligen Antworten: Sparen meinen die einen, die Hauptstromler, die Orthodoxen, Verschulden die anderen, die Nebenstromler, in vermeintlich keynesianischer Tradition.

Der Sachverhalt gibt Anlass, Eigenarten und Klippen des schuldenfinanzierten Weges B (gemäß der Systematik am Anfangs dieses Kapitels) und sein konkurrierendes Verhältnis zu Weg A (gemäß besagter Systematik), der Steuerfinanzierung, näher zu betrachten. Um es zu wiederholen: Die Betrachtung kostet zwar Zeit und Kraft, ist aber unverzichtbar, weil grundlegend.[53] Sie stellt zweifellos die mit Abstand größten Herausforderungen (Kanzler Merz würde es vermutlich eine »challenge« nennen) an die intellektuelle Zähigkeit dar, die diese Schrift an ihre Leserinnen und Leser stellt.

Zum Verhältnis von Gläubigern und Schuldnern im Allgemeinen

Für alle Kredite trifft zu, dass Gläubiger und Schuldner wechselseitig voneinander abhängig sind. Ist der Schuldner zahlungsunfähig, verliert der Gläubiger sein zeitweilig überlassenes Vermögen in Höhe der Schuld. Es gilt:
Vermögen des einen = Schulden des anderen.

Aber – und da endet die strenge Logik der mathematischen Gleichung – die Vorzeichen sind verschieden: Plus beim Vermögen, Minus bei den Schulden; die Vorteile liegen beim Gläubiger, denn er ist es, der über den Schuldner weitgehend bestimmen kann, nicht umgekehrt. Die Macht des Gläubigers über seinen Schuldner kann weit über das rein Finanzielle hinausgehen.

Bei privatwirtschaftlichen Unternehmen ist dieses Machtgefälle grundsätzlich kein Problem, denn dort herrscht weitgehende Interessenharmonie zwischen Gläubiger und Schuldner beim Umgang mit dem Kredit: Beide sind gleichermaßen an seinem möglichst profitablen Einsatz interessiert – der Kreditgeber ist zufrieden, wenn Rückzahlung und Verzinsung des Kredites vertragsgemäß erfolgen, und der Kreditnehmer ist zufrieden, wenn er über seine Kreditverpflichtungen hinausgehende, zusätzliche Gewinne aus der kreditfinanzierten Investition erwirtschaftet. Für beide rentieren sich die Schulden in der Regel. Aus diesem Grund finanzieren sich Unternehmen daher völlig zu Recht nicht nur über Eigenkapital, sondern auch über Fremdkapital.[54]

Beim Staat und seinen Schulden ist das jedoch ganz anders.

Besonderheiten von Staatsschulden I: Staatsschulden finanzieren sich nicht selber, sondern aus gesteuerter Umverteilung

Der Staat ist kein produktives Unternehmen, er wirtschaftet weder gewinnorientiert noch mit dem Ziel, einen möglichst hohen Haushaltsüberschuss zu erwirtschaften. Vielmehr ist der Staat in streng ökonomischer Betrachtung ein am Gemeinwohl orientiertes kosten-, genauer: ausgabendeckendes Unternehmen in des Wortes ursprünglicher Bedeutung.

Demgemäß ist es dem Staat aufgegeben, nicht höchste Gewinne, sondern Einnahmen in Höhe seiner Ausgaben zu erzielen, wie in Kapitel 1 erörtert. Aus diesem Grunde darf er nicht und wird auch tatsächlich nicht Kredite zum Zwecke der Gewinnerzielung aufnehmen und einsetzen. Sondern er muss und wird gegebenenfalls Kredite für politisch bestimmte, nicht unmittelbar profitable Zwecke verwenden (Infrastruktur, Forschung und Innovation, [Rechts-] Sicherheit, Schulbildung, Daseinsvorsorge, soziale Befriedung...). Über seine Investitionen entscheidet er also nach politischen, stabilitätsorientierten, nicht nach renditewirtschaftlichen Gesichtspunkten.

Mit anderen Worten: Der Staat verfolgt andersartige Ziele als die Privatwirtschaft. Aus diesem Grund wirtschaftet und rechnet er auch von Grund auf anders als private Unternehmen. Demzufolge gelten für den Staat und seine Betriebe die allgemeinen, auf Rendite und Investorenschutz ausgerichteten Grundsätze ordnungsmäßiger Buchführung und Rechnungslegung gerade *nicht*. Für den Staat gelten stattdessen besondere, eigene, gemeinwohl- bzw. aufgabenorientierte Berechnungs- bzw. Bewertungsgrundsätze und Rechenverfahren, die sogenannten IPSAS.[55] Deren Aufgabe ist es sicherzustellen, dass staatliches Handeln und Verwalten zu minimalen Kosten und *insofern wirtschaftlich* erfolgt. Während »wirtschaftlich« in der unternehmerischen Alltagspraxis »rentierlich«, »profitabel«, »gewinnmaximierend« meint, bezeichnet es beim Staat lediglich »kostenbewusst«, »kostenminimierend«, »effizient«, »mit bestmöglichem Preis-/Leistungsverhältnis«.

Während in der Privatwirtschaft demzufolge die Erlöse aus der unter Renditegesichtspunkten kalkulierten Investition die jeweilige Investition regelmäßig alsbald selber finanziert, gilt dies für jene Einnahmen, die der Staat in Gestalt zusätzlicher Steuereinnahmen zu gegebener Zeit aus seinen Investitionen erzielt, grundsätzlich gerade *nicht*. Und weil der Staat der Privatwirtschaft nicht die gewinnbringenden Geschäftsfelder wegnehmen soll und darf, *sollen sich seine Investitionen sogar ausdrücklich nicht rentieren*, sollen sich folglich auch nicht *in überschaubarer Frist selbst finanzieren*. Sobald sie es dennoch tun, sind sie für den Staat prinzipiell tabu. Solche Investitionen hat der Staat vielmehr der Privatwirtschaft zu überlassen – sie fallen in das Geschäftsfeld der Privaten.[56]

Das Interesse der Staatsgläubiger lautet dagegen unverändert: Sicherheit & Rendite; Staatsgläubiger unterscheiden sich in dieser Hinsicht nicht von Privatgläubigern. Die Interessen der vermögenden Gläubiger und die Aufgaben des staatlichen Schuldners gehen also auseinander, das Zins- und Tilgungsinteresse der vermögenden Gläubiger muss mit Hilfe von Einnahmen befriedigt werden, die der Staat *außerhalb* des zugrundeliegenden Kreditgeschäftes zu erzielen hat. D. h. der Staat muss die erforderlichen Mehreinnahmen zumindest überwiegend bei anderen Staatsbürgern über zusätzliche Steuereinnahmen generieren und an die Kreditgeber transferieren. Ergo: *Der kreditfinanzierte Staat muss beständig umverteilen zum Nutzen der Kreditgeber, und zwar über Steuern und andere Wertströme; obendrein möglichst unmerklich, um politischen Ärger mit den Besteuerten zu vermeiden.*[57] Es gibt leichtere Aufgaben als diese!

Besonderheiten von Staatsschulden II: Staatsschulden machen den Staat zum Gesteuerten

Die Gläubiger haben daher allen Grund, darauf zu achten, dass all dies auch geschieht. Das heißt, sie haben allen Grund, ihren Einfluss auf das Handeln ihrer staatlichen Schuldner in Bund, Ländern und Gemeinden geltend zu machen, um ihre Tilgungen und Renditen in Form von Zinsen oder entsprechenden Ersatz- bzw. Ergänzungsleistungen aus anderen Quellen als der kreditfinanzierten Investition zu sichern. Und der staatliche Schuldner, der arme, abhängige, wird sich beugen müssen.

Demgemäß warnte Joschka Fischer, damals grüner Vize-Kanzler, seine noch regierungs-unerfahrenen Parteifreunde eindringlich: »Ihr wollt doch wohl keine Politik gegen die Finanzmärkte machen!« Das Schalten und Walten der »Troika« im überschuldeten Griechenland erteilt hierzu weiteren, eindrucksvollen Anschauungsunterricht – die gewählten Regierungen, ja sogar das griechische Parlament mussten ihre Souveränität an die kreditgebenden »Institutionen« (EZB, IWF und EU-Kommission) abtreten. Seit dem

12.6.2015 dürfen wirtschaftspolitische Fragen im griechischen Parlament nur dann überhaupt noch auf die Tagesordnung gesetzt, also von den gewählten Vertretern des Volkes überhaupt nur dann noch erörtert werden, wenn und soweit die kreditgebenden »Institutionen« dazu ihre Erlaubnis erteilt haben. Griechenland wurde zu einer Schuldenkolonie, genauer: ist Kolonie der Gläubigerbanken und -institute geworden, welche die Sicherung ihrer Ansprüche praktischerweise »ihren« jeweiligen nationalen Regierungen übertragen haben.

Grundsätzlich gilt: Der Schuldendienst ist die letzte Position im staatlichen Haushalt, die zur Disposition steht. Und damit es weitergeht, gilt: Kreditwürdigkeit, ihre internationale, privat organisierte Beurteilung, »Rating« genannt, ist das Erste, was gesichert werden muss. Die »Bedienung« der Staatsgläubiger, der Zwang, es ihnen recht zu machen, sprich ihr Vermögen zu schützen und zu mehren, gerät zum hintergründigen, verdeckten A und O des Regierungshandelns – Rating über alles!

Erinnert sei an Silvio Berlusconi, den skrupellosen Geschäftsmann und Vorläufer von Donald Trump auf dem Stuhl des italienischen Ministerpräsidenten. Für Berlusconis jähes Amtsende gilt: *Es war das verlorene Tripel-A, nicht bunga-bunga und die Mafia.* Zur Erläuterung: Verlust des Tripel-A, also der Bewertung mit »AAA«, bedeutet eine Herabstufung der Kreditwürdigkeit Italiens an den internationalen Finanzmärkten. Auf Englisch geht es übrigens direkt: »Not the bed but the spread/Nicht das Bett, sondern die Zinsspanne war's.«

Die britische Premierministerin Liz Truss dagegen musste sogar schon zurücktreten, nachdem sie in ihrer Regierungserklärung unfinanzierbare Haushaltspläne verkündet hatte, Pläne, die den Finanzmärkten missfielen und die den Kurs der britischen Währung ins Taumeln brachten. Truss bleibt in Erinnerung als Premier mit der kürzesten Amtszeit in der britischen Geschichte (es waren 49 Tage, und es wären sogar weniger als die Hälfte davon geworden, wenn die Queen nicht in diesen Tagen gestorben wäre).

Frisch wiedergewählt, hatte Donald Trump II seine erste Niederlage einstecken müssen. Nicht von der Opposition im Parlament war sie ihm beigebracht worden, sondern von der Wall Street. Seine Zollpolitik hatte einen weltweiten Kurssturz ausgelöst. Damit hatten ihm die heimischen Investoren auf ihre Art unmissverständlich mitgeteilt, was sie von seiner Zollpolitik halten. Daraufhin ist »der Donald« umgehend zurückgerudert und hat im März

2025 seine erst wenige Tage zuvor verkündeten Zollsätze ausgesetzt. Das alles ging rasend schnell.

Umgekehrt kann – Griechenland lässt grüßen – eine über viele Jahre behutsam und in aller Ruhe abseits der öffentlichen Wahrnehmung aufgebaute Staatsverschuldung über Nacht zum größten, alles überlagernden Staatsproblem werden, nämlich immer dann, wenn »die Märkte«, sprich: die Kreditgeber plötzlich zu der Überzeugung gelangen, besser keine weiteren Kredite mehr zu vergeben, weil ihnen die Tragfähigkeit weiterer oder auch bloß erneuerter Staatschulden – aus welchen Gründen auch immer – auf einmal zweifelhaft erscheint.

Demgemäß ist spätestens seit Gründung der Bank of England im Jahre 1694 zu beobachten, dass der Aufstieg kreditgewährender finanzwirtschaftlicher Institutionen einhergeht mit der Beschränkung souveräner Macht. Denn unter allen Kämpfen um die Dominanz, gleich ob in Informationstechnologie, Flugzeugindustrie, Gentechnik, Rinderzucht oder Kohleförderung – einen Kampf gibt es, den kein untersteuerter Staat verlieren darf: den Kampf um Kredit, den Kampf um das Geld der Anleger.

Ergebnis: Bei hinreichend fortgeschrittener Verschuldung wird der Staat von seinen Kreditgebern abhängig wie der Süchtige von seinen Dealern. Der Ersatz von Steuern durch Kredite, kurz: *Kredite statt Steuern beinhaltet den Verzicht auf staatliches Steuern.*

Probleme der Berechnung und Zurechnung, der Tilgung und Verzinsung von Staatsschulden

Der Einsatz des Kredits wirft also keine Rendite für den in Rede stehenden Kreditnehmer selber, den staatlichen Investor, ab, sondern bestenfalls Anteile an kreditinduzierten Einkommenszuwächsen bei privaten Unternehmen und Haushalten in Gestalt von Steuermehreinnahmen. Dabei ist jedoch zu beachten, dass die Einkommenszuwächse, die auf staatliche Investitionen zurückzuführen sind, bei den Privaten

a) zum einen höchst unterschiedlich und unvorhersehbar,
b) zum anderen, sofern überhaupt, so nur mit erheblicher zeitlicher Verzögerung anfallen.

Die Steuermehreinnahmen sind deshalb nicht *berechenbar*, und zwar weder in ihrer Höhe noch in Bezug auf die Zeiträume ihres Anfallens. Sie sind sogar noch nicht einmal den jeweiligen Investitionen *zurechenbar*: Bei den Steuereinnahmen vereinigen sich Unberechenbarkeit, Unzurechnungsfähigkeit und zeitliche Unbestimmtheit.

a) Zur Einheit von Unberechenbarkeit und Unzurechnungsfähigkeit

Um mit der Unzurechnungsfähigkeit zu beginnen: Wie hoch ist der in den Steuereinnahmen dieses Jahres enthaltene Betrag, der auf eine bestimmte Investition X des Vorjahres, eine andere Investition Y des Vorvorjahres usw. zurückzuführen ist? Wie hoch ist der Betrag, der nicht auf diese eine, sondern auf jene andere Investition des Vorjahres, Vorvorjahres usw. zurückzuführen ist?

Niemand wird es jemals erfahren. Steuern sind Abgaben ohne Anspruch auf individuelle Gegenleistung. Einzelnen Leistungen bzw. Investitionen können deshalb genauso wenig bestimmten Steuereinnahmen zugeordnet werden wie, umgekehrt, Steuereinnahmen auf bestimmte Staatsausgaben zurückgeführt werden können. Das aber ist unerlässlich, wenn man à la Krugman, Ganssmann u. a. berechnen will, ob beim Staat »die Zinsbelastungen höher sind als die – erwarteten – Einkommenszuwächse« seiner jeweiligen Investitionen, wie Ganssmann es zuvor verlangt hatte. Unternehmer dagegen können das ohne Weiteres; sie errechnen den Beitrag, den einzelne Waren (bzw. Leistungen) in jeweiligen Abrechnungsperioden zu ihren jeweiligen Gesamterlösen beisteuern, denkbar einfach wie folgt:

Umsatz Ware X = Absatz Ware X mal Stückpreis Ware X,
Umsatz Ware Y = Absatz Ware Y mal Stückpreis Ware Y
usw., bei Dienstleistungen entsprechend.

Steuermehreinnahmen sind also nicht *zu*rechenbar zu ihren Verursachern – schade. Sind sie wenigstens *be*rechenbar?

Sorry, aber das geht auch nicht. Zur Unzurechnungsfähigkeit kommt die Unberechenbarkeit hinzu. Konkret: Wie hoch sind die Einkommenszuwächse, die bei privaten Haushalten und/oder Unternehmern aus guter bzw. verbesserter innerer Sicherheit, Justiz und Grenzschutz anfallen, wie hoch diejenigen, welche aus guten Theatern samt gut erhaltenen Theaterbauten, aus erhaltenen oder neu geschaffenen Grünflächen, Schwimmbädern und Radwegen, sprich aus öffentlichen Investitionen in das wirtschaftliche und gesellschaftliche Leben und seine Qualität entstehen? Wie hoch sind die Zuwächse aus universitärer Grundlagenforschung, und bei wem sowie wann fallen sie an? Wie hoch sind *alsdann* die Steuermehreinnahmen aus diesen Zuwächsen, und wann fallen sie an? Wie hoch sind die Zuwächse aus universitärer Grundlagenforschung, bei wem und wann fallen sie an? Und die Steuer-Zuwächse aus dem kreditfinanzierten Ankauf und Betrieb von Militärjets, obendrein gewöhnlich weitgehend aus ausländischer Produktion? Für die soll ja jetzt gelten: Gezahlt wird, »whatever it takes«. So jedenfalls hat es der Kanzler dieser Tage versprochen, wie im Vorwort geschildert.

Städtische Parks beruhigen die Nerven ihrer vielen, teils lebenslanger Nutzer; den Einkommen von Nervenärzten und pharmazeutischer Industrie schaden sie. Kommunale Radwegenetze drängen den Kfz-Verkehr zurück, schonen Atemluft, Ressourcen, die Umwelt und fördern die Gesundheit; damit beeinträchtigen sie jedoch – über Ärzte und Pharmaindustrie hinweg – die Einnahmen der Kfz-/Mineralöl-/Energiewirtschaft und schmälern diverse Steuereinnahmen (namentlich: Umsatz-, Mineralöl-, Körperschaft-, Einkommen- und Gewerbesteuer). Eine leicht anziehende Nachfrage nach Fahrrädern nebst ihren Reparaturen vermag die Ausfälle im Kfz- und Mineralölsektor nicht annähernd zu kompensieren; dasselbe gilt für den Nettoeffekt aus Radwegebau und -unterhalt einerseits sowie aus erspartem Kfz-Wegebau und -unterhalt mitsamt Ampelanlagen, Parkplätzen, Tankstellen etc. andererseits. Urteile im jahrelangen Strafprozess gegen Frau Zschäpe vom mörderischen National-sozialistischen Untergrund (Nsu) verschaffen den Hinterbliebenen keine nennenswerten Einkommenszuwächse, sondern – hoffentlich – Linderung ihrer Schmerzen und Seelenfrieden. All das nur zum Beispiel.

Investitionen in die Vorsorge sowie, gegebenenfalls, in die Bekämpfung von Seuchen und Pandemien werfen gar keine Renditen ab. Ebenso Investitionen in den Schutz von Umwelt und Klima. Sie alle werden vielmehr getätigt, um Schäden zu minimieren, Verluste klein zu halten. Trotzdem sind sie sogar besonders dringlich; die tatsächlich investierten Beträge waren allerdings bisher kläglich unzureichend – von Problembewusstsein keine Spur.[58] Und die Investitionen ins Militär? Die dienen noch nicht einmal der Schadensminimierung. Sondern das Militär ist ausdrücklich dazu da, im Kriegsfall maximalen Schaden und Zerstörung anzurichten (vorzugsweise zwar beim Gegner, aber der revanchiert sich erfahrungsgemäß, indem er seinem Gegner, also uns, maximale Zerstörung beschert). Wie sieht die Rentabilitätsrechnung in diesen

Fällen aus? Und was bedeutet das für die versprochene »whatever it takes«-Finanzierung von Kriegsmaterial und -personal: aus Steuern oder auf Kredit?

Der derzeit größte staatliche Investitionsposten, Investitionen in soziale Sicherheit, speziell in die Grundsicherung bedürftiger Bürger:innen, erhöht zwar deren Einkommen, verschafft dem Staat aber nur bescheidene, keinesfalls rentierliche Steuermehreinnahmen.[59] Auch das ist also, finanziell gesehen, ein übles Minusgeschäft. Deshalb wird es ja auch besonders von den Parteien rechts der Mitte mehr oder weniger erfolgreich bekämpft und klein zu halten versucht. Dabei ist sogar das Existenzminimum für manche keine Grenze, die Beachtung verdient. Das Bundesverfassungsgericht musste schon mehrfach zu Hilfe gerufen werden, und es hat allzu drängendem Verlangen Grenzen gesetzt.

Und weiter, konkret: Wenn der Staat sozialen Wohnungsbau nach Art eines Unternehmers kalkuliert, muss er ihn einstellen – so wie er es in den Nachwendejahren getan hat, als die »Systemkonkurrenz« plötzlich weggebrochen war. Das hat dem Land die derzeitige Mietwohnungsmisere mit ihrem erheblichen sozialen Sprengstoff beschert. Der Staat darf also gerade nicht wie ein privater Unternehmer rechnen, sondern er, der Staat, muss in den Wohnungsbau gerade deshalb investieren, weil dessen Kosten von einzelnen Bevölkerungsteilen auf Dauer *nicht* aufgebracht, folglich auch *nicht* erlöst werden können, so dass aus unternehmerischer Sicht ein vernichtendes Urteil über das Wohnungsbau-Projekt zu fällen ist: »Das rechnet sich nicht/das rentiert sich nicht«. Erst wenn die Privaten dieses Urteil gefällt haben, ist der Staat mit seiner eigentümlichen, anderen Rechnung am Zuge; im Falle von Wohnungsnot ist er dann zur Investition in den sozialen Wohnungsbau gehalten – erst dann, wohlgemerkt, einerseits; andererseits genau und unbedingt dann.[60]

Sofern die zusätzlichen, weil sozialen Kosten des sozialen Wohnungsbaus in Form des nicht erlösbaren Teils der Kostenmieten dagegen ordentlich über ein progressives Steuersystem generiert werden (dabei übrigens womöglich gerade auch bei Vermietern), kann der soziale Nutzen bzw. der gesellschaftliche Ertrag gerade des betriebswirtschaftlich nicht erlösten Kostenteils zwar erheblich sein. Trotzdem bleibt er unkalkulierbar:

- Mit wie viel Euro soll das etwaig bessere Aufwachsen des oder der möglichen Kinder im eigenen Zimmer/in eigenen Zimmern berechnet werden? Mit wie viel Euro ein womöglich aufgrund relativer Zufriedenheit erst gar nicht in Erwägung gezogenes radikal-nationalistisches Wählervotum?

- Heinrich Zille hatte schon darauf hingewiesen: »Man kann einen Menschen mit einer Wohnung genauso erschlagen wie mit einer Axt«. Wie hoch sind die womöglich eingesparten Ausgaben für Gesundheits-, Schul- und Sozialdienste, in extremen Fällen für Polizei, Justiz und Justizvollzug? Im Falle ersparter Arztrechnungen mindern die Mehrausgaben, wie gesagt, sogar die späteren Steuereinnahmen, allerdings auch nur vermutlich, weil nicht kalkuliert werden kann, wie das Geld aus den ersparten Arztrechnungen von der Krankenkasse bzw. von der Familie alternativ verwendet wird.
- Wie ist jener Anteil an den heute eingehenden Steuereinnahmen, der auf die seinerzeitige Förderung eines bestimmten sozialen Wohnungsbauprojektes zurückzuführen ist? Wie hoch ist der Anteil, der nicht auf dieses, sondern auf jenes Projekt zurückzuführen ist?
- usw.

Fragen über Fragen, auf die es keine Antworten gibt. Und niemals geben wird: Vom Grundsatz her kalkulierbar sind immer nur die Kosten öffentlicher Investitionen, nicht ihre Leistungen/Erträge/Renditen in Sinne von Steuermehreinnahmen bzw. in Sinne von Haushaltslöchern, die ihre Verluste und Schäden, und seien sie immerhin minimiert, aufreißen.

Dabei ist ganz allgemein zu beachten, dass sich der bekannte Multiplikator zusätzlicher staatlicher Investitionen[61] nicht auf den Staatshaushalt bezieht, sondern auf das Volkseinkommen/das Bruttoinlandsprodukt; die auf den Bund, die Länder und Kommunen entfallenden Steuermehreinnahmen bilden davon nur einen selbst wieder nicht zu ermittelnden Teil. Kurz gesagt: Kreditfinanzierte Staatsinvestitionen sichern dem staatlichen Investor in den besten Fällen sowie bei wirksamen Multiplikatoreffekten keineswegs sein Vermögen im Sinne der Fähigkeit, seine anschwellende Schuldenlast zu bedienen und zu tilgen. Sondern erhöhte Schulden (einschließlich der mit ihrer Hilfe finanzierten, erhöhten Investitionen) erhöhen seine Abhängigkeit. Dass die Steuereinnahmen mit anziehender Konjunktur wachsen, steht außer Frage. Fraglich ist, ob bzw. in wie weit die wachsenden Einnahmen den Staat aus seinen bereits weitergewachsenen und konsolidierten Abhängigkeiten wieder befreien. Zweifel sind jedenfalls bestens begründet.

Die staatlichen Aufgaben über Steuern statt über Kredite zu finanzieren, ist deshalb auf jeden Fall

- erstens billiger,
- weist zweitens weniger schädliche Verteilungswirkungen auf und
- beeinträchtigt drittens die Autonomie des staatlichen Handelns nicht.

Um die reinen Zinskosten der Kreditfinanzierung zu beziffern: Beim 500 Milliarden Euro-Teil des aktuell geplanten Megakredits gehen »45 Prozent der Kreditaufnahme an die Gläubiger«.[62] Im Gegensatz zu den vielen, vorangehenden Sachverhalten und Zusammenhängen ist dieser Sachverhalt sehr wohl berechenbar.

Und dann noch dies: Kreditfinanzierung verhindert eine sach- und leistungsfähigkeitsgerechte Anpassung der Besteuerung an die staatlichen Aufgaben und die dazugehörigen Ausgaben: Warum gegen Steuerwiderstände ankämpfen, solange dem Staat das benötigte Geld von den Finanzmarktakteuren als Kredit bereitwillig, ja freudig angedient wird? Kreditfinanzierung begründet auch insofern weitere Kreditfinanzierung.

Obendrein ist bei staatlichen Investitionen zu beachten, dass die privaten Einkommenszuwächse, die sie gegebenenfalls generieren, vor allem bei denjenigen anfallen, die an der Spitze der Einkommens- und Vermögenspyramide stehen sowie vorzugsweise im Ausland ansässig sind bzw. fremden Staatbürgerschaften angehören. D. h. sie fallen vor allem also gerade dort an, wo die Möglichkeiten zur Steuergestaltung, -vermeidung und -hinterziehung besonders groß sind (→*Basics 7, 8*).

b) Zur zeitlichen Unbestimmtheit

Damit zum anderen, zum Faktor Zeit. Kosten der Kreditbedienung fallen umgehend an; etwaige steuerliche Mehreinnahmen aus den etwaigen, durch staatliche Investitionen generierten privaten Einkommenszuwächsen dagegen fallen nur mit abermaligen, unterschiedlichen Verzögerungen an. Die steuerliche Inkubationszeit, also die Zeit, die vergeht, bis staatliche Investitionen in die Bildung seiner Bürger:innen sich auszuzahlen beginnen, beträgt mitunter 20 Jahre und mehr; erst danach kann damit gerechnet werden, dass allmählich erste Renditen bei privaten Nutznießern der öffentlichen Bildungsinvestitionen anfallen. Und abermals danach erst kann der Staat gegebenenfalls zum

Zuge kommen und einen Teil jener privaten Renditen besteuern, d. h. zu sich hin steuern. Die Kredite, die er zur Finanzierung der entsprechenden Bildungsinvestitionen aufgenommen hatte, werden zu diesem Zeitpunkt längst bedient, getilgt bzw. erneuert worden sein.

Dagegen zahlten sich die Einbürgerungskosten fertig ausgebildeter, hochqualifizierter Fachkräfte aus dem Ausland wie z. B. Ärzte aus Entwicklungsländern zwar tatsächlich schon nach kürzester Zeit wirtschaftlich aus. Aber nicht politisch und auf längere Frist: Die Entwicklungsländer sollen die Ausbildungskosten für Fachkräfte der reichen Gesellschaften zahlen? Und selber ohne sie auskommen, z. B. ohne diese Ärzte? Und Einheimische stehen zunehmend ohne einheimische Ärzte (m/w/d) da? In London praktizieren mehr sudanesische Ärzte als im Sudan. So etwas geht auf Dauer nicht gut/zahlt sich auf Dauer nicht aus.

Auch in dieser Hinsicht unterscheiden sich Ein*nahme*zuwächse aus staatlichen Investitionen grundlegend von den *Einkommens*zuwächsen bzw. Erträgen aus privatwirtschaftlichen Investitionen. Die Letzteren *kommen* schon nach kurzer, spätestens mittlerer Frist her*ein*; sie müssen deshalb lediglich kurz-, höchstens mittelfristig vorfinanziert werden. Wo immer demgegenüber nicht kurz- bzw. mittelfristig mit ausreichenden Erträgen zu rechnen ist wie z. B. in der Grundlagenforschung, da werden die Investitionen privatwirtschaftlich gerade *nicht* durchgeführt. Sondern sie werden dem Staat als Aufgabe übergeben, um nicht zu sagen: zugewiesen. Weil's sich nicht rechnet, nicht rentiert, muss er's machen; die erforderlichen Mittel muss er sich anderweitig beschaffen, d. h. einnehmen. Das staatliche Aufgaben- und Tätigkeitsfeld liegt also gesetzmäßig da, wo die fraglichen, die unberechenbaren und unzurechnungsfähigen Erträge beheimatet sind, jene, die nach langer Zeit anfallen – sofern überhaupt.

Daher gilt: Wenn's notwendig ist, aber nicht rentierlich, dann ist der Staat an der Reihe, dann muss er's machen – von der Grundlagenforschung bis zur Atommüllentsorgung, vom Kreißsaal bis zum Krematorium reicht das Staatswirtschafts-Imperium. Es ist von Natur aus unrentabel.

Fazit

Den in der Privatwirtschaft geläufigen Zusammenhang zwischen Kreditfinanzierung, Kostenerwirtschaftung und kalkulierbarer Rendite gibt es beim Staat *gerade nicht.*

Die eingangs exemplarisch wiedergegebenen Handlungsanleitungen von Krugman, Ganssmann u. a. (»Bedenklich ist die Aufnahme von Krediten dann, wenn die Zinsbelastungen höher sind als die – erwarteten – Einkommenszuwächse. Und das gilt für Staaten ebenso wie für Privatpersonen«; »Der Staat ist in dieser Hinsicht analog zu Unternehmen zu sehen«) verkennt den wirtschaftlichen Sachverhalt in einem Umfang, der erschreckt. Der Staat ist kein Unternehmen, und Deutschland wird nicht an der Börse gehandelt!

Zwar mag man diesen Kritikern der Standardökonomie zugutehalten, dass Unterscheidungen wie diejenige zwischen privaten Ein*kommens*zuwächsen und staatlichen Ein*nahme*zuwächsen im Kanon des Alltagswissens nicht enthalten sind, erst recht nicht die Grundzüge unternehmerischer Kalkulation. Bei ordentlichen Professoren, zumal bei einem Träger des Ökonomie-Nobelpreises wie Paul Krugman und einem regierungsamtlich berufenen Wirtschaftsweisen wie Peter Bofinger sollte man jedoch ein Mindestmaß an fachlichen Kenntnissen und Erkenntnissen erwarten können, sollte erwarten können, dass sie wenigstens die Basics ihres Faches beherrschen.[63] Was man tatsächlich vorfindet, wirkt verstörend. »Das kann doch nicht wahr sein! Ist das bloße Blindheit oder schon eine Verschwörung?«, müsste es ertönen.

Tut es aber nicht. Stattdessen rufen nicht wenige, genau diese von Grund auf verfehlten Lehren von der ach so guten Staatsverschuldung endlich anzunehmen und praktisch anzuwenden. In der Überwindung der »Staatsschuldenphobie« sieht Peter Bofinger, der auf gewerkschaftlichen Vorschlag ernannte, langjährige amtliche Wirtschaftsweise, sogar »die wichtigste politische Herausforderung«![64]

Also wichtiger noch als die Herausforderungen in den Bereichen Wissenschaft und Technologie, Klima, Umwelt und Artenschutz, Kriegsgefahren soziale Erschütterungen? Dass der Ruf nach Überwindung der »Schuldenangst« obendrein vornehmlich aus jenem Parteienspektrum und seinem Umfeld erschallt, das sich als »progressiv« versteht, macht die Sache doppelt schlimm – tragisch verkehrte Welt!

Kurz: Der wohlgemeinte Rat der kritischen Seitenstrom-Ökonomen, der Staat möge endlich einfach nur so kalkulieren wie ein gewöhnlicher Unternehmer und sich dementsprechend verschulden, verkennt die Sachlage so sehr, dass man's kaum glauben mag.

Anmerkungen zu Kapitel 6

44 Staaten sind im Laufe der Menschheitsgeschichte im Gefolge öffentlicher Aufgaben entstanden, d. h. sie sind entstanden, um Aufgaben zu bewältigen, die besser oder sogar nur noch gemeinschaftlich erfüllt werden konnten. Dazu gehört namentlich die Bewässerung der Felder durch den Bau von Bewässerungssystemen in Ägypten und Mesopotamien. Zum Kanalbau mussten Teile der Bevölkerung von der Feldarbeit freigestellt werden. Damit diese Menschen trotzdem leben konnten, musste die Gemeinschaft, d. h. der zu diesem Zweck herausgebildete Staat die Kanalbauer mit Lebensmitteln, Kleidung u. a. versorgen. Die öffentlichen Aufgaben verursachten mithin staatliche Ausgaben. Um sie zu decken, brauchte der Staat Einnahmen: Steuern.

Sieht man davon ab, dass die damalige Naturalform der Steuerabgaben durch die Geldform abgelöst ist, so hat sich an diesem Zusammenhang bis zum heutigen Tag nichts Entscheidendes geändert. Staat und Steuern gehören untrennbar zusammen: ohne Steuern kein Staat und ohne Staat keine Steuern. Verändert hat sich lediglich der Umfang dessen, was unter jeweiligen historischen Bedingungen als öffentliche Aufgabe erkannt und deshalb entsprechend definiert, d. h. in der Regel gesetzlich als Ausgabenverursacher fixiert wird: Es wirkt WAGNERS Gesetz, wie in Kapitel 1 beschrieben.

Im Übrigen wird bereits an dieser Stelle deutlich, dass es im Wesentlichen nur Naturkatastrophen, Krisen und Kriege, die schrecklichen Drei, sind, die den Staat dazu zwingen, erforderliche Steuereinnahmen zunächst durch Kredite zu ersetzen. Denn die schrecklichen Drei treten im Allgemeinen kurzfristig, überwiegend sogar plötzlich auf und zwingen den Staat ebenso plötzlich dazu, zusätzliche Aufgaben zu übernehmen. In diesen Fällen können die erforderlichen zusätzlichen Ausgaben nicht umgehend, d. h. plötzlich, gewissermaßen von heute auf morgen durch erhöhte Steuern aufgetrieben werden: Steueranpassungen und Steuereinzug sind – zumal in einer Demokratie, erst recht in einer föderal organisierten – ein langwieriger Prozess. Zur Überbrückung müssen Kredite dienen, die es nichtsdestoweniger so bald wie möglich mit Hilfe angepasster Steuern abzulösen gilt. Es handelt sich also letztlich um Kassenkredite, d. h. um Kredite zur Deckung eines kurzfristigen Finanzierungsengpasses.

45 Kleines Glossar: *Steuern* sind Abgaben ohne Anspruch auf individuell zurechenbare öffentliche Gegenleistungen, *Gebühren* sind prinzipiell kostendeckende Abgaben für bestimmte, individuell zurechenbare öffentliche Leistungen, *Beiträge* sind dasselbe ohne Kostendeckung, *Zölle* sind Abgaben auf Importe.

46 Weitere staatliche Einnahmequellen wie Privatisierungserlöse, d. h. Erlöse aus dem Verkauf von öffentlichem Eigentum, Bundesbankgewinne, Gewinnabführungen öffentlicher Betriebe u. ä. bleiben als vergleichsweise unbedeutende Sonder- bzw. Einmalfälle außer Betracht, ebenso Einnahmen aus Münzverschlechterungen, kriegerischen Eroberungen u. ä.

Dass die Zentralbank das Geld auch schöpfen *soll*, und zwar in einem Umfang, der für die Versorgung der wachsenden Wirtschaft einschließlich des Finanzsektors erforderlich erscheint, unterscheidet sie von den übrigen Banken, die grundsätzlich ohne eine Verpflichtung auf öffentliche Belange Geld schöpfen *können und dürfen*. Das macht den Vorgang zum Problem: Private Geschäftsbanken schöpfen das so ungemein bedeutende öffentliche Gut namens Geld unter privat- bzw. einzelwirtschaftlichen Zielsetzungen, nicht im Dienste der gesamtwirtschaftlichen, makroökonomischen Steuerung, wie es der Geldschöpfung durch die Zentralbank aufgegeben ist. Dies jedoch nur am Rande.

Speziell für die EZB gilt, dass ihr jede Staatsfinanzierung aus Geldschöpfung auf dem Papier, sprich »de jure/von Rechts wegen« untersagt ist. Tatsächlich vollzieht sie jedoch genau diese Staatsfinanzierung auf dem Umweg über private Banken, sobald nämlich das oben beschriebene Verfahren C* eingeschlagen wird. Obendrein verdienen dabei die Banken sicheres, gutes Geld ohne jede Leistung. Einzelheiten brauchen hier nicht zu interessieren, wohl aber das Bundesverfassungsgericht und den Europäischen Gerichtshof, die sich mit der Frage beschäftigen müssen, ob diese bauernschlaue Staatsfinanzierung aus dem Nichts, das die Geldmenge aufbläht und die Inflation (sowie die Banken) nährt, zulässig sein soll oder nicht. Die Urteilsbildung zieht sich nun schon jahrelang hin. Einmal mehr offenbart sich die Zeit als die schärfste Waffe der Justiz.

47 Allerdings nur vorübergehend, denn ausgiebige, anhaltende Geldschöpfung bzw. »Geldversorgung« führt zu einer Inflation, die sich keineswegs immer verlässlich auf den Finanz- bzw. Vermögenssektor beschränken lässt. Inflation, zumal eine beschleunigte, entfaltet auf Dauer ähnlich gefährliche verteilungspolitische Wirkungen wie Staatsverschuldung; sie ist die Geißel der Kleinen Leute. Als galoppierende Inflation führt sie zum weitgehenden Zusammenbruch von Wirtschaftsrechnung und Wirtschaftskreislauf. Damit gefährdet sie die Gesellschaft bis aufs Äußerste. C bietet mithin keine attraktive, dauerhafte Alternative.

48 In: New York Times vom 21.8.2015; Übersetzung durch mich – AS. Der Artikel stellt die Quintessenz von Krugmans ausführlichem Werk mit dem unbekümmert-ominösen Titel »Vergeßt die Krise! Warum wir jetzt Geld ausgeben müssen«, Frankfurt/New York 2012, dar.

49 Heiner Ganssmann, Lauter schwarze Nullen – Deutschlands fatale Rolle in der europäischen Schuldenkrise, in: Le Monde diplomatique, deutschsprachige Ausgabe, Nr. 3/2015, S. 3 f., Zitat: S. 3, Hervorhebung – AS.

Hierzulande gehören des Weiteren beispielsweise die – neokeynesianische – Memorandumgruppe »Alternativen der Wirtschaftspolitik« mit ihrem langjährigen Sprecher, Rudolf Hickel, zu den ständigen Befürwortern vermehrter staatlicher Kreditfinanzierung (die Gruppe erstellt seit Jahren Memoranden in Form von Alternativgutachten zu den jeweiligen Jahresgutachten des regierungsamtlichen Sachverständigenrates zur Begutachtung der gesamtwirtschaftlichen Entwicklung).

50 Gemeint ist der »Sachverständigenrat zur Begutachtung der gesamtwirtschaftlichen Entwicklung« als amtlicher Ratgeber jeweiliger Bundesregierungen, umgangssprachlich »Die Wirtschaftsweisen« genannt. Peter Bofinger ist auf Vorschlag der Gewerkschaften von der Bundesregierung in diesen Rat berufen worden und hat ihm außergewöhnlich lange angehört, nämlich von 2004 bis 2019.

51 Peter Bofinger, Nullnummer – Der Fetisch der schwarzen Null ist ökonomisch unsinnig, www.ipg.journal.de, 11.3.2019.

52 Ausführlich: »In Zeiten von Niedrigzinsen investiert jeder kluge Privathaushalt: Immobilien werden energetisch saniert, langlebige Güter werden angeschafft. Nur der Staat unternimmt nichts. Dabei zahlt der Bund selbst für längerfristige Kredite gar keine Zinsen. Es besteht die historische Chance, die marode öffentliche Infrastruktur *zum Nulltarif* zu modernisieren und die Grundlage für Wachstum und ein intaktes Gemeinwesen zu schaffen. Das wäre vernünftig und gerecht – gerade gegenüber zukünftigen Generationen. Selbst die Schuldenbremse erlaubt es der Bundesregierung im Jahr 2015 noch 22 Milliarden Euro Schulden aufzunehmen. Doch Finanzminister Schäuble will stattdessen die Verschuldung schneller zurückfahren, als es die Schuldenregeln vorschreiben. *Derzeit hindert Schäuble nur eins an einer zukunftsorientierten Politik für Wohlstand und Wettbewerbsfähigkeit: Das selbst geschaffene Dogma der ›Schwarzen Null‹.*« (Schwarze Null: Investitionsbremse für Deutschland, in: DGB, Hg., klartext 14/2015, S. 2, Hervorhebung –AS.)

53 Für Möglichkeiten der Steuerfinanzierung in Details: (→*Basics 5–11*); für Möglichkeiten der Geldschöpfung durch die Zentralbank, die Alternative C: (→*Basic 15*).

54 Fremdkapital entfaltet sogar eine Hebelwirkung auf das Eigenkapital: Wenn die Verzinsung des eingesetzten Kapitals erwartungsgemäß über dem vereinbarten Fremdkapitalzins liegt, so erhöht dieser Überschuss die Verzinsung des Eigenkapitals.

55 Für die öffentliche Verwaltung und ihre Betriebe gelten die Grundsätze ordnungsmäßiger *öffentlicher* Buchführung und Rechnungslegung bzw. die International Public Sector Accounting Standards (IPSAS). Und zwar gelten sie dort im Gegensatz zu den International Accounting Standards/International Financial Reporting Standards (IAS/IFRS) der Privatwirtschaft. IPSAS und IAS/IFRS unterscheiden sich vor allem in ihren Zielstellungen: Während die öffentlichen IPSAS grundsätzlich an der Sicherung von Nachhaltigkeit und Generationenschutz im Sinne intergenerativer Gerechtigkeit ausgerichtet sind, sind die IAS/IFRS der Privatwirtschaft in Hinblick auf Investorenschutz bzw. den Gläubigerschutz des Handelsgesetzbuches konzipiert.
Zur Bedeutung des öffentlichen Sektors: Gemäß einer Schätzung der Wirtschaftsprüfungsgesellschaft KPMG gibt es in Deutschland rund 15.000 öffentliche Wirtschaftsbetriebe. Sie befinden sich größtenteils in kommunalem Eigentum (lediglich 108 sind in Bundesbesitz, darunter 46 Firmen ohne Geschäftstätigkeit). Öffentliche Betriebe erfüllen Aufgaben vorwiegend im Bereich der Daseinsfürsorge (Bau und Verwaltung von Sozialwohnungen, Wasserver- und Abwasser-/Abfallentsorgung, Feuerwehr, kommunale Mobilität, Gesundheitsdienste/Krankenhäuser, Kultur, Bildung u. a.). Ihre Aufgaben erfüllen die Öffentlichen prinzipiell mit dem der Privatwirtschaft fremden Mittel bloßer Kostendeckung; Gewinnerzielung ist diesen Betrieben grundsätzlich untersagt (gelegentliche Ausnahmen sind gewöhnlich historisch begründet und bestätigen die Regel). Auf Grund ihrer Gemeinwohlorientierung entzieht sich die öffentliche Verwaltung mit ihren Betrieben zwangsläufig einer privatwirtschaftlichen, renditefokussierten Wirtschaftsrechnung und Kalkulation.
Über aktuelle Probleme und Tendenzen der öffentlichen Wirtschaftsrechnung informiert kompakt, kompetent und engagiert Arnim Goldbach, European Public

Sector Accounting Standards – EPSAS – Anspruch und Wirklichkeit, in: Wirtschaft und Erziehung, Nr. 5/2017, S. 185–192.
Zu den *Problemen*, die *jeder Wirtschaftsrechnung*, gleich ob IPSAS oder IAS/IFRS, zugrunde liegt, s. Axel Stommel, Die Reichen, die Banken, die Schulden und wir – Wirtschaft verstehen, Bad Homburg 2012, S. 205–245. Hier nur so viel: In der Buchführung repräsentiert eine Eins keine fest definierte Größe, sondern ein ziemlich breites, von Fall zu Fall unterschiedliches, im Detail unbekanntes Spektrum von Werten. Bei den Werten der Buchführung handelt es sich nämlich um Werte, die von interessierten Subjekten bewertet werden. Trotzdem wird so getan, als wären es richtige, harte, mathematische Zahlen, und man rechnet mit ihnen entsprechend den harten Regeln der Mathematik. Und das ist auch gut so. Aber man darf darüber nicht vergessen, dass alles Wirtschaftsrechnen ein *hartes Rechnen mit weichen Zahlen* ist: die Grundgleichung aller Mathematik, 1 = 1, gilt in Buchführung/Rechnungswesen ja gerade *nicht*. Deshalb gilt in der Wirtschaftsrechnung für alle Ergebnisse: Die in ihren Zahlen ausgewiesene Präzision ist Illusion. S. hierzu auch (→*Basics 16 und 16E*).

56 Die Feststellung gilt nicht für Gebühren, für Beiträge gilt sie nur eingeschränkt. Gebühren erlauben deshalb eine betriebswirtschaftliche Kosten- und Leistungsrechnung, wenn auch mit dem nicht ganz unerheblichen Unterschied, dass Gebühren lediglich kostendeckend, nicht gewinnbringend zu kalkulieren sind: Die für die Ausstellung von amtlichen Ausweispapieren erforderlichen Investitionen z. B. sind in diesem Sinne prinzipiell kalkulierbar. Für Beiträge, die mit bestimmten Kostenanteilssätzen erhoben werden wie z. B. Beiträge zur Erstellung von Anliegerstraßen gilt dasselbe; für alle anderen Beiträge gelten weitere Einschränkungen. Im Verhältnis zu den Steuereinnahmen stellen Gebühren und Beiträge insgesamt allerdings ziemlich unerhebliche Größen dar.

57 Die Finanzierungsalternative C, Geldschöpfung, wird der Übersichtlichkeit halber an dieser Stelle außer Betracht gelassen. Sie kann jedoch zur Alternative A, Steuerfinanzierung, und B, Verschuldung, ergänzend bzw. ersetzend hinzutreten.
Der Sachverhalt, dass die Kreditgeber u. U. insbesondere über ihre Einkommensteuer einen Teil für die Bedienung der Kredite selber aufbringen, ist nicht entscheidend. Entscheidend ist, dass der andere Teil hinreichend groß ist. Demgemäß erben zwar die Kinder die Kreditgeber gleich wie alle anderen Kinder die Schulden ihrer Vorgänger, aber nur sie, die Kinder der Kreditgeber, erben gleichzeitig die ungleich höheren Zins- und Tilgungsansprüche ihrer erblassenden Vorfahren.

58 Mehr dazu bei Axel Stommel, Klimapolitik: Die Optionen – Von Massenverbrauch und Einzelverzicht, Marburg 2023.

59 Soweit aus seinen Transferzahlungen unmittelbare Steuermehreinnahmen, etwa als Umsatz- und Verbrauchsteuern, erwachsen, mindern sie den Investitionseffekt bzw. erhöhen sie die erforderlichen staatlichen Investitionsbeträge, so dass in beiden Varianten netto = 0 zu verzeichnen ist. Mittelbare Steuermehreinnahmen aus der zusätzlichen Nachfrage der Grundgesicherten bleiben naturgemäß weit hinter dem zurück, was als Grundsicherungsinvestition ausgegeben wurde, während über die exakte Höhe möglicher Multiplikatoreffekte nur spekuliert werden kann.

60 An dieser Stelle tritt übrigens etwas anderes, Wichtiges, so deutlich erkennbar hervor, dass wenigstens am Rande darauf hingewiesen werden soll. Es geht um den Tatbestand, *dass der Sozialstaat auf absehbare Zeit der Nationalstaat ist.*
Der Sozialstaat nämlich finanziert sich aus Steuern und Abgaben. Ist eine internationale Besteuerung mit je regionalen Zuweisungen und Finanzausgleichen in nächster Zeit überhaupt denkbar? Ist es bloßer Zufall, dass bisher keine nennenswerten steuer- bzw. sozialpolitischen Regelungen in Brüssel bzw. Straßburg entstanden sind? Ganz im Gegenteil musste man ständig beobachten, wie dort Tarifautonomie und Sozialstandards auf den Altären der »vier wirtschaftlichen Grundfreiheiten« (freier Verkehr von Waren, Dienstleistungen, Kapital und Personen – man beachte die Reihenfolge!), der »Harmonisierung des EU-Binnenmarktes« und einer vagen EU-Wirtschaftspolitik geopfert wurden.
Es ist schon schwer genug, auf nationaler Ebene konkrete sozialpolitische Maßnahmen durchzusetzen. In übernationalen Verbänden wird es zumindest auf absehbare Zeit zu einem Ding der Unmöglichkeit. Dies ist im Übrigen auch ein Erklärungsmoment dafür, warum sich übernationale Verbände bei den vermögenden Eliten im Allgemeinen großer Beliebtheit erfreuen (→*Basic 11*).

61 Kleines Glossar: Als Multiplikator wird seit Keynes der Umstand bezeichnet, dass sich die gesamtwirtschaftliche Nachfrage im Gefolge einer zusätzlichen Staatsausgabe um mehr als die zusätzliche Staatsausgabe erhöht. Das ist so, weil die erhöhte Staatsausgabe private Einnahmen erhöht und weitere, um die Sparquote geminderte, zusätzliche private Ausgaben zur Folge hat. Diese erhöhen ihrerseits selbst wieder private Einnahmen und haben weitere, um die Sparquote geminderte, zusätzliche Ausgaben zur Folge usw.

62 »Wenn Deutschland 500 Milliarden Euro über Staatsanleihen mit zehn- und zwanzigjähriger Laufzeit finanziert (je zur Hälfte), ergeben sich bei Zinssätzen von 2,5 Prozent für zehn Jahre und drei Prozent für 20 Jahre folgende Gesamtkosten:
- Die Zinsen für 10-jährige Anleihen betragen 62,5 Milliarden Euro.
- Die Zinsen für 20-jährige Anleihen addieren sich auf 150 Milliarden Euro.
- Die gesamten Zinszahlungen für Infrastrukturprojekte betragen 212,5 Milliarden Euro.Was bedeutet: 45 Prozent der Kreditaufnahme gehen an die Gläubiger.

Der Bundesrechnungshof hat errechnet, dass sich die Zinslast des Bundes bis zum Jahr 2035 verdoppeln würde.« (Gabor Steingart, The Pioneer Briefing vom 2.5.2025. news.thepioneer.de/online.)

63 Der Nobelpreis für Ökonomie ist im Gegensatz zu den übrigen Nobelpreisen gerade nicht auf Alfred Nobel zurückzuführen; er müsst eigentlich »Preis der schwedischen Reichsbank« heißen (→*Exkurs 17E, bes. Anm. 16*).

64 »Die wichtigste politische Herausforderung«, so gab Bofinger 2019 in seiner bereits zitierten »Nullnummer…« zu Protokoll, bestehe darin, »die tiefsitzende Abneigung der Deutschen gegenüber Schulden zu überwinden.« Peter Bofinger, Nullnummer… (s. o. Anm. 8).

7
Wer steuert wen?
Zur multiplen Indienstnahme des verschuldeten Staates

Zinsersatz- und sonstige Leistungen

Seine Schulden muss der Staat genauso wie andere Kreditnehmer »bedienen«, wie es so schön heißt, also zu verzinsen und zu tilgen. Dazu braucht er entsprechende finanzielle Mittel. Folgende Quellen stehen ihm zur Verfügung:

- weitere Steuern, Gebühren und Beiträge bzw. Zölle und/oder
- weitere Verschuldung und/oder
- sonstige, nachfolgend ohne Anspruch auf Vollständigkeit aufgelistete prozess- bzw. ordnungspolitische Zinsergänzungs- bzw. Zinsersatzleistungen.

Hierbei nutzen die kreditgebenden wirtschaftlichen und finanziellen Eliten ihrerseits ihre gegenüber dem Schuldenstaat erworbene Macht verständlicherweise dazu, *»Einfluss auf die Regeln zu nehmen, nach denen die Wirtschaft ›spielt‹«*, um Robert B. Reich, den Arbeitsminister unter US-Präsident Clinton, zu zitieren.[65] Andere nennen so etwas »die Gesetzgebung kapern«.[66]

Besonders geeignet für derartige Einflussnahmen sind

- die Regeln der Finanzwirtschaft ganz allgemein (→*Basic 15*) sowie
- die privatwirtschaftliche »Vereinnahmung der öffentlichen Infrastruktur« (Michael Hudson)[67], letztlich die Privatisierung von möglichst allem, was Gewinn bringen kann.

Dabei ist z. B. an die Bundesautobahnen zu denken, die sich auf dem Wege einer Privatisierung durch die Hintertür befinden; des Weiteren an private Berechnung, Erhebung, Einzug und Abrechnung von Straßenbenutzungsgebühren (Toll Collect)[68], an eine Beendigung der Netzneutralität durch Einführung vorrangiger, kostenpflichtiger Datenströme im Internet; an die Übergabe kommunaler Wohnungsbaugesellschaften, Schulgebäude/Schulbau u. ä. in private Hände, an Privatisierungen im Bereich der Daseinsfürsorge (Wasser- und Stromversorgung, Gesundheitsdienste), an Privatisierungen in der

Entwicklungshilfe sowie an mancherlei mehr.[69] Bestens geeignet ist übrigens die Privatisierung regionaler, gewöhnlich kommunaler Wasserversorgungsunternehmen – wer kann ohne Wasser leben?

Speziell die Bundesautobahnen sowie die Schulneubauten werden als Pilotprojekte der Finanzierung in »öffentlich-privaten Partnerschaften« (öpP) getestet, welche den privaten Kapitalgebern horrende Verzinsungen von sieben und mehr Prozentpunkten über dem allgemeinen Zinssatz sichern[70] – gegen den Mehrheitswillen der Bevölkerung und gegen den dezidierten Rat des Bundesrechnungshofes, der öpP-Finanzierungen als bis zu 40 Prozent teurer und damit als in höchstem Maße unwirtschaftlich brandmarkt.[71] Dessen ungeachtet, hat die Schuldenkoalition aus CDU und SPD (um eine Große Koalition handelt es sich ja nicht mehr) soeben vereinbart, dass die staatseigene Autobahn GmbH demnächst selber Kredite aufnehmen und öpPs eingehen darf.[72]

Anstatt die Infrastruktur sachgerecht aus Steuern entsprechend dem wirtschaftlichen Leistungsvermögen zu finanzieren, geht es hier letzten Endes darum, möglichst die gesamte Infrastruktur in ein gewinn- bzw. zinsbringendes Anlagefeld für Vermögende zu verwandeln, in eine neue, eigene »Anlageklasse« – eine traumhafte Doppel-Perspektive für Vermögende, ihre Anlagesorgen einerseits und ihren Steuervermeidungsdrang andererseits![73]

Für die besagte »Einflussnahme auf die Regeln, nach denen die Wirtschaft ›spielt‹«, sind außerdem gut geeignet

- Steuer- und Subventionsregelungen, darunter der Verzicht auf wirkungsvolle Maßnahmen gegen Steuerflucht (→*Basic 11*) sowie der Verzicht auf die Einführung einer Umsatzsteuer auf Finanzgeschäfte (die sogenannte Finanztransaktion- bzw. Tobin-Steuer →*Basic 15*),
- »Strukturreformen« unterschiedlichster Art, bevorzugt als »neue Regeln«, besonders gerne auch für den Arbeitsmarkt sowie, speziell in Deutschland,
- die umgehende, möglichst geräuschlose staatliche Übernahme jener uneinbringlich gewordenen Bankschulden, welche aus nationalen Außenhandelsüberschüssen stammen, mit der Folge, dass die Gewinne der Exportwirtschaft in Staatsschulden umgewandelt und letztlich von den nationalen Steuerzahlern gesichert und aufgebracht werden[74] (→*Basic 14*), schließlich
- die weitgehende, mittelbare Indienstnahme von Geldpolitik und Zentralbank (→*Basic 15*).

Auf dem Weg in die Tribut-Ökonomie

All diese wirtschaftspolitischen Projekte stellen gut geeignetes Anschauungsmaterial für die besagten »Strukturreformen« als ordnungs- bzw. prozesspolitische Zinsersatzmaßnahmen; mit ihrer Hilfe werden beteiligten Unternehmen Gewinne als Ergebnis von Einflussnahme und Macht zugespielt, so dass sie ihre Gewinne nicht mehr lediglich auf hergebrachte Art und Weise als Lohn für produktive Leistungen erwirtschaften müssen.

Solche Änderungen in Regelwerken, Handlungsabläufen und -automatismen bewirken und sichern auf Dauer die einträglichsten Wertetransfers weg von der staatlichen Gemeinschaft hin zur privaten Wirtschaft überhaupt; den Wert der direkten Zinszahlungen des staatlichen Schuldners übertreffen sie locker. Wir erleben mithin die schleichende Umwandlung der produktiven in eine *Tribut-Ökonomie.* Die dauerhafte Verschuldung des Staates ist ein entscheidender Schritt auf diesem Wege, denn sie schafft die Voraussetzungen.

Zur erforderlichen, nebenhergehenden *politisch-ideologischen Absicherung* dieser wirtschaftpolitischen, »strukturreformerischen« Praxis dient beispielsweise die in ihrer langfristigen Bedeutung regelmäßig unterschätzte Praxis, die Schulen unter dem Druck von klammen Kassen und Lehrermangel dem Einfluss von Unternehmen sowie den von ihren Verbänden erstellten Lehr- und Lernmitteln, Fortbildungen, Vorträgen, Workshops und dergleichen auszusetzen; des Weiteren sind hier »Geschenke« zu erwähnen wie etwa die der Lidl-Stiftung, die der TU München 20 Professoren der Betriebswirtschaftslehre spendiert hat.[75]

Zu allem Überfluss haben Lobbyisten in einem Staat leichtes Spiel, der, um zu sparen, zusätzlich nach aktuellem, deutschem Muster seine Verwaltung austrocknet. Unter diesen Umständen werden betroffene Wirtschaftsunternehmen und -verbände mitunter sogar ausdrücklich von Seiten des Staates darum »gebeten«, in unterbesetzten, personalarmen Ministerien und Verwaltungen mit eigenem, von den entsendenden Unternehmen gestelltem und entlohntem Personal »auszuhelfen« und bei der »beschleunigten Ausarbeitung« neuer Gesetzesvorhaben und Projekte »mitzuwirken«.[76] So wurde es jedenfalls schon mehrfach aus verschiedenen Bundesministerien berichtet; die Unternehmen werden also vom armen, »schlanken« Staat nachgerade darum gebeten, die Regeln so zu ändern, wie sie es gerne hätten. Das ist das Klima, in dem Entwicklungen wie der Diesel-Betrug sowie der damit einhergehende Realitätsverlust bei Managern und Unternehmern trefflich gedeihen; in diesem Klima werden Realitätsverlust und Betrügereien heimisch bzw. »systemisch«.[77] Die Deutsche Bank z. B. kann hiervon ein besonders langes Lied singen. Auf EU-Ebene sieht es nicht besser aus – wie sollte es auch?[78]

Währenddessen warten am Horizont schon die »regulatorische Kooperation« und das Investor-Staat-Streitschlichtungsverfahren Isds, auf Deutsch: das Sonderklagerecht für internationale Konzerne gegen all jene demokratisch beschlossenen Gesetze, welche ihre zukünftigen Gewinne beeinträchtigen könnten, obendrein vor *privater* Schiedsgerichtsbarkeit[79]; außerdem warten auch die »Negativlisten zur Liberalisierung«[80], wie sie in Ttip, Ceta, Tisa, Jefta vorgesehen sind – allesamt Geschichten aus dem sozioökonomischen Tollhaus, diese prozess- und ordnungspolitischen Zinsersatzleistungen: *»Wahn. Wahn. Überall Wahn.«* (Richard Wagner).[81] Das Schlimmste konnte bisher zwar verhindert werden, aber erneute Versuche sind programmiert.

Mit all dem soll übrigens nicht behauptet werden, die beschriebenen Fehlentwicklungen seien einzig und alleine auf staatliche Verschuldung zurückzuführen. Aber der Schuldenstaat begünstigt die beschriebenen Übel, macht alles leichter, sofern er es nicht gar schon erzwingt.

Der Primat der Politik wird pervertiert
Griechenland zum Beispiel

Zu allem Überfluss sind, wie bereits gesehen, kreditfinanzierte Ausgaben des Staates teurer als steuerfinanzierte. Denn ersteuerte Ausgaben sind weder zins- noch zinsersatzbelastet. Sie begründen auch keine neuen politischen Abhängigkeiten, Einflussnahmen, Regeländerungen und sonstige Dienstbarkeiten. Joseph Stiglitz: »Die Macht, Kredite zurückzuhalten, wird zur Macht, ein Land dazu zu zwingen, de facto seine wirtschaftspolitische Souveränität abzugeben…«[82]

Griechenland dient als Blaupause. Seit Beginn der Unterstützung Griechenlands durch EU-Bürgschaften hat dort nicht nur die Regierung regiert, sondern auch die Troika. Die Delegationen von IWF, EZB und Kommission haben regelmäßig die Gesetzentwürfe der Regierung geprüft und abgeändert, haben Nachbesserungen im Text oder bei der Implementierung verlangt und wurden so zu einer Art Über-Regierung Griechenlands. »Dies führte zur absurden Situation, dass (ungewählte) Beamte (gewählten) griechischen Ministern en Detail vorschrieben, wie Gesetze auszusehen hätten und welche Regelungen akzeptabel seien.«[83]

In diesem Sinn heißt es im Brief des griechischen Finanzministers EUKLID TSAKALATOS an den Vorsitzenden der – informellen – Euro-Gruppe, JEROEN DIJSSELBLOEM, vom 23.12.2016 (in eigener Übersetzung): »Ich weiß, dass Entscheidungen über die finanziellen Folgen im Einklang mit unseren Verpflichtungen aus dem Memorandum of Understanding mit den Institutionen diskutiert und vereinbart werden müssen. Vor allem werden wir … mit den Institutionen … die Nutzung der verfügbaren budgetären Spielräume vereinbaren.« So war es schon immer: Kolonien müssen liefern, die Kontributionszahlungen sind abzustimmen.

Ende 2017 schickten die Kreditgeber neue Anweisungen nach Athen: ein Gesamtpaket von 1500 Seiten mit 400 Gesetzesänderungen in den Bereichen Steuern, Arbeit und Energie, darunter die 12. Rentenkürzung seit 2010. Egal, wen die Griechen in die Regierung wählen: Sie werden es ausführen, womöglich gar befürworten (müssen). Tatsächlich gelang es den drei »Institutionen« damit, die eskalierende Entwicklung wieder einzufangen und in Bahnen zu lenken, die ihnen genehm waren. Seitdem ist Ruhe eingekehrt in Hellas. Aber es ist die trügerische Ruhe der temporären Resignation.

Denn unter der Oberfläche schwelt es weiter, und es sind unvorhersehbare Ereignisse, an denen sich wieder offenes Feuer entzündet. Dieser Tage (Frühjahr 2025) etwa meldet die Presse: »Hunderte Demonstrationen haben Griechenland zum Erliegen gebracht… Demonstrationen an mehr als 200 Orten… Autonome werfen Brandsätze, Polizei reagiert mit Tränengas, ein zunächst friedlicher Protest ist eskaliert.«[84] Auslöser der ausufernden Gewalt war ein Zugunglück. Der Grund aber liegt anderswo: siehe oben. Gesellschaftliche Befriedung geht anders. Zum Vergleich: Auch in Deutschland gibt es Zugunglücke, beispielsweise in Bayern[85], und selbstverständlich werden sie auch bei uns betrauert. Aber Randale in Berlin und bundesweit, weil irgendwo in Bayern ein Zug verunglückt ist? Zur Zeit ausgeschlossen! Diese Feststellung gilt sogar für den Einsturz der Carola-Brücke in der Dresdner Innenstadt, just nachdem sie die letzte Straßenbahn des Tages passiert hatte.

Zwischenbilanz

Ja, es stimmt: Die kreditfinanzierte staatliche Investition ist und bleibt besser als die unterlassene, die eingesparte Investition. Dabei ist »besser« allerdings lediglich besser als abgrundschlecht. Denn die multiple Indienstnahme des Schuldenstaates läuft auf eines hinaus: Sie polarisiert die Verteilung der Einkommen und Vermögen, übrigens gerne unter Zuhilfenahme der Inflation, dieser Geißel der Kleinen Leute, und zwar ständig sowie in einem Ausmaß, welches keine Gesellschaft auf Dauer übersteht, ohne schweren Schaden zu nehmen. Kreditfinanzierte staatliche Ausgaben und ihre Folgen sind ein wirkstarker, weitgehend geräuschlos arbeitender Treiber der Umverteilung. Und zwar mit der schon erwähnten, doppelten Wirkung:

- zum einen nimmt staatliche Verschuldung den Druck von ihrer Alternative, der Einnahmefinanzierung durch sach- und leistungsfähigkeitsgerechte Besteuerung der Vermögenden (→*Basics 6–11*),
- zum anderen bietet Staatsverschuldung in ein und demselben Vorgang den steuerlich verschonten Vermögenden die stets gesuchten, sicheren Anlagemöglichkeiten für ihr geschontes Vermögen, wie dargestellt; zusätzlich fördert sie auf diesem Wege das unmäßige Wachstum des Finanzsektors (→*Basic 15*).

Abermals zeigt sich, dass Verschuldung eine sach- und leistungsfähigkeitsgerechte Besteuerung ersetzt und verdrängt – von »guten Schulden« kann beim Staat grundsätzlich keine Rede sein. (Die Ausnahmen werden in Kapitel 12 behandelt.)

Zur Einflussnahme der Zentralbank und ihren Grenzen

Die vorangegangenen Feststellungen gelten generell, also auch dann, wenn die Europäische Zentralbank (EZB) die Kreditzinsen in einem verzweifelten Kraftakt zur Stützung überschuldeter Staaten gegen Null treibt.[86] Mit ihrer Maßnahme nämlich trägt die EZB ihren Teil dazu bei, eine sach- und leistungsfähigkeitsgerechte Besteuerung zu ersetzen und eben dadurch zu verhindern.[87]

Stattdessen entsteht jedoch eine weitere, über die gewöhnliche Abhängigkeit des Schuldners von seinen Gläubigern hinausgehende, je temporäre Abhängigkeit des Schuldenstaates, nämlich jetzt zusätzlich von der Geld- und Zinspolitik seiner Zentralbank bzw. – im Fall der Euroländer – ihrer gemeinsamen, weitgehend autonomen Zentralbank. Die Zentralbank selber ist jedoch kein Alleskönner. Letztlich kann sie sogar nur eins: Geld schöpfen aus dem Nichts. Werte schöpfen kann sie nicht. Und deshalb kann sie auch nur sehr begrenzt Geld schöpfen, wenn sie keine Inflation auslösen bzw. vorhandene inflationäre Tendenzen entscheidend verstärken will.

Dabei, daran sei erinnert, gibt es in Anbetracht der riesigen, in der Gesellschaft brachliegenden Vermögen für die Gesellschaft bzw. für den Staat als ihren Handlungsbevollmächtigten keinen sachlich gerechtfertigten Grund, sich zu verschulden: Die Mittel sind überreichlich in der Gesellschaft vorhanden; sie müssen nur aktiviert, d. h. wieder in den realwirtschaftlichen Kreislauf eingespeist werden. Jene staatliche Verschuldung von 60 Prozent des Bruttoinlandsproduktes beispielsweise, welche die Europäische Union als dauerhaft tragbar definiert hat,[88] kann deshalb ausgelöst werden, ohne dass jemand Schaden nimmt. An die diesbezüglichen Ausführungen in Kapitel 5 wird erinnert.

Kein Unternehmen nimmt Fremdkapital auf, wenn es über Eigenmittel im Überfluss verfügt. Ganz im Gegenteil kauft es in diesem Fall sogar eigene Aktien zurück (steuerrechtlich oder finanztechnisch bedingte Ausnahmen bleiben außer Betracht). Der Staat aber soll permanent Fremdkapital aufnehmen, obwohl Eigenmittel verfügbar sind? Die zuvor als fehlerhaft erkannte Gleichbehandlung von Staat und Unternehmen: Hier ist sie tatsächlich einmal angebracht. Über den hektischen sowie heftig umstrittenen geldpolitischen Maßnahmen der Zentralbank entschwindet die Einsicht in einfachste, grundlegende Sachverhalte.

Die verteilungspolitischen Konsequenzen der staatlichen Verschuldung jedenfalls sind gravierend. Sie werden jedoch sowohl von der Standardökonomie als auch von ihren pluralen, vornehmlich neo, links- oder öko-keynesianischen Alternativen schlicht übersehen. Wolfgang Streeck z. B. ist nur ein »einziger Ökonom [bekannt], der auf diesen Zusammenhang aufmerksam gemacht hat«, Carl Christian von Weizsäcker nämlich, und das auch nur »affirmativ«, d. h. weitere Verschuldung befürwortend.[89]

Sinkende Krisenresistenz

Hinzu kommt die erhöhte, zinsunabhängige Labilität: Wie bereits ausgeführt, schwindet die Krisenresistenz von Unternehmen in dem Maße, wie sie mit Fremd- statt mit Eigenkapital finanziert sind, und zwar prinzipiell unabhängig von aktuellen Zinssätzen. Auch in dieser Beziehung unterscheidet sich der Staat ausnahmsweise nicht von den produktiven Unternehmen: Staaten, die ihre Ausgaben über Kredite finanzieren, sind fremdfinanziert. Mit zunehmender Fremdfinanzierung sinkt die Krisenresistenz des Staates genauso wie die der Unternehmen.

Fremdkapital nämlich muss unbedingt, also unabhängig von der wirtschaftlichen Lage bedient, sprich verzinst und getilgt werden; Eigenkapital besitzt keine derartigen Verpflichtungen; seine kalkulierte Verzinsung und Tilgung kann im Krisenfall je nach Bedarf herab- bzw. ausgesetzt werden. Auch hierin unterscheidet sich der Staat nicht von den Wirtschaftsunternehmen. Staaten, die ihre Ausgaben über Kredite finanzieren, sind fremdfinanziert. Mit zunehmender Fremdfinanzierung sinkt die Krisenresilienz dieser Staaten genauso wie die der Unternehmen.[90] Das süße Gift der Staatskredite vernebelt den Blick auf das Offensichtliche, hier zugleich das Nachhaltige. *Easy Financing* oder Steuern & steuern – *to tax or not to tax, that is the question*/besteuern oder nicht besteuern, das ist die Frage.

Beidseitig erblindete Wissenschaft

Die alternativen, sich progressiv verstehenden Seitenstromler fordern dagegen ausdrücklich, die im Maastricht-Vertrag fixierte 60-Prozent-Grenze für Staatsschulden zu ignorieren. Was soll an ihre Stelle treten: eine 120-, eine 240-Prozent-Grenze? Oder gar keine Grenze mehr? Letzteres wäre konsequent, denn nur die grenzenlose Verschuldung befreit dauerhaft und prinzipiell von den Mühen einer ordentlichen Steuerfinanzierung, und die Modern Monetary Theory liefert ihnen dafür sogar die bislang fehlende, vermeintlich wissenschaftliche Begründung. Darauf wird in Kapitel 13 noch detailliert einzugehen sein.

Was an die Stelle der 60-Prozent-Grenze treten soll, verraten die engagierten Kämpfer gegen die Schwarze Null freilich leider nicht. Und das, obwohl ein Verzicht auf *erweiterte* Verschuldung bereits ständig erneuerte, vor sich hergeschobene Altschulden mit all ihren Lasten und Abhängigkeiten zur Folge hat, so dass die Lage ohne die Hilfe von Inflation und/oder ohne kräftiges, dauerhaftes Wirtschaftswachstum gesetzmäßig außer Kontrolle gerät.

Ist es wirklich für Wissenschaft, Politik & Medien so schwer zu verstehen, dass der verschuldete Staat den Finanzmärkten unterworfen ist, jenen Märkten, die einzig und allein er, der Staat, regulieren kann und muss? Märkte, die einzig und alleine deswegen existieren, weil der Staat es versäumt hat, die Teilnehmer:innen jener Märkte sach- und leistungsgerecht zu besteuern? Und dass er, der Staat, aus eben diesem Grunde überhaupt arm und ohnmächtig erscheint?

Wer steuert wen? ROLF E. BREUER, Vorstandssprecher der Deutschen Bank und aus den Kirch-Prozessen als Freund offener Worte gerichtsbekannt,[91] hat die Sachlage verstanden und nüchtern zu Protokoll gegeben: *»Je höher die Staatsverschuldung, desto mehr sind die Staaten dem Urteil der Finanzmärkte ausgesetzt.«*[92]

Wer soll uns regieren?

Die Verhältnisse stehen auf dem Kopf: Die Finanzmärkte steuern und regulieren den Schuldenstaat und nehmen Einfluss auf die Regeln, nach denen die Wirtschaft »spielt«, um an ROBERT REICHS Formulierung zu erinnern. Wer auf anti-austeritäre, »wachstumsorientierte«, sich andauernd selbst finanzierende staatliche Verschuldung setzt, setzt auf etwas, was es nicht gibt. Das ist Voodoo-Ökonomie.

Zugleich übersieht er etwas, was es gibt: die vermehrten Abhängigkeiten des verschuldeten Staates nämlich. Das ist Blindheit vor dem Feind. Das kann auf Dauer nicht gutgehen – mangels aufgabengerechter, ausgabendeckender Steuereinnahmen wird der Staat steuerlos, zum Schuldenstaat, ergo zum Gesteuerten. Das wirft eine nicht ganz unwichtige Frage auf. Sie lautet: Von wem wollen wir regiert werden, wer soll die Entwicklung steuern – die gewählte Regierung oder die Finanzmarktakteure?

Amerikanische Verhältnisse: Vorsprung durch (Verschuldungs-)Technik?

Im Übrigen ist die hier verhandelte Politik noch nicht einmal kurzfristig erfolgreich. Die USA liefern dafür Belege am laufenden Band, und das, obwohl Staatsverschuldung für die USA, die mit dem US-Dollar über die Weltleitwährung verfügen, eine erheblich geringere Bedeutung besitzt als für den Rest der Welt. Zwar sind die USA nach der globalen Krise ab 2010 durch lockere öffentliche Verschuldung besser aus der Krise heraus und zu mehr Wachstum gekommen als die Staaten der EU, ebenso nach der Corona-Krise durch ihren gigantischen Inflation Reduction Act von 2022, der in Widerspruch zu seinem

Namen, der genau von diesem Sachverhalt ablenken soll, »das süße Gift der Inflation« (WERNER HOFMANN) ausdrücklich zur wirtschaftlichen Wiederbelebung einsetzt. Sowie zum Preise von vielen prekären Arbeitsplätzen.

Wem und was hat's genützt? Der inflationäre Schub, den dieses Gesetz gesetzmäßig ausgelöst hat, hat der designierten BIDEN-Nachfolgerin das Amt gekostet und DONALD TRUMP zu seiner zweiten Amtszeit ins Weiße Haus verholfen – darin sind sich die Wahlanalysen einig. Ganz platt und direkt gefragt: Welche sozialen Spannungen dieses zerrissenen Landes wurden mit Hilfe der neuerlichen Kreditfinanzierung gemildert? TRUMP II hat die Spaltung des Landes dramatisch vertieft. Nach dem blutigen Sturm seiner Anhänger aufs Kapitol erscheint Bürgerkrieg am Horizont durchaus schon als eine Option (genügend Schusswaffen sind eh schon im Land verstreut); aus Texas werden gar schon erste Unabhängigkeitsbestrebungen, die »TI/Texas Independent«-Bewegung, gemeldet in diesem »gottgesegneten« Land, das seit seinem ersten Bürgerkrieg tatsächlich von Separationsbestrebungen verschont geblieben war.

Zu konstatieren ist demnach *kein Vorsprung, sondern »(d)ie Krise der USA: Instabilität durch kreditbasiertes Wachstum bei steigender Ungleichheit.«* Auf diese kurze Formel haben GUSTAV HORN und TILL VAN TREEK die Lage im ehemaligen »Land der unbegrenzten Möglichkeiten« gebracht.[93] Um die Audi-Werbung zu bemühen: Von einem *»Vorsprung durch Technik«*, hier: Verschuldungstechnik kann keine Rede sein.

Weitere Schuldige neben dem Schuldenstaat

Dabei steht außer Frage, dass die Steuer- und Verschuldungspolitik des Staates nicht die einzige Erklärung für seine Indienstnahme durch mächtige Privatinteressen darstellt; die Beschäftigungsmacht der Unternehmer, personale Verflechtungen, Weltanschauungen, neoliberale wirtschaftstheoretische Lehren und Überzeugungen sowie das verbreitete ökonomische Unwissen beispielsweise spielen ebenfalls bedeutende Rollen – so, wie gesellschaftliche Prozesse überhaupt, so ist auch die Indienstnahme des Staates nicht monokausal, nicht mit einem einzigen Grund zu erklären.

Aber die Verschuldung ist unter den vielen Erklärungsmomenten das schwerste. Denn ausschließlich Staatsverschuldung kann den Staatsbankrott zur unmittelbaren Folge haben. Die »Bedienung« der Staatsgläubiger, der Zwang, es ihnen recht zu machen, gerät darüber zum hintergründigen, verdeckten A und O des Regierungshandelns, wie zuvor schon festgestellt.[94] Denn: Der Staat ist eingepfercht; er wird sich hüten, die Hand zu beißen, die ihn füttert.

Außerdem ist daran zu erinnern, dass die Gefahr staatlicher Überschuldung mit wachsender Staatsschuldenquote wächst, denn das bedeutet, dass die Wachstumsrate der Verschuldung die Wachstumsrate des Bruttoinlandsprodukts übertrifft. Der Grund für die wachsende Überschuldungsgefahr liegt auf der Hand: Die Dinge entwickeln sich so, weil, wie im vorangehenden Kapitel ausgeführt, erhöhten staatlichen Schuldenständen weder regelmäßig rechtzeitig erhöhte noch überhaupt einigermaßen verlässlich berechenbare Fähigkeiten zur Schuldenrückzahlung gegenüberstehen. Diese Feststellung gilt prinzipiell unabhängig vom Zinssatz der staatlichen Schuld; allerdings verschärfen hohe Zinsen das Problem.

Aus diesem Grund verlangt die Verschuldung Inflation und Wachstum, genauer: ein Wachstum, dessen distributive Effekte die Wachstumseffekte für weite Bevölkerungskreise aufsaugen, wie es in den letzten 40 Jahren überall in den entwickelten Volkswirtschaften dieser Welt zu beobachten ist, allen voran wieder die USA – staatliche Verschuldung wirkt als eine perfekte, geräuschlose Umverteilungsmaschine und macht – Ökologie hin, Umwelt und Klima her – Wachstum zum ständigen Gebot, wie sich in Kapitel 13 erneut zeigen wird.[95] Wachstum um der Schulden willen – da wird die ökologische Todsünde zur übergreifenden, täglichen Pflicht. Wir erleben es gegenwärtig alltäglich; das neue, offizielle 1.000 Milliarden Euro, tatsächlich armee- und rüstungstechnisch unbegrenzte Schuldenprogramm wird deshalb von seinen Programmierern in der neuen SchuKo, der Schuldenkoalitition auch nachdrücklich als »Wachstumsprogramm« gepriesen.

Und schließlich noch diese höchst unangenehme Wahrheit: Sogar Hitler wurde zu einem beträchtlichen Teil in seinen mörderischen Krieg getrieben: Um der Staatspleite zu entgehen, sah er sich gezwungen, seine mit Mefo-Wechseln finanzierte, also schuldenbasierte, gewaltige Aufrüstung mit Hilfe von geraubten Reichtümern fremder Völker und »Rassen« auszulösen.[96] Dass diese Rechnung nicht aufgegangen ist, so dass das NS-Regime auch nichts mehr auslösen musste, war – ganz pathetisch – für die ganze Menschheit ein Heil und ein Segen.[97]

Zusammenfassend: Die gemeinsamen Denkfehler der Mainstream- und der Seitenstromökonomie

»Ein Staat sollte sich nicht wie die schwäbische Hausfrau verhalten, sondern wie ein modernes Unternehmen – das sich seine Bilanz ansieht und Schulden macht, wenn die Renditen der Investitionen, die es (kredit-)finanziert, höher als die Kapitalkosten sind.«[98] In diesem ernst gemeinten Rat, der von einem breit gemischten, transatlantischen Chor der Anti-Austeritären unter Einschluss mehrerer Ökonomie-Nobelpreisträger in unterschiedlichen Formulierungen, aber im Wesentlichen inhaltsgleich lautstark vorgetragen wird und mit dem sie sich von der neoklassischen Standardökonomie und -politik abgrenzen, sind Richtiges und Falsches eng verbunden:

- Richtig ist, dass der Staat keinen Privathaushalt führt und deshalb auch nicht wie eine schwäbische Hausfrau wirtschaften darf, wie es die Mainstream-Ökonomie verlangt.
- Falsch ist, dass der Staat ein produktives Unternehmen ist und deshalb wie ein solches wirtschaften sollte oder auch nur könnte, wie es die Seitenstrom-Ökonom:innen fordern. Der Staat ist keine Aktiengesellschaft, und Deutschland wird nicht an der Börse gehandelt.

Wie im vorangegangenen Kapitel ausführlich analysiert, ist der Staat weder dies noch das, sondern etwas Eigenartiges; ein Drittes mit besonderen, arteigenen Aufgaben, Entwicklungsbedingungen und eigenartiger Kalkulation – tertium datur/es gibt ein Drittes. (Übrigens kennt man derlei von Spaziergängen im Dunkel der Nacht – was keine Katze ist, muss nicht Hund sein, auch wenn's vier Beine hat und einen Schwanz.)

Und so kommt es, dass der Staat grundsätzlich keine Renditen aus seinen Investitionen erwirtschaftet, ganz abgesehen davon, dass dem Staat rentierliche Investitionen gesetzlich, wenn nicht gar verfassungsrechtlich, untersagt sind.

Demgemäß kommen die Renditen staatlicher Investitionen in der wirtschaftlichen Wirklichkeit nicht dem staatlichen Investor, sondern unterschiedlichen Privaten (Haushalten und Unternehmen) zugute. Der Staat kann lediglich auf einen späten, immer unsicheren Anteil an diesen Renditen in Form von Steuern hoffen. Kalkulierbar ist dieser Anteil nicht; er ist nicht einmal einzelnen Investitionen zurechenbar – es paart sich Unberechenbarkeit mit Unzurechnungsfähigkeit und zeitlicher Unbestimmtheit. Dasselbe in der

Sprache der betrieblichen Kalkulatoren: Die Kostenträger sowie Umfang und Eingangszeiträume möglicher Erlöse sind unbestimmt. Die angeratene Investitionskalkulation »wie ein modernes Unternehmen« ist deshalb beim Staat schon vom Ansatz her ausgeschlossen.

Der wirtschaftspolitische Rat an den Staat, es dennoch zu tun, mag gut gemeint sein. Aber gut gemeint ist nicht gut gemacht. Der Ratschlag legt nicht nur eine gediegene, satte Ahnungslosigkeit der professoralen Experten in simplen Kalkulationsfragen bloß. Sondern – mehr noch – der Rat offenbart schier unglaubliches, fundamentales Unverständnis für die Stellung des modernen Staates und seine Aufgaben im Gesellschaftsgefüge.

Politisch orientiert die daraus erwachsende Aufforderung zu bedingter, offener Neuverschuldung auf einen gefährlichen und aussichtslosen Weg. Darüber gerät die eigentliche, die »ordentliche« Alternative, jene, die verlangt, die ordentlichen, gewöhnlichen Staatsaufgaben ordentlich über gewöhnliche Steuern zu finanzieren, abseitig ins Dunkle. »Die im Dunkeln sieht man nicht«, singt der Schlusschor in der Dreigroschenoper. Außerdem hört man nichts von der ordentlichen, dem Staate eigenen Finanzierung, man hört nicht einmal mehr ihren Namen: Im Bereich der Steuern herrscht ein striktes Tabu. Ein Tabu überdies, dessen absolutistische Herrschaft schon gar nicht mehr wahrgenommen wird.

Dabei gerät auch die sachgerechte Alternative in Vergessenheit, und ihre gesamte Existenz verliert sich im Dunkeln. Der gut gemeinte Ratschlag erschlägt letztlich nichts Geringeres als die ordentliche Finanzierung aus Steuern: »Die Rückkehr des investierenden Staates ist allerdings nur durch das Ende der ›Schwarzen Null‹ zu erreichen«, tönt es stattdessen resolut in absolutem Widersinn.[99] Höhere Staatsverschuldung finanziert sich eben gerade nicht selbst. Sondern gewöhnlich nährt sie sich selbst – über den teuren, gefährlichen Verzicht auf eine sach- und leistungsfähigkeitsgerechte Besteuerung sichert sie ihre beständige Existenz, gerne auch ihr wachsendes Volumen (→ *Basics 7–11*).

Absehbar und insofern kalkulierbar ist lediglich, dass kredit- statt steuerfinanzierte Investitionen die Handlungsspielräume des Staates einengen, ja dass er in zunehmender, kreditärer Abhängigkeit verarmt, so dass er seine sozioökonomischen Aufgaben immer weniger gerecht zu werden vermag: Ohne aufgabengerechte Steuereinnahmen verliert der Staat seine gesellschaftlichen Steuerungsfähigkeiten, wird steuerlos – der defizitäre Staatshaushalt ist es, welcher die Gesellschaft dem Diktat der leeren Kassen sowie den Staat dem

Diktat derer unterwirft, welche die staatlichen Kassen mit ihren obendrein regelmäßig verzinslichen Darlehen immer wieder notdürftig vorübergehend aufzufüllen sich bereit zeigen – oder aber eben auch mal gerade nicht.

Es ist, mit anderen Worten, die robust wachsende Abhängigkeit des staatlichen Investors von seinen Kreditgebern, den »Finanzmärkten«, welche den Finanzakteuren die Tore öffnet zur multiplen Indienstnahme des verschuldeten Staates in Gestalt diverser Zins-, Zinsergänzungs-, Zinsersatz- und anderer geldwerter prozess- und ordnungspolitischer Leistungen, darunter in vorderster Reihe steuerliche Vergünstigungen verschiedenster Art sowie Deregulierungen des Finanzsektors selber. All das wirft die nicht ganz unwichtige Frage auf, von wem wir letztlich regiert werden wollen. Wer soll die Entwicklung steuern: die gewählte Regierung oder die Finanzmarktakteure?

Schließlich wächst mit wachsenden Verschuldungspyramiden, gleich ob staatlich oder privat aufgetürmt, das Risiko, dass das ganze Finanzsystem wieder einmal zusammenbricht. Historische Hochrisiko-Beispiele gibt es seit der holländischen Tulpenzwiebelkrise von 1637 genug; das jüngste Beispiel stammt aus den Jahren 2008 ff. und 2022. So »ist laut Internationalem Währungsfonds der globale Staatsschuldenberg auf das Rekordhoch von 164 Billionen Dollar gewachsen. Das entspricht 225 Prozent der Weltwirtschaftsleistung.«[100]

Der Rat, benötigte Einnahmen regelmäßig über Verschuldung statt über Steuern zu akquirieren, ist letztlich so abwegig und verständnislos, dass man nur staunen kann. Zur Macht der Unternehmen über die produktiven Investitionen soll die Macht der Unternehmen über den Staat und seine Finanzierung mutwillig hinzugefügt werden?

Fazit

Die Opposition zur Standardökonomie führt in dieselbe Sackgasse wie die Standardökonomie. Die Unterschiede zwischen Spar- und Verschuldungspolitik erweisen sich bei genauerer Betrachtung als erstaunlich gering.

Staatliche Verschuldung ist grundsätzlich unwirtschaftlich und unsozial zugleich. Für die Demokratie ist sie gefährlich. Indem sie den Primat der Politik untergräbt, arbeitet sie beständig daran, die sachlich gebotenen und deshalb wünschenswerten Verhältnisse in Wirtschaft und Gesellschaft auf den Kopf zu stellen.

* * *

Wir sind am Ende eines intellektuell herausfordernden, kräftezehrenden Gangs durch die Basics der Staatfinanzierung angekommen. Der nun folgende Aufstieg an die Oberfläche der Erscheinungen, in die Kampfarena der Interessen, Meinungen und Lehren, ist verdient.

Zuvor jedoch noch ein kurzer Abstecher ins Emotionale. Dieser Abstecher ist nicht Bestandteil des Regelprogramms; es ist nur denjenigen zu empfehlen, die an einem zusätzlichen, kurzen, aber aufschlussreichen Einblick in die Praxis unseres wirtschaftswissenschaftlichen Forschungs- und Lehr- und Ideologiebildungsbetriebs interessiert sind.

»Kleinkariertes Krämerdenken« und die peinliche Verwechslung von Investitionsverbot mit Finanzierungsgebot – eine emotionale Anmerkung

Heinz-J. Bontrup ist emeritierter Professor für Wirtschaftswissenschaften an der Westfälischen Hochschule in Recklinghausen; außerdem ist er ehemaliger Sprecher der linkskeynesianischen »Arbeitsgruppe Alternative Wirtschaftspolitik«, die seit 1977 jährlich ein Gegengutachten zum Jahresgutachten des amtlichen Sachverständigenrates zur Begutachtung der gesamtwirtschaftlichen Entwicklung veröffentlicht.

Zur Frage der Staatsfinanzierung hat Heinz-J. Bontrup wie folgt höchst emotional abschließend erklärt: »Wirtschaftspolitik zu denken wie die ›schwäbische Hausfrau‹, die nicht mehr ausgibt, als sie einnimmt, kann man wohl als kleinkariertes Krämerdenken bezeichnen. Ich weiß nicht, wie lange die Arbeitsgruppe Alternative Wirtschaftspolitik schon ein solches ökonomisches, gesamtwirtschaftliches Nicht-Denken kritisiert… Eine solche Politik verursacht bei mir als Ökonom körperliche Schmerzen. Mehr ökonomische Borniertheit geht nicht. Und dies vor dem Hintergrund eines völlig unterfinanzierten Staates.«[101]

In Bontrups Welt existieren ausschließlich Verschuldungsbefürworter, die guten, klugen, alternativen Linkskeynesianer, auf der einen Seite, und Sparpolitiker aus dem Küchenbereich der schwäbischen Hausfrau, die unglaublich dummen Orthodoxen, auf der anderen.

Bontrups Vorgänger im Sprecheramt der Memorandumsgruppe war jahrzehntelang Rudolf Hickel. Hickel ist emeritierter Professor für Finanzwissenschaft an der Universität Bremen und einer der Herausgeber der renommierten »Blätter für deutsche und internationale Politik«. In dieser Zeitschrift sah er sich unlängst benötigt, »Axel Stommels unsinniges Investitionsverbot« zu brandmarken.[102] Tatsache ist freilich: Der Gescholtene, also ich, hat noch niemals ein Investitionsverbot gefordert. Wer meine Texte nach diesem Stichwort durchsucht, wird null Treffer erzielen. Den Satz »Wer nicht investiert, verliert – am Ende gar die Demokratie« findet man dagegen gleich mehrfach vertreten, denn so lautet mein besorgtes Anliegen wörtlich oder sinngemäß! Sind solche Missverständnisse anders als mit der von BONTRUP angeprangerten »ökonomische[n] Borniertheit« zu erklären, die ihm, BONTRUP, gar »körperliche Schmerzen« bereitet?

Die links-alternative Tageszeitung *taz* preist RUDOLF HICKEL anlässlich seines 80. Geburtstags wie folgt: »Auf beinahe jede Frage hat er Antworten«.[103] Mag sein. Fraglich ist jedoch deren Qualität. Im vorliegenden Fall hat RUDOLF HICKEL *In*vestitions*ver*bot mit *Fin*anzierungs*ge*bot verwechselt. Eine doppelte Verwechslung also, auf engstem Raum sowie im Zentralbereich seines Faches – peinlich, mein‘ ich.

Nebenbei bemerkt: *Eine* Antwort auf eine Frage wäre mehr als »Antwor*ten*«, also mehrere, wie es in der *taz* bewundernd heißt, jener Tageszeitung, die doch gerade im »Weniger ist mehr« eines ihrer charmantesten Leitmotive gefunden hat.

Das erste Gegengutachten der Arbeitsgruppe Alternative Wirtschaftspolitik war übrigens 1977 auch in meinem Namen am damaligen Regierungssitz in Bonn der Öffentlichkeit vorgestellt worden; ich hatte in jenen Tagen zum Kreis seiner Unterzeichner gehört. Das Gutachten war damals, nebenbei vermerkt, noch auf respektables öffentliches Interesse gestoßen. Heute werden die jeweiligen Memoranden wohl nur noch im internen Kreis seiner Verfasser wahrgenommen. Schade!?

Mit TOM KREBS gesprochen: »Progressive Politiker*innen, die eine scharfe Trennlinie zur konservativen Wirtschaftspolitik ziehen wollen, sollten sich deshalb ein anderes Gebiet als jenes der Staatsverschuldung suchen.«[104]

Anmerkungen zu Kapitel 7

65 Robert B. Reich, Land ohne Hoffnung? Die USA und der Teufelskreis aus Geld und Macht, in: Blätter für deutsche und internationale Politik, Nr. 9/2016, S. 53.

66 In diesem Sinn z. B.: When Big Business dominates policymaking and threatens our rights: Corporate Capture in Europe, https://www.alter-eu.org/cororate-capture-in-europe. (Alter-EU ist das Akronym für Alliance for Lobbying Transpirancy and Ethic Regulations.)

67 Michael Hudson, Die neue Schuldknechtschaft und der Siegeszug der Finanzoligarchie, in: Blätter für deutsche und internationale Politik, Nr. 11/2016, S. 81.

68 Bei Toll Collect »verdienen sich auf Kosten der Bürger ein paar Konzerne eine goldene Nase… Toll Collect hat das Verkehrsministerium bei den Vergütungen und den Abrechnungen in den letzten Jahren klar über den Tisch gezogen. Seit über zehn Jahren streitet der Bund mit Toll Collect vor privaten Schiedsgerichten über große Milliardenbeträge. Das ist ein Stück aus dem Tollhaus.« So der Haushalts-Experte von Bündnis 90/Die Grünen, Sven-Christian Kindler, in der Berliner Zeitung vom 15.8.2017. Der Vertrag zwischen dem Bund und Toll Collect umfasst übrigens 17.000 Seiten, die der Geheimhaltung unterworfen sind; einträgliche juristische Streitigkeiten sind programmiert.

69 So – z. B. – die »Deutsche Wohnen«, ein Immobiliengigant mit 110.000 Wohnungen allein in Berlin. Als börsennotierte Aktiengesellschaft ist sie nur ihren Aktionären verpflichtet, nicht ihren Mietern und schon gar nicht der Gesellschaft. Dementsprechend werden notwendige Reparaturen auf die unendlich lange Bank geschoben; unnötige Sanierungen zur Mietpreissteigerung dagegen werden durchgeführt, wo immer und so schnell es geht. Da kann es mal ein halbes Jahr dauern oder mehr, bis ein Aufzug repariert wird – in der Zwischenzeit sterben, vom Treppensteigen überfordert, herzkranke Mieter oberer Etagen, wie die Berliner Zeitung (vom 5.12.2017) aus zwei »Mietobjekten« berichtet.
Die Wohnungen der »Deutsche Wohnen« waren zuvor Eigentum kommunaler Wohnungsbaugesellschaften gewesen. Als das Land Berlin, hochverschuldet, finanziell fast handlungsunfähig geworden war, hatte das Land die Wohnungen im Paket verkauft, übrigens mit Zustimmung der Linken, einer dezidierten Mieterpartei, welche die damalige Koalitionsregierung im Land Berlin maßgeblich mitbestimmt hatte – *Schulden zwingen letztlich alle in die Knie.*
Die Deutsche Wohnen meldete ihren Aktionären regelmäßig Milliardengewinne (s. Bericht der Berliner Zeitung vom 14.3.2017). Umworbene ausländische Anleger lockt sie mit dem Versprechen, die Mieten ihrer Berliner Immobilien von z. B. 6 €/m² in Kürze auf 11–12 €/m² anzuheben. Inzwischen steht fest: Das ist ihr gelungen! Der Hintergrund: 69 Prozent der Berliner Haushalte werden aufgrund ihrer bescheidenen Einkünfte berechtigt sein, eine öffentlich geförderte Wohnung zu beziehen; öffentliche Gelder werden also, als »Wohngeld« getarnt, an die Deutsche Wohnen fließen – auch eine gute Zinsersatzleistung. Trotzdem mehrt sich die Zahl der Rentner und anderer, die »sich arm wohnen«.
Währenddessen schreitet die Privatisierung der Infrastruktur weiter voran. In 48 Stunden passieren 13 Grundgesetzänderungen den Deutschen Bundestag, um der

Allianz, Axa, Munich Re, Ergo, der R+V Versicherung, HUK, dazu Hochtief und andere namhafte Bauunternehmen, also der crème de la crème der deutschen Versicherungs- und Bauwirtschaft, ein neues, gewinnträchtiges Arbeitsfeld »Bundesfernstraßen« *mit steuerlich garantierten Gewinnraten* zu erschließen (sowie den Staatshaushalt kurzfristig zu entlasten und die Schuldenbremse zu umgehen).
Derartige Verträge werden hinter verschlossenen Türen ausgehandelt und bleiben, da privatrechtlich gefasst, geheim. Diejenigen, die letztlich zahlen müssen, erfahren nichts Genaues nicht, wie es so schön falsch als vermeintliche Steigerung heißt. Selbst Bundestagsabgeordnete dürfen diese Verträge nur in der Geheimschutzstelle des Bundestages einsehen. Der Justiz werden die Verträge durch die Vereinbarung von privaten Schiedsgerichten entzogen. Diese Geschäfte erfüllen die Tatbestandmerkmale eines Vertrages zu Lasten Dritter. Solche Verträge sind bekanntlich nichtig wegen Verstoßes gegen die Grundsätze der Privatautonomie. Aber darum schert sich keine der beteiligten Parteien bzw. Rechtsparteien. (Die formaljuristische Voraussetzung: Der dumme Dritte ist der Steuerzahler, Steuerzahlung aber fällt nicht ins Privatrecht. Außerdem ist die Justiz ja durch die Schiedsgerichte ausgeschaltet.)
Privatisierung außerhalb des Privatrechts heißt das neue, wohldurchdachte Spiel! Im Übrigen sind es unter anderem Privatisierungen der beschriebenen Art, die dazu geführt haben, dass, wie bereits erwähnt, der Wert des öffentlichen Nettovermögens in Deutschland zwischen 1970 und 2016 von 28 auf 12 Prozent des Bruttoinlandsproduktes gefallen und seitdem abgestürzt ist. Am Einsturz der Carola-Brücke in Dresden ist der Absturz versinnbildlicht. Die Kombination aus derartigen Voll- bzw. Teilprivatisierungen und wachsender Einkommensungleichheit schlägt sich alsdann als wachsende Vermögensungleichheit nieder.
Sowie im Wählerverhalten. Für Parteien der Mitte wird die Luft immer dünner. Bei dieser Lage der Dinge hat Angela Merkels Strategie der asymmetrischen Mobilisation vorübergehend, beschränkte Abhilfe geboten: Benachteiligte sollen möglichst erst gar nicht zur Wahl gehen, die reichen Begünstigten dagegen nehmen ihr Wahlrecht gewissenhaft wahr.

70 »öpP« steht für öffentlich-private-Partnerschaft, auf Englisch PPP, Public Private Partnership, und bezeichnet eine Zusammenarbeit von öffentlicher Hand und privaten Unternehmen bei der Finanzierung, Errichtung und Instandhaltung sowie beim Betrieb der Infrastruktur. Bei öpP planen, finanzieren, bauen, betreiben und verwerten private Firmen Schulen, Krankenhäuser, Wasserbetriebe und andere Einrichtungen der Daseinsvorsorge. Die Privaten tun dies mit öffentlichem Geld; die Eigenkapitaleinlage der Privaten beträgt in der Regel nicht mehr als zehn Prozent. Die Investition wird, zuzüglich einer Rendite, vom öffentlichen Auftraggeber in Raten zurückgezahlt. ÖpP-Projekte haben stets die Form lang laufender, kreditähnlicher Rechtsverträge. »Lang« bedeutet hier 25 bis 30 Jahre, gelegentlich auch 40 bis 50. Eine ordentliche Kündigung ist zumeist nicht vorgesehen.
Für diverse, bisherige öpP-Projekte gilt: Allein die Zinsen für die Banken übersteigen die Bausummen. Die privaten »Partner« rechnen damit, ihr Eigenkapital in 30 Jahren fast zu verzehnfachen. Falls sich die privaten Traumrenditen nicht einstellen, wird der öffentliche »Partner« zur Kasse gebeten. Die auf die Bauvorhaben aufgenommenen Kredite sind eine Handelsware – Gläubigerbanken können ihre For-

derungen verkaufen, z. B. an internationale Hedgefonds, die sich auf diesem Wege in die Klage gegen den jeweiligen Staat als den besten aller Schuldner einkaufen (→*Basic 15*).

Außerdem ist die Vorstellung illusorisch, dass die jeweiligen Objekte nach Ablauf der jeweiligen Projektfristen zur freien, öffentlichen Verfügung stehen werden. Denn im Zuge der öpP wird öffentliche Verwaltung abgebaut, weil Verwaltung und Betrieb während des Projektzeitraumes ja den privaten »Partnern« überlassen werden. Nach Ablauf der Projektzeiten wird dieses Personal mitsamt Verwaltungserfahrung und technischem Know-how fehlen; in Anbetracht der stets angespannten Lage der öffentlichen Haushalte wird es weder in simulierenden Vorläufen allmählich aufgebaut werden können noch gar plötzlich zum Tag der Übergabe aus dem Boden zu stampfen sein. Folglich werden Anschlussverträge mit den Privaten unausweichlich werden. Kurz: Das Ganze hat trotz zeitlicher Befristung Dauercharakter. Deshalb nochmals: »Wahn. Wahn. Überall Wahn.« (Richard Wagner)

71 S. Bundesrechnungshof, Gutachten des Bundesbeauftragten für Wirtschaftlichkeit in der Verwaltung zu Organisationsformen und Finanzierungsvarianten für die Bundesfernstraßen vom 30.11.2016. Die Finanzierungskosten, nicht etwa die Erstellungskosten stellen, wie gesagt, in der Regel den größten Kostenposten in derartigen Projekten dar.

72 Gemeingut in Bürgerinnenhand e. V., Daseinsvorsorge: Goldfieber statt goldener Zeiten, Newsletter vom 16.4.2025.

73 Die deutsche Bundesregierung ist in dieser Entwicklung eine treibende Kraft. Anlässlich eines Kongresses »Global Solutions« verlautet einer ihrer Minister in einem längeren Zeitungsbeitrag: »90 Milliarden Dollar müsste die Weltgemeinschaft nach Schätzungen der UN jährlich investieren, damit alle Menschen in Würde leben können… das ist eine enorme Summe. Und doch nur ein Bruchteil der Spekulationsgewinne. Klar ist: Mit öffentlichen Mitteln allein ist diese Summe nicht zu stemmen. Wir brauchen private Investitionen…« Und weiter: »Mit weniger als 0,05 Prozent der weltweiten Finanzanlagen könnte die jährliche Finanzierungslücke für Infrastrukturinvestitionen geschlossen werden… Deswegen erarbeite ich derzeit ein Entwicklungsinvestitionsgesetz. Damit setzen wir neue Anreize für private nachhaltige Investitionen in Afrika und sichern die Risiken eines solchen Engagements…« (Gerd Müller, Finanzmärkte müssen Menschen dienen, in: Der Tagesspiegel vom 26.5.2018, S. 6; der Autor hatte seinen Artikel in seiner damaligen Eigenschaft als Bundesentwicklungsminister platziert.)

Nota bene/Aufgepasst: Es müssten nach des Ministers Angaben einzig und alleine die *Spekulations*gewinne weggesteuert werden, um die Summe, die für ein würdevolles Leben aller Menschen dieser Erde benötigt wird, mühelos öffentlich zu »stemmen«. Für öffentliche Hilfe zur afrikanischen Entwicklung müssten nach des Ministers Aussagen ebenfalls keine Unsummen ersteuert werden, sondern bloße 0,05 Prozent der weltweiten Finanzanlagen. So etwas erscheint diesem christsozialen Kabinettsmitglied von vorne herein ausgeschlossen, undenkbar. Stattdessen gilt seine Fürsorge den vermögenden Anlegern, die, wie es weiter in seinem eigenen Text heißt, »angesichts der niedrigen Zinsen händeringend nach lohnenden Anlagemöglichkeiten«

suchen. Ihnen neue Anlagefelder zu eröffnen, widmet er sein Streben. Wer dient hier wem, warum und wofür?

74 »Die deutschen Steuerzahler glauben, dass sie außerordentlich großzügig gegenüber Griechenland gewesen sind, indem sie dem Land immer neue Kredite gewährt haben. Doch sie unterliegen einer Illusion. Denn tatsächlich haben sich die deutschen Steuerzahler nicht gegenüber Griechenland großzügig gezeigt, sondern gegenüber ihren eigenen Banken.« (Jeffrey Sachs, Der Tod durch Schulden, in: Süddeutsche Zeitung vom 2.8.2015; der Autor ist Institutsleiter an der New Yorker Columbia-Universität). Dasselbe war übrigens auch schon ein paar Jahre zuvor sowie ausführlicher nachzulesen bei Axel Stommel, Die Reichen, die Banken, die Schulden und wir, Bad Homburg vdH 2012, S. 16–35.

75 S. Bericht der Süddeutschen Zeitung vom 20.12.2017.

76 Heraus kommen Argumentationen und Entwürfe, die nahtlos mit den Regelungsinteressen der höchst interessierten Entsender übereinstimmen, welche die Kosten des abgestellten Personals ach so großzügig übernehmen. Ein Beispiel: Rund 100 Seiten des Abschlussberichts der Europäischen Agentur für Lebensmittelsicherheit (Efsa) aus dem Jahre 2015 zu den Krebsgefahren des Pflanzenschutzmittels Glyphosat des Herstellers Monsanto/Bayer, und zwar eindeutig die »umstrittensten Kapitel, … sind quasi Wort für Wort von einem Monsanto-Bericht aus dem Jahre 2012 übernommen.« (Frankfurter Rundschau vom 16.9.2017.) Bis heute (2025) warten gesundheits- und umweltbewusste Verbraucher vergeblich darauf, dass die EU die Anwendung von Glyphosat unterbindet.
Übrigens funktioniert der Austauschprozess auch anders herum: Regierungsbeamte arbeiten im Sonderurlaub als Lobbyisten für Unternehmen und Wirtschaftsverbände – teilweise in Leitungstätigkeiten und über Jahre hinweg. Die regierungskritische Organisation Lobbycontrol berichtet z. B., wie ein hochrangiger Beamter sich hat beurlauben lassen, um, »[a]nstatt in der Behörde Akten zu studieren, … seitdem beim Volkswagen-Konzern für das internationale Lobbygeschäft zuständig [zu werden] – als Leiter ›Konzern Außenbeziehungen International‹ (inzwischen Leiter ›Internationale und Europäische Politik‹). Anfang 2018 übernahm der beurlaubte Außenamtsmitarbeiter dann sogar kommissarisch den Posten des Cheflobbyisten der Volkswagen Gruppe, nachdem der frühere Regierungssprecher Thomas Steg im Zuge des Abgasskandals über die umstrittenen Affenversuche gestolpert war… Die Bundesregierung sieht darin kein Problem; die Lobbyarbeit eines Staatsdieners bei VW beispielsweise sei ›in besonderem Interesse der Bundesregierung‹.« (https://www.abgeordnetenwatch.de/blog/2018-05-02/siemens-daimler-volkswagen-die-tatigkeiten-von-regierungsbeamten-der-wirtschaft#pk_campaign=nl20180506, veröffentlicht am 2.5.2018.)
Der Fall mag extrem sein; ein Einzelfall ist er nicht. Unternehmen und Interessenverbände mit solchen Urlaubsbeschäftigten brauchen jedenfalls später nur noch durchzuklingeln, wenn sie im Ministerium ein Anliegen vertreten haben möchten.

77 Zu glauben, man könne millionenfach, jahrelang sowie weltweit eine Betrugssoftware einbauen, ohne dass es jemals irgendjemandem auffällt, ist schlagender Ausdruck eines hochgradigen, kaum noch vorstellbaren Realitätsverlustes. So etwas

wird übrigens ziemlich teuer. In den USA ist Martin Winterkorn, der Chef des VW-Konzerns, zügig verurteilt worden; in Deutschland dagegen ist ihm bis heute (2025) noch kein Haar gekrümmt worden – auch ein Fall von politischer Justiz, sagen Kritiker, und erinnern daran, dass die Zeit seit jeher das wichtigste Utensil im Instrumentenkasten der Justiz sei.

78 Fabian Steinschaden hat recherchiert: »Die ›Big Four‹, das sind die vier großen europäischen Steuerberatungs-Unternehmen KPMG, Ernst & Young, PricewaterhouseCoopers (PwC) und Deloitte. Bekannt sind die ›Big Four‹, weil sie Konzernen dabei helfen, bei der Steuer zu tricksen. Sie machen ein Geschäft daraus, das Geld multinationaler Konzerne vor den Steuerbehörden zu verstecken. Dabei agieren sie schamlos und versprechen wie PwC, dass nur jeder vierte Steuertrick als ungesetzlich eingestuft wird.
Eine Studie der Organisation Corporate Europe Observatory (CEO) zeigt nun, dass ausgerechnet diese ›Big Four‹ von der EU als Berater in Steuerfragen bezahlt werden. Und zwar mit Millionenbeträgen. Sie werden von den EU-Institutionen als seriöse Partner in Sachen Steuerrecht betrachtet. Demgemäß bezahlt sie die EU-Kommission für Analysen und Studien zu Steuerfragen. Während die ›Big Four‹ gute Geschäfte damit machen, den Konzernen beim Steuertricksen zu helfen, sollen sie der EU-Kommission helfen, genau das zu verhindern. Wer führt hier wen am Nasenband durchs Gelände?
Jahr für Jahr erhalten die ›Big Four‹ von der EU-Kommission Aufträge in Millionenhöhe. Zuletzt erhielten KPMG, PwC und Deloitte Anfang 2018 einen Auftrag in der Höhe von mehr als 10 Millionen Euro. Sie sollten eine Studie zum Thema ›Steuern und Zölle‹ erstellen. Worum es in dieser Studie genau geht, sagt die EU-Kommission nicht. Dabei hatten EY, PwC und Deloitte erst 2014 zum selben Thema einen Auftrag über 7 Millionen Euro erhalten. Insgesamt soll die Europäische Kommission mehr als 100 Millionen Euro für die Expertise der ›Big Four‹ bezahlt haben – allein im Jahr 2016.
Daneben haben die ›Big Four‹ Netzwerke und Organisationen etabliert, über die sie auf die Politik der EU Einfluss nehmen können. Auf diesem Weg beeinflussen sie die Institutionen der EU zusätzlich ideologisch.«
(Fabian Steinschaden, Schlimmste Steuertrickser erhalten Millionen-Beraterhonorare der EU, in: Kontraste.at, eingestellt am 13.7.2018, https://kontrast.at/eu-zahlt-beraterhonorare-an-grosse-steuersteuertrickser/)

79 Mit anderen Worten: »Das sogenannte Investor-Staat-Schiedsverfahren (ISDS) erlaubt es Unternehmen, Staaten zu verklagen, wenn diese Rechtsvorschriften erlassen, die sich negativ auf ihre erwarteten Gewinne auswirken – *unabhängig davon, in welchem Ausmaß diese Gewinne dadurch entstehen, dass andere geschädigt werden.*« (Joseph Stiglitz, Europa spart sich kaputt…, S. 508, Hervorhebung –AS.)

80 Demgemäß sollen alle wirtschaftlichen Tätigkeitsfelder, die nicht in diesen Listen ausdrücklich aufgeführt sind, der staatlichen Regulierung auf ewige Zeiten entzogen sein. Da künftige Tätigkeitsfelder naturgemäß heute noch nicht erfasst sind, sind in der Zukunft keine Ausnahmen mehr möglich – was immer jemals Gewinn zu

bringen verspricht, soll der staatlichen Regelung ein für alle Mal entzogen sein. Wie gesagt: Ein Stück aus dem Tollhaus!

81 Die Meistersinger, 2. Akt., (Hervorhebung in der Partitur durch die Anweisung »forte«).

82 Joseph Stiglitz, Europa spart sich kaputt…, S. 157, Hervorhebung – AS.

83 Christos Katsioulis, Operation gelungen, Patient komatös, in: Friedrich-Ebert-Stiftung, Hrsg., Journal Internationale Politik und Gesellschaft vom 16.6.2015, S. 3.

84 zdf_heute, 28.2.2025.

85 So entgleiste beispielsweise neulich bei Burgrain in Bayern ein Regionalzug. Ursache waren marode Bahnschwellen; fünf Menschen kamen ums Leben, mehr als 70 Personen wurden teils schwer verletzt..

86 Wie lange ihr das jeweils gelingt, ist übrigens eine offene Frage. Fest steht, dass die Zeit begrenzt ist. Dazu Mervyn King, von 2003 bis 20013 Amtsleiter der britischen Zentralbank: Augenblicklich liegt es an der Europäischen Zentralbank (EZB), »den Euroraum zusammenzuhalten, indem sie insbesondere die Zinsen für die hochverschuldeten Länder Südeuropas niedrig hält. Dabei kommt mir immer ein Bild in den Sinn. Es gibt doch diese Hochseilartisten, die auf einem Seil zwischen zwei Häusern balancieren. Das gelingt diesen Leuten, weil der Weg kurz ist. Im Falle der EZB ist die rettende Seite aber einfach nicht in Sicht… (Die EZB steht) vor einer fast unlösbaren Aufgabe… Kurzfristig kann Geldpolitik durchaus ein Instrument sein, um Verwerfungen zu verringern. Aber sie allein kann die Welt nicht ins Gleichgewicht bringen.« (Mervyn King im Gespräch mit Dennis Kremer, in: Frankfurter Allgemeine Sonntagszeitung vom 11.6.2017, S. 31.)

87 Die EZB verlagerte auf diesem Wege die Vermögensentwertungen, welche aufgrund öffentlicher und privater Überschuldung notwendig geworden waren, weg von den Besitzern großer Vermögen hin zu anderen Wirtschaftsteilnehmern, namentlich zu den Inhabern von Lebensversicherungspolicen. An die Berechnungen der Boston Consult aus Kapitel 2 sei erinnert, wonach eine 30-prozentige, europaweite Abschreibung auf Vermögen ausgereicht hätte, um wieder zu einer realistischen Bewertung zu gelangen. Frage von Verwertung und Entwertung spielen eine zentrale Rolle in der Entwicklung der Konjunkturen und Krisen (→*Basics 12, 13*).

88 S. Vertrag über die Arbeitsweise der Europäischen Union, Artikel 126, in Verbindung mit dem Protokoll Nr. 12 über das Verfahren bei einem übermäßigen Defizit, Artikel 1, zweiter Spiegelstrich.

89 »Der, soweit ich sehen kann, einzige Ökonom, der auf diesen Zusammenhang aufmerksam gemacht hat, ist Carl Christian von Weizäcker, auch wenn und vielleicht gerade weil er ihn affirmativ wendet.« (Wolfgang Streeck, Gekaufte Zeit – Die vertagte Krise des demokratischen Kapitalismus, erweiterte Ausgabe, Frankfurt/M. 2015, S. 157). Auf eine weitere, von Streeck unbemerkte Schrift sei hingewiesen, in der die verteilungspolitischen Konsequenzen deutlich sowie ausdrücklich *nicht* affirmativ thematisiert werden: Axel Stommel, Die Reichen, die Banken, die Schulden und wir, Bad Homburg, 2012, passim, bes. S. 31 ff.

90 Auf das scheinbare Gegenargument, der Staat sei in seiner Eigenschaft als Produzent von Geld dieser Dynamik enthoben, wird u. in Kapitel 13 gelegentlich in der Auseinandersetzung mit der Modern Monetary Theory eingegangen.

91 Breuer hatte die Solvenz des Medienunternehmers Leo Kirch öffentlich bezweifelt; daraufhin wurden Kirch Kredite versagt, und er musste Insolvenz anmelden. Die Sache landete vor Gericht.

92 Rolf E. Breuer, Die fünfte Gewalt, zitiert nach Wolfgang Streeck, Gekaufte Zeit…, S. 167.

93 Gustav Horn/Till van Treek, Ungleichheit und außerwirtschaftliche Ungleichgewichte – Eine keynesianische Krisenerklärung, in: Fritz Helmedag/Jürgen Kromphardt, Hrsg., Nachhaltige Wege aus der Finanz- und Wirtschaftskrise, Marburg 2011, S. 21. (Gustav Horn hat 2005 das Institut für Makroökonomie und Konjunkturforschung der Hans-Böckler-Stiftung gegründet und bis 2019 geleitet.)

94 Linke Kritiker:innen der Schwarzen Null seien in diesem Zusammenhang auf eine von ihnen im Allgemeinen mehr oder weniger geschätzte Autorität hingewiesen, Karl Marx nämlich. In »Die Klassenkämpfe in Frankreich« analysiert Marx, wie die »Finanzaristokratie«, sprich: Bankiers und Börsenspekulanten, von der Staatsverschuldung profitieren. (S. Karl Marx, Die Klassenkämpfe in Frankreich 1848–1850, in: MEW 7, Berlin 1960, S. 64–94.)

95 Am Rande sei nochmals daran erinnert, dass C A und B ersetzen kann. Aber ein ausgiebiges, anhaltendes C ist gefährlich, weil Inflation, zumal eine beschleunigte, ähnlich gefährliche verteilungspolitische Wirkungen wie Staatsverschuldung entfaltet, als deren Folge sie im Übrigen ja gerade gerne entsteht; als galoppierende Inflation gar führt sie zum weitgehenden Zusammenbruch von Wirtschaftsrechnung und Wirtschaftskreislauf. Damit gefährdet sie die Gesellschaft bis aufs Äußerste. C bietet mithin keine wirkliche, dauerhafte Lösung. Die nach wie vor beste, mir bekannte Darstellung der Inflationsproblematik stammt von Werner Hofmann, Die säkulare Inflation, Berlin 1962.

96 Götz Aly hat diesen regelmäßig ausgesparten Aspekt verdienstvollerweise herausgearbeitet: Götz Aly, Schulden, Volk und Raubkrieg, in: Berliner Zeitung vom 1.9.2015, S. 4.

97 Jürgen Kilians detaillierte Untersuchungen (Krieg auf Kosten anderer – Das Reichsministerium der Finanzen und die wirtschaftliche Mobilisierung Europas für Hitlers Krieg, Berlin 2017) können insofern Götz Alys Darstellung nicht widerlegen, weil die Autoren unterschiedliche Probleme aus unterschiedlichen Perspektiven untersuchen: Aly – Was war zu tun, um den wirtschaftlichen Zwängen zu entfliehen?, Kilian – Wie wurde der laufende Krieg finanziert?

98 So befremdlicherweise auch Joseph Stiglitz, Europa spart sich kaputt …, S. 302.

99 So, exemplarisch, Marc Saxer, Linke Heimat – Wie die Progressiven den Begriff Heimat für sich besetzen sollten, in: Internationale Politik und Gesellschaft vom 5.3.2018.

100 Stefan Kaufmann, Risse im globalen Aufschwung, in: Berliner Zeitung vom 19.6.2018, S. 6.

101 Heinz-J. Bontrup, »Mehr ökonomische Borniertheit geht nicht«, in: Oxi – Wirtschaft anders denken, Nr. 1/19, S. 16 sowie im Internet unter »oxiblog«.

102 Rudolf Hickel, Mehr Staatsschulden wagen – aber auch mehr Steuern!, in: Blätter für deutsche und internationale Politik, Nr. 9/21, S. 35

103 taz vom 17.1.2022

104 Tom Krebs, Jenseits der schwarzen Null: Die Schuldenbremse, die wir brauchen, in: Blätter für deutsche und internationale Politik, Nr. 10/2019, S. 12.

Teil II: Staatsfinanzierung im Kampf der Interessen, Meinungen und Lehren

»Ideen, auch falsche, haben Macht.«
Joseph Weizenbaum

8
Staatsversagen im Alltagsleben
Einmal quer durch die Republik

Staatsversagen ist ein Wort, das immer weiter in den Wortschatz des Alltags vordringt. Und das nicht ohne Grund; das Versagen des Staates dringt in immer weitere Bereiche des alltäglichen Lebens vor: ins Rechtssystem und die Polizei, in Kitas und Schulunterricht, in Erziehung, Ausbildung und Beruf, in die medizinische Versorgung, in die Altenpflege, beim Einwohnermeldeamt und anderen Behörden, im Straßenverkehr und bei der Bahn, um einige besonders anfällige Lebensbereiche ohne Anspruch auf Vollständigkeit aufzuzählen.

Die Missstände breiten sich schleichend im Gefolge jener jahrzehntelangen Sparpolitik aus, die unter der Kanzlerschaft von Helmut Kohl zum Normalfall geworden ist. Die »Menschen draußen im Land«, wie der Langzeitkanzler zu sagen pflegte, merken zunächst nichts, alsdann gewöhnen sie sich an die Zustände – bis dann irgendwann der berühmte Tropfen kommt, der das Fass zum Überlaufen bringt. Dann werden brave Mitbürger:innen plötzlich scharen-, womöglich massenweise zu Wutbürger:innen, und treue Wähler:innen der Mitte verwandeln sich in aggressive Systemverächter:innen.

Wie und wo spar- und verschuldungsbedingte, öffentliche Armut in einem der reichsten Länder dieser Erde in Erscheinung tritt, soll nachfolgend schlaglichtartig veranschaulicht werden. Anschaulich heißt: nicht mit nackten Zahlen, sondern konkret fassbar, lebensnah.

Zu diesem Zweck greife ich auf kurze Ausschnitte aus den Lokalteilen von Hauptstadtzeitungen und dem Regionalfernsehen zurück, wie sie jeweils innerhalb kurzer Zeitspannen angefallen sind.

Rechtsstaatsversagen

»Ein funktionierendes Rechtssystem ist nicht mehr vorhanden.« Diese Aussage bezieht sich nicht auf ein fernes Entwicklungsland, sondern auf Deutschland, und sie stammt vom Berliner Oberstaatsanwalt Ralph Knispel (in: *Abend-*

schau des rbb-Fernsehens vom 17.10.2017). Demgemäß wurden 2016 vor Ort 5.600 Wirtschaftsstrafverfahren aus Personalmangel eingestellt. Das alleine sind 5.600 Fälle, in denen der Staat schulterzuckend hinnimmt, dass Täter straflos und Geschädigte ohne Schadenersatz bleiben.

»Statt Menschen werden Verfahren eingestellt, 70 Prozent der Taten kommen nicht vor Gericht. Die Einstellung ist die Methode der Wahl für einen Staats- oder Amtsanwalt, um sich zu entlasten und wenigstens die wichtigsten Sachen verfolgen zu können. Diese werden aber immer komplexer... Staatsanwälte sitzen zum Teil zu dritt in Einzelbüros... Zudem droht ein Nachwuchsproblem.« (*Der Tagesspiegel vom 24.4.2018*) Wegen Personalmangels kann die Justiz kriminell erworbene Vermögen nicht einziehen: »Täter behalten die Beute.« (*Ebd., 31.8.2018*).

Bei Kapitalverbrechen wie Mord, Raub und Erpressung sieht es nicht besser aus: Die Vereinigung der Berliner Staatsanwälte und das Präsidium des Landgerichts informieren den Justizsenator schriftlich, dass »eine tat- und schuldangemessene Ahndung von Straftaten nicht mehr zu erwarten« ist, worauf der Angeschriebene, der Justizsenator also, in sonderbarer Logik zu beruhigen versucht: »Die räumlichen und personellen Probleme sind seit langem bekannt.« (*Berliner Zeitung vom 23. sowie vom 24. 10.2017*).

Dazu passt, dass kein einziger jener Banker, die mit hoher krimineller Energie Kollegen, Anleger und Aufsichtsbehörden im Rahmen der Eurokrise getäuscht und den deutschen Staat um mindestens 40 Milliarden Euro geschädigt haben, ins Gefängnis gekommen ist – übrigens absurderweise im Gegensatz zu z.B. diversen, wiederholten Schwarzfahrern im öffentlichen Personennahverkehr.

Polizeiliches Versagen

Und die vorgelagerte Instanz, die Polizei? Weil es nicht möglich ist, erforderliche Unterlagen in digitaler Form zu übermitteln, »müssen die Beamten eine Million Seiten Papier kopieren... Zudem müssen aus Datenschutzgründen Seiten geschwärzt werden – per Hand, mit Tipp-Ex und Edding. ›Die Kollegen müssen teilweise noch Karteikarten schreiben... Bildlich gesprochen, schreiben unsere Ermittler mit Kreide an Höhlenwände‹«, vermerkt ein Vertreter vom Bund Deutscher Kriminalbeamter (*Berliner Zeitung vom 12.10.2017*).

Dementsprechend gelingt es kaum noch, geeigneten Nachwuchs für die Polizei zu gewinnen: »In diesem Jahr musste die Bewerbungsfrist dreimal verlängert werden, weil sich nicht genügend geeignete Kandidaten fanden. ›Junge Leute mit Qualität gehen woanders hin‹«, berichtet der Landesvorsitzende des Bundes Deutscher Kriminalbeamter der *Berliner Zeitung (vom 4.11.2017)*. Was soll man tun, wenn zwei von drei Polizeischülern den Deutsch-Test nicht bestehen? Man schafft den Test ab (*Der Tagesspiegel vom 26.6.2018*). Das ist praktisch, denn an der – ohnehin schon skandalträchtigen – Berliner Polizei-Akademie fehlen aktuell 50 Lehrer (»Sonderermittler rüffelt Polizeiakademie«: Bericht des *Tagesspiegel vom 26.6.2018*). Die Berliner Zeitung ergänzt am selben Tag: »…es kommt zu massivem Unterrichtsausfall, die Unterbringung ist mangelhaft und das Einstellungsverfahren untauglich.«

»Die Polizei werde außerdem von kriminellen arabischen Clans und organisierter Kriminalität unterwandert. Davon weiß auch der Landeschef der Deutschen Polizeigewerkschaft zu berichten.« (*Berliner Zeitung vom 7.11.2017*). »Die Polizei kann sich nicht einmal selbst schützen – Schon wieder zwei Einbrüche auf Sicherstellungsgelände bekannt… Eine Unterwanderung der Polizei ist gar nicht notwendig, wenn jeder Kriminelle ohnehin in die Polizeigebäude hineinspazieren und sich an Daten und Beweismittel bedienen kann.« (*Ebd., 15.11.2107*). Georg Schertz, Berliner Polizeipräsent a. D., hat die Mutter der Misere ermittelt: »Die Personalausstattung ist der Grund allen Übels.« (*Ebd., 14.11.2017*)

Versagen der öffentlichen Schulen

In Dresden, tief im Südosten der Republik, übernehmen Mütter den Unterricht; »Lehrer waren krank, es gab keinen Ersatz, alles brach zusammen. An manchen Schulen sind ein Drittel und mehr Quereinsteiger am Werk.« (*Berliner Zeitung vom 13.11.2017*) Aus Bremerhaven, hoch im Nordwesten, berichtet die *taz* ein paar Tage zuvor (*am 4.11.2017*), dass sich gleich mehrere Schulen wegen Lehrermangels gezwungen sehen, »für ganze Klassen den Unterricht an einem Wochentag komplett zu streichen«. Die gesetzliche Schulpflicht gilt offensichtlich nur noch für die Eltern; der Staat jedenfalls entbindet sich eigenmächtig von seiner ihm lästig gewordenen Beschulungspflicht. Rückbau in der »deutschen Bildungsrepublik« (so verkündet von Angela Merkel)!

Zwischen der Nordsee und dem Sachsenland liegt Berlin, die Hauptstadt. Dort sind es 56 Prozent, die als nicht ausgebildete Seiteneinsteiger in den Grundschulen eingestellt werden; um die verbliebenen Fachpädagogen nicht auch noch zu verlieren, werden die Seiteneinsteiger obendrein ohne Anleitung an die schwierigen Schulen geschickt, die ausgebildeten Pädagogen dagegen in die eher unproblematischen. Das berichtet die *Berliner Zeitung am 11.11.2017*, rechtzeitig zum Auftakt der närrischen Saison. Mathematik-Unterricht bei einem Mathematik-Lehrer? In weniger als 50 Prozent der Fälle, also eher die Ausnahme als die Regel. in anderen Fächern sieht's kaum besser aus. Dabei gilt schon jetzt: »84 Prozent der Befragten bezeichnen den Zustand der Berliner Schulen als schlecht bis sehr schlecht.« (*Ebd., 17.11.2017*) »Die Deutsche Gesellschaft für Erziehungswissenschaft (DGfE) warnt ›mit großer Beunruhigung‹ vor den ›unabsehbaren Folgen‹ des verstärkten Quereinstiegs im Grundschulbereich.« (*Der Tagesspiegel vom 10.11.2017*)

Als Konsequenz boomen Privatschulen; Reich und Arm gehen immer früher getrennte Wege. Im Übrigen fehlen an den Grundschulen laut Bertelsmann-Stiftung bundesweit 1,5 Millionen Ganztagesplätze (*ebd., 14.11.2017*). Die Berliner Schulverwaltung wirbt – kein Witz! – mit dem Spruch »Unterrichten statt Kellnern« um zusätzliche Lehrer (*ebd., 9.6.2018, dies sogar auf S. 1*). Derweil verrotten Schulbauten; die Berliner Presse schreibt auf Seite 1 über die »malerische Ruine eines Berliner Gymnasiums« (*ebd., 10.6.2018*), während aufgebrachte Eltern fragen: »›Wann und wie werden die bekannten, gravierenden Mängel beim Brand- und Arbeitsschutz behoben...? ... Wann werden die hygienischen Mindeststandards zumindest in den Toilettenbereichen... gewährleistet?‹« (*ebd., 22.6.2018*).

Infolge von Wasserschäden in diversen öffentlichen Gebäuden, darunter das Schulamt Mitte, sind die »Einschulungsakten für das kommende Schuljahr von Schimmel befallen und können deshalb nicht eingesehen werden«, weitere Folgen: den Eltern können keine Schulbescheide erteilt werden (*ebd., 19.6.2018*). Wie bereits erwähnt, ist digitale Aktenführung eh weitgehend unbekannt in der von der Bundeskanzlerin auf der Dresdener Bildungskonferenz zehn Jahre zuvor ausgerufenen *»Bildungsrepublik Deutschland«*. Derweil fehlen in Lichtenberg, einem Hauptstadtbezirk, »1129 Grundschulplätze. Auch an Oberschulen bleibt es eng.« Die Klassengrößen müssen abermals erhöht werden, Unterrichtsstunden werden gestrichen (*Berliner Zeitung vom 26.6.2018*). Öffentlicher Rückbau allerorten. Und die Hochschulen? »Berliner Universitäten sind marode.« (*Ebd., 17.7.2018, auch dies auf S. 1.*)

Versagen in Erziehung/Altenpflege/ärztlicher Versorgung

»Die Kita-Not in den Innenstadt-Bezirken ist groß«, außerdem beschäftigen Berliner Kitas »zu wenig Erzieher und unterlaufen damit den offiziell festgelegten Betreuungsschlüssel... Ein Erzieher muss deshalb deutlich mehr Kinder betreuen, oft müssen Gruppen zusammengelegt werden.« (*Ebd., vom 9.6.2018.*) »Dem kürzlich verabschiedeten Nationalen Bildungsbericht zufolge fehlen bis 2025 deutschlandweit etwa 300.000 (! –AS) Erzieher.« (*Ebd., vom 28.6.2018.*)

Auf Jugendämtern müssen Hilfesuchende mitunter ein geschlagenes Jahr auf einen Termin warten, der alsdann jedoch durchaus kurzfristig wieder abgesagt werden kann wegen plötzlicher »personeller Engpässe«. Mitarbeiter von Berliner Jugendämtern haben schon weiße Bettlaken als Zeichen der Kapitulation und Überlastung aus ihren Amtsfenstern hängen lassen; daraufhin wurden zur Abhilfe (!) die Öffnungszeiten für den Publikumsverkehr verkürzt. Eine Jugendamts-Mitarbeiterin klagt: »Wenn eine Kinderschutzmeldung kommt, können wir ihr oft erst nach Tagen oder sogar Wochen vor Ort nachgehen. Dabei muss man eigentlich direkt nach der Meldung hinfahren, im schlimmsten Fall kommt ein Kind ernsthaft zu Schaden. Auch bei Prozessen vor Gericht kommen wir trotz Anwesenheitspflicht kaum noch...« (*Ebd., vom 12.7.2018.*) Schutz des Kindeswohls? Gerne, es sei denn, es kostet.

Altenpflege? Erschreckend: Der Tagesspiegel titelt: »UN besorgt über Pflege in Deutschland – Sozialrat der Vereinten Nationen sieht Defizite bei sozialen Menschenrechten« (*21.12.2018*) Währenddessen zeichnet sich ein großflächiger Ärztemangel aufgrund unzureichender Medizin-Studienplätze ab; Ärzte aus dem Ausland, gerne übrigens aus Drittweltländern, werden zu Lasten der dortigen Versorgung abgeworben. Aber es reicht nicht: »Manchmal müssen Rettungswagen in Berlin an vier bis fünf Krankenhäusern vorbeifahren, weil es dort keine freien Kapazitäten mehr gibt.« Mehrere Patienten haben solche Stadtrundfahrten nicht überlebt (*Berliner Zeitung vom 16.3.2018.*).

Kulturpolitisches Versagen

»Zahlreiche Kulturstätten der Hauptstadt sind vom Verfall bedroht. Darunter die Berliner Philharmonie, der Friedrichstadtpalast, das Stadtmuseum, die Volksbühne, das Konzerthaus und die Gedenkbibliothek«, berichtet Der Tagesspiegel (*am 27.7.2017*) und fährt fort: Benötigt werden 435 Millionen Euro, im Haushalt sind 20 vorhanden; damit werden »kurzfristige Probleme behoben, etwa nach starken Regenfällen«; des Weiteren wurden davon »die Kronleuchter im großen Saal des Konzerthauses saniert und wieder aufgehängt.« Recht so: Auch wieder aufhängen, was man abgehängt hat, um's zu sanieren!

Behördenversagen

Behörden, zumal in der deutschen Hauptstadt, sind chronisch unterbesetzt; Sanierungsaufträge können oft selbst dann nicht vergeben werden, wenn die Mittel bereitstehen, weil das Personal für die Auftragsvergabe fehlt. »Lediglich 18 Prozent der verfügbaren Mittel konnten abgerufen werden«, meldet die *Berliner Zeitung am 21.6 2018.* Die jahrzehntelange Unterbesetzung im öffentlichen Dienst hinterlässt tiefe Spuren, und zwar nicht nur bei der Auftragsvergabe. Besonders betroffen und ein Skandal hoch drei: die Steuerfahndung (→*Basic 10*)!

Am 11.4.2025, nach Verabschiedung des nach oben offenen Kredits für Rüstungsausgaben aller Art durch den bereits abgewählten Deutschen Bundestag, erreichte uns Deutsche folgende Nachricht von der anderen Seite des Atlantiks: Die New York Times berichtet über die neuen, deutschen Rüstungsanstrengungen, und stellt spöttisch fest: »Die neuen Panzer werden Probleme haben, deutsche Brücken zu überqueren.«[105] Hintergrund der Meldung aus New York war wohl der Bericht der Organisation Transport & Environment (T&E). T&E ist ein europäischer Dachverband nichtstaatlicher Organisationen, die sich für nachhaltigen Verkehr einsetzen. Diesem Bericht zufolge unterschätzt die Bundesregierung den Sanierungsstau bei den maroden Brücken und Deutschland deutlich. T&E zufolge sind rund 16.000 Brücken in Bundeshand baufällig. Sanierungskosten nach T&E-Berechnung: bis zu 100 Milliarden Euro.[106] Dies zur exemplarischen Aktualisierung.

Was Staatsversagen bewirkt

Soweit unsere Deutschland-Tour in schnellem Tempo durch ausgewählte Felder staatlichen Versagens und mit einem Blick speziell auf alltägliche Konsequenzen eines einseitig einnahmenbestimmten Sparens und Verschuldens. Mit Ausnahme der letzten Nachricht stammen sie alle aus dem Zeitraum zwischen Herbst 2017 und Frühjahr 2018. Ob sie deshalb überholt sind oder ob sie, genau umgekehrt, gerade in Anbetracht der verlaufenen Zeit Möglichkeiten bieten, die Entwicklungsdynamik einzuschätzen, möge der Leser bzw. die Leserin entscheiden. Ein Datum könnte bei der Entscheidungsfindung dienlich sein: Jene Partei, die die Alternative im Namen trägt, war bis zur Bundestagswahl im Jahre 2017 noch an der Fünf-Prozent-Hürde gescheitert. Bei der 2017er Wahl war sie mit einem Stimmenanteil von 12,6 Prozent in den Deutschen Bundestag eingezogen. Seitdem geht's aufwärts ohn' Unterlass.

Die Missstände – dies sei wiederholt – breiten sich schleichend aus; zunächst übersehen die Menschen sie gewöhnlich, dann sehen sie gutmütig darüber hinweg: »Kann ja mal vorkommen«, sagen sie. Die Zeit pflegt jedoch ihren guten Mut stückchenweise zu verzehren. Sie treten in eine Gewöhnungsphase ein – bis dann irgendwann der berühmte Kragen platzt. Dann werden brave Mitbürger (m/w/d) plötzlich scharen-, gar massenweise zu Wutbürgern, und treue Wähler der Mitte verwandeln sich in aggressive Systemverächter – das wohlvertraute Parteienspektrum erodiert, die ständig zunehmende Quantität schlägt um in eine neue Qualität. Dann gerät die Lage ins Kippen.

Für den berühmten Tropfen, der das Fass zum Überlaufen bringt, bzw. für Kipppunkte (bzw. dasselbe in marxistischer Terminologie: für den Umschlag von zunehmender Quantität in eine neue Qualität) gilt allerdings, dass weder Ort noch Zeitpunkt ihres Auftretens vorab exakt bestimmt werden können: die Notwendigkeit, der Tropfen bzw. der Kipppunkt, erscheint regelmäßig unangekündigt in der Gestalt einer scheinbaren Zufälligkeit. Alarmierend ist die Entwicklung jedoch gerade deshalb umso mehr.

Mit der Prognostizierbarkeit sozioökonomischer Entwicklungen habe ich mich an anderer Stelle ausführlicher befasst (→*Basic 16*).

Anmerkungen zu Kapitel 8

105 New York Times vom 11.4.2025, gemäß Deutschlandfunk, Internationale Presseschau.

106 Quelle: Süddeutsche Zeitung vom 17.4.2025, S. 6, Randspalte.

9
Staatsschulden im Urteil der Wählerschaft
Zur dauerhaften Attraktivität der schuldenfreien Schwarzen Null

Gehen wir zu »den Menschen draußen im Lande«, wie HELMUT KOHL zu sagen pflegte. Wie stehen sie zur Staatsverschuldung?

Fakt ist: Wirtschaftliche Grundkenntnisse sind bei der wählenden Bevölkerung grundsätzlich weder vorhanden, noch ist ihr Auftauchen auf absehbare Zeit zu erwarten. NAINA K. brachte es auf den Punkt, per Twitter und mit bundesweitem Echo: »Ich bin fast 18 und hab keine Ahnung von Steuern, Miete und Versicherungen. Aber ich kann 'ne Gedichtsanalyse schreiben. In vier Sprachen.«[107]

Vom eigenen Portemonnaie auf's staatliche Budget
Urteilsbildung im kurzen Schluss

Auf der Grundlage dieser ökonomischen Bildung, gewissermaßen auf »ökonomischem Analphabetentum« (PIERRE BOURDIEU), bleibt die Schwarze Null auf absehbare Zeit bei den Wähler:innen geradezu instinktiv ein entscheidendes Qualitätsmerkmal solider, erfolgreicher Finanz- und Wirtschaftspolitik, und zwar im vorschnellen, kenntnisfreien Schluss vom bescheidenen, eigenen Budget auf das Budget des Staates.

Demgemäß sprachen sich bei dem Volksentscheid im Bundesland Hessen am 17.3.2011 70 Prozent für die Einführung einer Schuldenbremse in die hessische Landesverfassung aus. Bei dem Volksentscheid in Bayern vom 15.9.2013 stimmten sogar fast 90 Prozent für die Verankerung der Schuldenbremse in der Verfassung des Freistaates. Bei einer Befragung der SPD-nahen Friedrich-Ebert-Stiftung im Jahre 2017 sprachen sich 77 Prozent der befragten deutschen Bevölkerung gegen weitere staatliche Verschuldung aus.[108] Überspitzt gesagt: Was für den Gläubiger die erwartete Rendite, ist für den gewöhnlichen Wähler gleich welchen Geschlechts die einigermaßen glaubwürdig versprochene Schwarze Null: eine selbstverständliche Voraussetzung der Wahl bzw. des

Engagements. Die gemeine Wählerschaft ahnt und fühlt, dass Verschuldung zu ihren Lasten und die ihrer Nachkommen geht; sie spürt, dass es nur die Reichen sind, die sich einen armen Staat leisten können.

Speziell in Deutschland kommen die Inflationserfahrung hinzu, die sich tief in das kollektive Gedächtnis eingebrannt haben; außerdem eine Sprache, in der »Schuld haben« und »schuldig sein « Synonyma bilden, d. h. über ein und dieselbe Bedeutung verfügen. »…und vergib' uns unsere Schuld, wie auch wir vergeben unseren Schuldigern« heißt es dementsprechend in einem seit Jahrhunderten millionenfach verbreiteten und rezitierten Text. Dieser Text wird zwar derzeit nur noch mit abnehmender Häufigkeit gemeinsam gesprochen, aber weiterhin bei höchst einprägsamen Gelegenheiten wie etwa bei Begräbnissen. Schulden also sind für deutschsprachige Menschen von Haus aus negativ besetzt.

Demzufolge wählt der nachdenkliche deutsche, österreichische und deutschschweizerische Zeitgenosse keine Politiker, die für erhöhte Verschuldung eintreten, erst recht nicht in Zeiten ordentlicher Konjunktur. Wer dagegen als Finanzminister einen Haushaltsüberschuss präsentieren kann, dem ist allgemeine Beliebtheit sicher; die nächste Wahl hat er schon halb gewonnen. Die Erkenntnis, dass er seinen Überschuss womöglich nur deshalb vorweisen kann, weil er über die Einnahmen des Staates wacht wie weiland ALBERICH über den Schatz der Nibelungen und demgemäß sogar bestens begründete Ausgaben bzw. Investitionen ohne Rücksicht auf Verluste abwehrt: Diese Erkenntnis setzt Kenntnisse voraus, die kaum je gegeben sind. Aus diesem Grund ist eine Schwarze Null allemal ein glänzendes Argument.

Fragen wie diejenige, über welche Steuern die öffentlichen Aufgaben finanziert werden sollen, spielen für den Bürger und die Bürgerin dagegen genauso wenig eine Rolle wie die alten, aufgelaufenen Staatsschulden; die Altschulden stehen schließlich, da bereits vorhanden, nicht zur Wahl, sind mithin auch nicht abwählbar. Sondern sie sind eine jener Gegebenheiten, mit denen man sich im Leben abzufinden hat. Also Ohren und Augen zu, zumal das Thema, wie sich im folgenden Kapitel 10 noch zeigen wird, hochnotpeinliche, persönliche Aspekte aufweist.

Steuerfragen im Detail dagegen spielen für den gewöhnlichen Bürger jeglichen Geschlechts regelmäßig deshalb keine Rolle, weil er nur *die* Steuern kennt und dabei durchgängig einzig und alleine an *eine* denkt: an die Lohn- bzw.

Einkommensteuer.[109] Deren Anteil am Gesamtsteueraufkommen beträgt derzeit rund 33 Prozent; demgemäß wird die öffentliche Steuerdebatte hierzulande geradezu ausnahmslos auf Basis der Logik »ein Teil ist das Ganze, 33 = 100« geführt, wie ebenfalls noch zu zeigen sein wird (in Kapitel 11).

Reaktion erfolgreicher Politiker:innen

Die Schwarze Null ist folglich im Wahlvolk ziemlich gut begründet. Demgemäß verkündet Bodo Ramelow von der Partei »Die Linke« in seiner Antrittsrede als thüringischer Ministerpräsident zu diesem Thema genau dasselbe wie Bundeskanzlerin Angela Merkel von der CDU wenige Wochen später in ihrer Neujahrsansprache, nämlich eine Politik der strikten Haushaltsdisziplin verfolgen und demgemäß ohne neue Schulden auskommen zu wollen. Und die Grünen und die SPD? »Ministerpräsident Wilfried Kretschmann (Grüne) hält nichts davon, die Schuldenbremse für die Länder zu lockern«, meldet Die Welt.[110] Schließlich will auch er wiedergewählt werden; da verbietet sich jedes Schuldenmachen, erst recht im Schwabenland; sobald er die Schuldenbremse auch nur in Frage stellt, hat er schon verloren.

Und die SPD, in ihrem (ehemaligen) Stammland NRW z. B.? Sie wird nicht müde, genau dasselbe zu versichern. Sodann die kurzzeitigen Jamaika-Koalitionäre, also CDU, CSU, Grüne und FDP: An der Schwarzen Null sind sie nicht gescheitert, ganz im Gegenteil: »Alle für schwarze Null«, »(i)n der Haushaltspolitik haben sich die Streithähne überraschend schnell geeinigt. Obwohl die schwarze Null bei den Grünen nicht gerade populär ist, bekennen sich nun alle zum Ziel, keine neuen Schulden aufzunehmen«, meldet die Tagespresse schon in den ersten Tagen der Sondierung.[111] Sogar für eine Differenzierung zwischen einer Schuldenbremse für den Bund (begrüßenswert, weil der Bund den Zugriff auf die einträglichen Steuerarten hat) und die Länder (abzulehnen, weil den Ländern dieser Zugriff fehlt, so dass sie nur mit der Vernachlässigung ihrer Aufgaben reagieren können) gibt es keine Grundlage. Das ist nämlich schon zu kompliziert. Alle entscheidenden Landes- und Bundespolitiker haben das erkannt und sich dazu bekannt.

In gewöhnlichen Zeiten ist die Schuldenbremse demnach zwar nicht in der praktischen Politik, wohl aber in der deklamierten, programmatischen politischen Auseinandersetzung ziemlich gut geschützt.[112] Jene überwiegend sich links-alternativ verstehende Nebenstrom-Ökonomen, die den Kampf gegen die Schwarze Null auf ihre Fahnen geschrieben haben, gleichen eher einsamen Rufern in der Wüste als erfolgreichen Kämpfern. Die Umverteilungswirkungen ihrer propagierten Verschuldungspolitik übersehen sie. Im Ergebnis – und das zählt – lenken diese Ökonomen widersinnigerweise von der Notwendigkeit einer aufgaben- und leitungsfähigkeitsgerechten Besteuerung genauso ab wie jene Kollegen, die sie so heftig kritisieren, wenn sie ihre Kollegen und Kolleginnen nicht sogar wie Heiner Ganssmann als »lauter schwarze Nullen« verspotten: B ersetzt bzw. verdrängt A, wie zu Beginn von Kapitel 6 dargelegt, und zwar in beiden Konzepten, dem kritisierten Konzept des Mainstreams genauso wie dem seiner Kritiker im Seitenarm.

Tatsächlich gilt es jedoch zu erkennen, dass nicht die schuldenfreie Schwarze Null das Problem darstellt, sondern ihre derzeitige, einseitig einnahmebestimmte Lage tief unten im ökonomischen Keller. Dabei gilt es zu verbreiten, dass es der einseitig interessenbeladene, permanente staatliche Einnahmeverzicht ist, der aufgegeben werden muss: Tatsächlich gilt es zu erkennen, dass es eine weder sach- noch leistungsfähigkeitsgerechte Besteuerung ist, welche die Gesellschaft mit mangelhaften Investitionen in wichtigen Bereichen steuerlos zurücklässt.

Die »Menschen draußen im Lande« spüren es also durchaus richtig, wenn sie die alternativökonomische, vulgärkeynesianische Botschaft von den guten Staatsschulden à la Krugman, Ganssmann, Dgb u.a. nicht zur Kenntnis nehmen. Reinhold Hedtke stellt verwundert fest: »Die Deutschen sind ökonomisch dumm, aber erfolgreich, wenn man Einkommen, Vermögen, Arbeitslosigkeit, Produktivität oder Exportüberschüsse als Maßstab gelten lassen will. Seltsam. Mag sein, dass die Deutschen ihre Zeit nicht mit dem dummen Wissen verschwenden, das ihnen manche Ökonomen aufdrängen wollen.«[113] Im Übrigen war es schon Paul Feyerabend aufgefallen: Die Unkundigen sind mitunter die besseren Experten.[114]

Überhaupt: Wie viel Expertentum ist erforderlich, um zu erkennen, dass ein Schuldner nicht über seinen Gläubiger bestimmen kann und dass demzufolge nur ein Staat, der nicht selber als Schuldner dem Finanzmarkttreiben unterworfen ist, dem Treiben eben dieser Finanzmärkte jene Regeln und Grenzen setzen kann, die zwingend geboten sind und mit großen Mehrheiten gefordert werden? Wie viel Expertentum braucht's für die Erkenntnis, dass ein Gesteuerter einen schlechten Steuermann gibt? Auch wenn der Staat kaum je der bessere Unternehmer ist, so ist er es doch, der, wenn überhaupt, den besseren Ordner bzw. Kontrolleur stellt. Wer, wenn nicht er?

Dass es im politischen Alltagsgeschäft für Politiker:innen viele überaus praktische Möglichkeiten gibt, Schuldenbremsen heimlich zu umgehen, z. B. durch die skandalösen Finanzierungen in so genannten öffentlich-privaten Partnerschaften, durch Auslagerungen in Schattenhaushalte, irreführenderweise »Sondervermögen« genannt, durch Privatisierungen, notfalls auch durch offen ausgewiesene Neuverschuldung als Notmaßnahme, sei sie tatsächlich krisenbedingt oder nur behauptet, steht der vorangegangenen Feststellung nicht entgegen. Der Berliner Senat plant eine Landesgesellschaft für Schulneubau, »um künftig die Schuldenbremse umgehen zu können«, liest man ganz unverblümt in der Lokalpresse.[115] Diese Möglichkeiten sind jedoch ein Thema für sich.

Abschließend eine auf den ersten Blick womöglich (bloß?) pädagogisch anmutende Frage: Wie will man eigentlich junge Menschen dazu anhalten, solide und umweltbewusst zu wirtschaften, wenn der Staat sogar in Zeiten andauernd guter Konjunktur dazu aufgerufen wird, sich zu verschulden? Nehmen wir doch zur Kenntnis, dass der sogenannte *Gemeine Wähler* klare Vorstellungen davon besitzt, was die Grundlage von Staat und Gesellschaft bildet: Arbeit & Rechtschaffenheit, Steuern & Beiträge. Schuldenmachen gehört nicht dazu. Ob privat oder vom Staat, spielt für den gemeinen Wähler jeglichen Geschlechts keine Rolle.

Wie man sich als Kanzler empfiehlt

So wundert es nicht, dass noch lange über sein Ausscheiden aus dem Amt des Bundesfinanzministers hinaus der Vater der seit grauen, keynesianischen Vorzeiten erstmals wiedererreichten Schwarzen Null, Wolfgang Schäuble, der Kassenwart von der einen Partei, in allen Umfragen der mit Abstand beliebteste Politiker im ganzen deutschen Land war. Erst im Juni 2018 wurde er in dieser Position von Olaf Scholz abgelöst, seinem Amtsnachfolger aus der anderen Partei.

Warum und warum gerade dann? Die Antwort liegt auf der Hand: Scholz hatte es soeben Schäuble nachgemacht und eine Schwarze Null in den Haushalt eingebracht. Die hier erworbene Beliebtheit hat ihn alsbald sogar – zur allgemeinen Überraschung – bis ins Kanzleramt getragen. Seine Kanzlerschaft an der Spitze seiner selbsternannten »Fortschrittskoalition« scheiterte jedoch vorzeitig an Haushaltsfragen, das Geld reichte vorne und hinten nicht. Fortschritt kostet! Das hatten die Koalitionäre übersehen. Die Lehre, welche sie mehrheitlich daraus gezogen hatten, ist eine verzweifelte: Der Staat muss sich kräftig verschulden! Um sich wenigstens trotz der Niederlage als staatstragend zu profilieren, erklärten sie sich – mit Ausnahme der FDP, der eingefleischten, orthodoxen Spar-Partei – dazu bereit, die nachfolgende Regierung mit erheblichen finanziellen Mitteln, dem Kredit über 1.000 und mehr Milliarden Euro, auszustatten, damit deren Scheitern nicht vorbestimmt ist wie das ihrige. Am Geld soll's nicht wieder scheitern – die Angst vor dem Aufstieg der Partei mit der Alternative im Namen schmiedet eine ungewöhnliche Koalition der Verschulder.

Und so wurde Olaf Scholz abgelöst von Friedrich Merz, er nun wieder von der einen Partei, derselben wie Wolfgang Schäuble. Buchstäblich bis zum Beginn der vorgezogenen Bundestagswahl hatte Friedrich Merz zwar noch hoch und heilig versprochen, er werde die Schuldenbremse nicht anrühren – um sofort nach der Wahl in bislang ungekannter Dreistigkeit jene neue Verschuldung in bis dato unbekannter Dimension als Grundlage des noch zu erarbeitenden Regierungsprogramms auszurufen, die den Anlass für diese Schrift bildet. Friedrich Merz wird gewusst haben, warum es ratsam war, seine Wähler:innen bis zur letzten Minute zu täuschen.

Die Getäuschten reagierten darauf auf ihre Art; teils mit Resignation, teils mit Empörung, teils mit Verbitterung und dem festen Entschluss, beim nächsten Mal der neuen, alternativen Partei eine Chance zu geben. Wie der Tagespresse zu entnehmen ist, hatte diese rechts außen angesiedelte Partei keine vier Wochen nach dem Wortbruch des Friedrich Merz die Kanzlerpartei in der Wählergunst überholt und sich zur beliebtesten aller deutschen Parteien entwickelt! Von nichts kommt nichts; neue Staatsverschuldung wird von der Mehrheit der Wähler:innen nun mal einfach nicht geschätzt. Dieser Befund ist eindeutig.

Aber: Kein Geld ist auch keine Lösung

Leben mit dem Steuer-Tabu, dem unbekannten Wesen

Soziale Prozesse sind selten widerspruchsfrei, sozialwissenschaftliche Erkenntnisse daher nur selten ohne Ausnahmen erhältlich. So auch hier. Das immer häufigere, offenkundige, klägliche Versagen des untersteuerten Staates, seiner Gliederungen und Organe, elementare, staatseigene Aufgaben ordentlich zu erfüllen und notfalls soziale Ausweichlösungen anzubieten, lässt die Zahl derer wachsen, die an ihrem Staat verzweifeln. Zur Behebung seiner offenkundig chronischen Steuerschwäche kommt für sie sogar auch neue Verschuldung in Betracht.

Diese Entwicklung, die im Gegensatz zum vorangehenden Befund steht, sei an einem hochexemplarischen Fall aus jüngster Zeit dargestellt, dem Einsturz der Carola-Brücke im September 2024 mitten in Dresden. Der Wiederaufbau kostet Millionen. Die hat Dresden genauso wenig wie Stuttgart, München oder Köln; der Präsident des Deutschen Städtetages warnt eh schon vor einer »völligen Überlastung«[116] der kommunalen Haushalte bundesweit.

Und so liegt das Brückenwrack unberührt in der Elbe und erinnert die Dresdener und ihre Gäste alltäglich an ein katastrophales Staatsversagen sowie an Gefahren, denen sie im öffentlichen Raum hilflos ausgesetzt sind. Der Beginn für den Wideraufbau ist für 2027 geplant, aber Stadtrat Veit Böhm, Sprecher für Umwelt- und Verkehrspolitik und selbstständiger Sachverständiger, rät, man solle wohl eher von 2030 reden. Jedoch: »Planer halten auch das für übertrieben optimistisch.«[117] Zum Vergleich: Die spektakulär eingestürzte Autobrücke über Genua wurde innerhalb von zwei Jahren wieder aufgebaut. »Und das in Italien!«, raunen ungläubig beeindruckte Zeitgenossen. Verzweiflung über den deutschen Staat in seiner offensichtlichen Unfähigkeit auf ureigenem Aufgabengebiet breitet sich aus – nicht nur in Dresden.

Was also tun? Ohne Einnahmeverbesserungen bleiben nur Sparen und/ oder Verschulden. Da die Dresdner sich einen ausgeprägten Verschuldungsgegner, einen FDP-Politiker, zu ihrem Oberbürgermeister gewählt haben, bleibt sogar Sparen alleine übrig. Also hat die Dresdner Stadtverwaltung eine lange Liste der Grausamkeiten zusammengestellt. Ihr Schwerpunkt liegt bei Kürzungen im Sozialbereich und bei der Daseinsvorsorge, so z. B. Kürzungen bei Jugendtreffs, im stadteigenen Nahverkehr (darunter die Streichung einer Elbfähre – auf den Wegfall einer Brücke reagiert die Verwaltung mit der Streichung einer Fähre!), bei Kitas (und weil man schon mal dabei ist, werden deren Gebühren kräftig angehoben gemäß dem Motto »Weniger Leistung, dafür teurer«!), an Schulen und ihrer Versorgung mit Lehrkräften (heißt es nicht immer, Bildung sei der Schlüssel zu persönlichem und nationalem wirtschaftlichen Erfolg?) und mancherlei mehr. Die altbekannte Regel kommt wieder einmal voll zum Einsatz: Bei den Armen spart der arme Staat/die arme Stadt zuerst.

Dass derartige Entwicklungen immer mehr Bürger:innen an der Sinnhaftigkeit öffentlicher Sparpolitik zweifeln lässt, ist naheliegend, um nicht zu sagen gesetzmäßig: Das Vertrauen in den Staat entsteht im Alltag; daselbst wird es auch zerstört. Dass daher immer mehr Dresdner zwecks Wiederaufbau ihrer Brücke notfalls Kreditaufnahmen befürworten, ist zu erwarten, verständlich und richtig. Schließlich ist Verschulden & Investieren besser als reines, schwarznulliges Sparen, zumal reines Sparen auf Dauer regelmäßig selber in die Verschuldung führt, nämlich zu der Kombination »Sparen & Verschulden«, wie in Kapitel 3 ausgeführt.

Insoweit schwindet also die Abneigung der Bevölkerung gegen öffentliche Verschuldung. Hinzukommt, dass die prägenden Erfahrungen mit der Hyperinflation in den 1920er Jahren nicht mehr persönlich-familiär vermittelt werden, sondern nur noch sachlich-abstrakt aus der Geschichte, wie sie in Lehrbüchern, vereinzelt auch in TV-Sendungen, im Schulunterricht u. ä dargestellt wird. In der jungen Generation sinkt deshalb ebenfalls die spezifisch deutsche Vorsicht vor der Inflation als Folgeerscheinung öffentlicher Verschuldung – die lebendige, unmittelbare Anschauung schwindet im Zeitenlauf. Mangels eigener Erfahrungen sind junge Menschen daher eher anfällig für die verheißungsvolle Irrlehre der sich selbst finanzierenden Staatsverschuldung; alt gewordene Menschen dagegen brauchen die Folgen gar nicht mehr zu fürchten, können sich aber an beschleunigt wiederaufgebauten Brücken noch erfreuen.

Außerdem kommen jene zunehmend hörbaren Lobpreisungen der öffentlichen Verschuldung hinzu, die widersinnigerweise gar nicht von ihren wirklich Begünstigten, den Vermögenden, verbreitet werden, sondern von Neo-, Links- und Ökokeynesianern sowie all jenen, die ihnen in Wissenschaft und Politik, Wirtschaft, Journalistik und in der Bildung gutgläubig folgen. Dies gilt besonders für aufgeschlossene, gesellschaftspoltisch interessierte junge Menschen: Der Mensch kommt unwissend auf die Welt; er muss zunächst rein alles glauben. Schüler und Studenten (m/w/d) lassen sich daher noch relativ leicht überzeugen, gerne auch von selbst getäuschten Lehrkräften und Vorbildern aller Art.

Aus all diesen Gründen setzen auch die vermehrt verbreiteten Lobeslieder auf »moderne Verschuldungspolitik« (exemplarisch: Die Modern (sic!) Monetary Theory, s. u. Kapitel 13) der Ablehnung staatlicher Verschuldung in der Bevölkerung zu. Und zwar tun sie dies

- einerseits durchaus zu recht, eben weil, um es nochmals zu betonen, Verschulden & Investieren tatsächlich besser sind als reines, schwarznulliges Sparen,
- andererseits sowie letztlich entscheidend: zu Unrecht, weil wieder einmal außer Betracht bleibt, dass »besser« hier schlechter ist als gut, eben nur besser als ganz schlecht.

Diese Erkenntnis aber geht unter, weil die gute Lösung mit dem wirkungsvollsten Tabu belegt ist, das derzeit in Deutschland existiert: dem *Steuer-Tabu*, einem Exemplar, das komplett im Dunkeln lebt wie die unbekannten Lebewesen der Tiefsee. Dieses Tabu existiert unbemerkt, unbekannt und bislang unbenannt – oder kennt jemand jemanden, der's gesichtet, von ihm berichtet, gar seinen Namen genannt hätte?

Fazit: Trotz alledem wird Verschuldung durchweg abgelehnt
Über die volkseigene Art der Erkenntnisgewinnung

Die soeben geschilderten Entwicklungen setzen der allgemeinen Ablehnung öffentlicher Verschuldung zu und schwächen sie ab. Aber sie verzehren sie nicht. Außerdem wird die Vorstellung von der guten, der wünschenswerten Staatsverschuldung am laufenden Band durch alarmierende Meldungen »Aus aller Welt« konterkariert; Berichte über die bedrohlichen Haushaltslagen in Frankreich und Italien, in Brasilien und Argentinien, in Süd-Afrika und China, last not least in den USA begegnen jedem Zeitungsleser, Nachrichtenempfänger und Mediennutzer auf Schritt und Tritt. Diese Nachrichten aber klingen andauernd ungut:

- In der EU-Hauptstadt Brüssel weiß man nicht, »wie die existenzgefährdende Verschuldung in den Griff zu bekommen ist«[118]; währenddessen ist »(d)er französische Staatshaushalt dramatisch aus den Fugen geraten. Der Ministerpräsident wiederholt bei allen seinen Auftritten, Frankreich stehe ›am Abgrund‹, ein ›Damoklesschwert‹ hänge über seinen Kindern und Enkeln«.[119]
- »Allein die USA, der größte Schuldner der Welt, haben ihre Schulden seit 2000 mehr als verdreifacht und mussten im vergangenen Jahr über eine Billion Dollar an Zinsen zahlen. Die IWF-Chefin, Kristalina Georgiewa,

warnt: Unsere Prognosen deuten auf eine unerbittliche Kombination aus niedrigem Wachstum und hoher Verschuldung hin. Auf uns wartet eine schwierige Zukunft.«[120]

- »Seit 1990 hat sich die Verschuldung der Industrienationen, gemessen am BIP, knapp verdoppelt. Mit jedem weiteren Staat, der unter die Kreditsüchtigen geht, wächst das Risiko einer Weltschuldenkrise.«[121]
- usw.

Im Laufe ihrer Leben gewinnen die Bürger und Bürgerinnen daher regelmäßig genügend eigene Erfahrungen mit einem Staat, dem das Geld ausgeht. Nebenher bekommen sie am laufenden Band Berichte darüber, wie es ihresgleichen in anderen, verschuldeten bzw. untersteuerten Staaten ergeht, nämlich: Nicht gut. Immer wieder ist ihnen vor Augen geführt worden, dass der arme Staat zuerst bei den Armen spart.

Diese Erfahrungen bleiben auf Dauer nicht ohne Wirkung. Um es zu wiederholen: Friedrich Merz wird gewusst haben, warum er sich bis zum Tag der Bundestagswahl als eiserner Verfechter von Schuldenbremse und Haushaltsausgleich präsentiert hat. Und die AfD wird gewusst haben, warum sie im Parlament geschlossen gegen die große Neuverschuldung gestimmt hat: Die Mehrheit der Wähler:innen wollte keine neuen Schulden.

Bürger und Bürgerin sind letztlich mit stabiler Mehrheit wie eh und je bestrebt, Schulden zu meiden, wo immer es geht. Also privat genauso wie im Staat. Im kurzen Schluss vom eigenen Portemonnaie auf's staatliche Budget sehen sie die lebenserfahrene Begründung für ihre Sicht der Dinge. Das ist zwar nicht ganz richtig, weil der Staat nach anderen Regeln zu wirtschaften hat als der private Haushalt, wie wir gesehen haben. Aber letztlich stimmt's dann ja doch wieder.

Tucholsky hat diese eigentümliche, außerhalb wirtschaftswissenschaftlicher Erkenntnisse gewissermaßen im volkseigenen Betrieb gewonnene Art der Erkenntnisgewinnung wie folgt beschrieben: »Das Volk versteht das meiste falsch; aber es fühlt das meiste richtig.«[122]

Anmerkungen zu Kapitel 9

107 Mit der über weite Strecken sachwidrigen Ausrichtung des Schulunterrichts und seinen Hintergründen habe ich mich an anderen Stellen systematisch auseinandergesetzt, so namentlich in Axel Stommel, Handlungsorientierter und traditioneller Unterricht – Aus dem Labyrinth der Unmittelbarkeit, Rinteln 1995, Axel Stommel/Margot Stommel, Betong oder die orthografische Standortsicherung – Deutschland, deine Rechtschreibung, Hamburg 1998, sowie Axel Stommel/Margot Stommel, Vom Lehren in Zeiten der Leere, 2 Bände, Darmstadt 1998.
Die Direktbank *ING DiBa* sowie die *Zeit*-Akademie der gleichnamigen Wochenzeitung nehmen das ökonomische Vakuum des Schulunterrichts zum Anlass, um gemeinsam einen Video-Ratgeber »Das Einmaleins für Ihre Finanzen« wahlweise als DVD- oder als Online-Seminar auf den Markt zu bringen. (S. Die Zeit vom 14.6.2018, S. 12.) Dies ist eine weitere, subtile Form der in Kapitel 7 beschriebenen Indienstnahme des untersteuerten Staates für private Interessen.

108 Quelle: Befragung der Friedrich-Ebert-Stiftung zur »Zukunft des Wohlfahrtsstaates«, wiedergegeben in: Steffen Mau/Jan-Ocko Heuer, Wachsende Ungleichheit als Gefahr für nachhaltiges Wachstum – Wie die Bevölkerung über soziale Unterschiede denkt, herausgegeben von der Friedrich-Ebert-Stiftung, Bonn 2017, S. 10. (Lediglich 20 % befürworten weitere Kreditaufnahmen, 3 % äußern keine Meinung.)

109 Diese Feststellung gilt übrigens für Wirtschaftswissenschaftler und Wirtschaftsberater genauso: Selbst Ökonomie-Nobelpreisträger vom Format des Joseph Stieglitz und höchste Berater der DGB-Gewerkschaften wie Dierk Hirschel reden und schreiben ständig völlig undifferenziert von bzw. über »*die* Steuern«. Eine Unterscheidung in Steuern für Vermögende (Erbschaft-, Schenkungs- und Vermögensteuer z. B.) und Steuern für Unvermögende (Umsatz- und Verbrauchsteuern, Grundsteuer z. B.) mit ihren konträren wirtschafts- und sozialpolitischen Wirkungen kommt ihnen nicht in den Sinn, also erst recht nicht über die Lippen.

110 Vom 16.9.2014.

111 So die taz/die tageszeitung gleich zu Verhandlungsbeginn am 24.10.2017 sowie die Berliner Zeitung zum Verhandlungsende am 18.11.2017. Bekanntlich kam es am Ende jedoch zu einer Neuauflage der Großen Koalition, in der nun allerdings die SPD den Finanzminister stellt – in diesem Punkt ohne jede Auswirkung: »Der neue SPD-Finanzminister Scholz setzt auf die schwarze Null – wie sein Vorgänger Schäuble.« (Süddeutsche Zeitung vom 3.4.2018, S. 17.)

112 Zwar mag zutreffen, dass der Begriff »Schuldenbremse« in den 40er Jahren des vergangenen Jahrhunderts in der ultraliberalen, heute würde man sagen: in der libertären Mont-Pélerin-Gesellschaft (James Buchanan, Friedrich von Hayek u. a.) eingeführt worden ist, um die Staatsausgaben unabhängig vom gesellschaftlichen Bedarf zu begrenzen, den Staat ganz allgemein zurückzudrängen, respektive auszuhungern, wie es die Tea-Party-Anhänger später offen fordern (»Starve the beast!«). Deswegen den griffigen Terminus »Schuldenbremse« bedingungslos abzulehnen bedeutet jedoch, das Kind mit dem Bade auszuschütten. Eine Schuldenbremse *auf der Höhe der gesellschaftlich erforderlichen Ausgaben* zu fordern ist vielmehr schon rein

logisch zwingend, weil ansonsten Verschwendung gutzuheißen wäre. An die Ausführungen zur aufgabenbestimmten Null in Kapitel 1 sei erinnert.

113 Reinhold Hedtke, Keine Ahnung von Wissen, veröffentlicht am 18.3.2013 bei der Initiative für eine bessere ökonomische Bildung (iboeb), https://www.iboeb.org/keine-ahnung-von-wissen.

114 S. Paul Feyerabend, Wider den Methodenzwang, Frankfurt/M. 1986.

115 Berliner Zeitung vom 2.3.2017.

116 So Saskia Aleythe/Julius Selbt, Kann das weg?, in: Süddeutsche Zeitung vom 29.3.2025, S. 30. Der Darmstädter Oberbürgermeister … warnt, der Straßenbau und der Kulturbetrieb könnten … zum Erliegen kommen.« (The Pioneer – Hauptstadt: Das Briefing vom 7.4.2025.)

117 So die Süddeutschen Zeitung vom 7.4.2025, S. 9.

118 Josef Kleinberger, Wir fahren Brüssel vor die Wand, in: Süddeutsche Zeitung vom 17.4.2025, S. 7.

119 Süddeutsche Zeitung vom 10.8.2024, S. 6.

120 The Pioneer vom 5.4.2025, https://news.thepioneer.de/online.

121 The Pioneer vom 18.3.2025, https://news.thepioneer.de/online.

122 https://www.aphorismen.de. Hinzukommt, dass unsere Wirtschaftswissenschaften selber gar keinen Rat zu geben imstande sind. Dort nämlich herrscht regelmäßig Uneinigkeit über grundlegende Fragen. Die Frankfurter Allgemeine Zeitung berichtet: »Schon bei der Frage, ob es sinnvoll ist, die Mittel aus nicht genutzten Kreditermächtigungen über einen Nachtragshaushalt dem Klima- und Transformationsfonds zur Verfügung zu stellen, sind sich die Ökonomen uneins. 39 Prozent bewerten dies ›eher positiv‹ oder ›sehr positiv‹, 16 Prozent entschieden sich für ›neutral‹ und 40 Prozent für ›eher negativ‹ oder ›sehr negativ‹.« Und weiter, z. B.: »40 Prozent bewerten eine Anhebung der Lohnuntergrenze ›sehr positiv‹ oder ›eher positiv‹. Sie erwarten, dass die Verteilungseffekte nicht mit einem Verlust an Arbeitsplätzen erkauft werden. Genau das befürchten jedoch die 49 Prozent, die als Bewertung ›sehr negativ‹ oder ›eher negativ‹ ausgewählt haben.« (Frankfurter Allgemeine Zeitung vom 21.12.2023, S. 17.) Der Sachverhalt erklärt, nebenbei bemerkt, warum man ausgebildete Ökonomen nicht als Wirtschaftsminister gebrauchen kann (s. Kapitel 11, Anm. 8). Die Bedeutung der ach so gepflegten Wirtschaftwissenschaften liegt weniger auf wirtschaftspolitischem oder -theoretischem Gebiet als auf ideologischem (→*Basic 17E*).

10
Umverteilung innerhalb und zwischen den Generationen
Ermittlungen im Quellgebiet der staatsschuldenbasierten Umverteilung

Die Finanzierung regulärer Staatsaufgaben über Kredite ersetzt leistungsfähigkeitsgerechte, mithin progressive Besteuerung im Umfang der aufgenommenen Schulden. Progressiv ist eine Besteuerung, wenn der Steueranteil an Einkommen und Vermögen mit wachsender Leistungsfähigkeit der/des Besteuerten zunimmt. Progressiv, wenn auch nur verhalten, ist demnach zum Beispiel die Einkommensteuer im Bereich zwischen dem Grundfreibetrag und dem Spitzensteuersatz (→*Basics 7, 8*).

Hier soll es darum gehen, näher zu betrachten, wie Kreditfinanzierung in erster Linie diejenigen entlastet, die an der Spitze der Einkommens- und Vermögenspyramide stehen, und ihnen zugleich gute Anlagemöglichkeiten bietet. Beides sind schwere Nachteile mit weitreichenden Folgen für Wirtschaftskreislauf, Finanzsektor, soziale Stabilität und gesellschaftliche Steuerungsfähigkeit. In diesen Sätzen lassen sich wichtige Ergebnisse der vorangegangenen Untersuchung zusammenfassen.

Soweit staatliche Verschuldung in der allgemeinen, öffentlichen Diskussion beklagt wird, wird jedoch regelmäßig über etwas ganz anderes geklagt, nämlich darüber, dass Staatsschulden die nachfolgenden Generationen belasten. Diese Klage ist sogar ein Gemeinplatz, gilt als Binsenweisheit.

Es lohnt sich, der Klage nachzugehen, den Gemeinplatz aufzusuchen und die Binse aufzuschnüren. Was ist dran an der behaupteten Lastenverschiebung? Schon nach kurzer Wegstrecke, gleich hinter dem übernächsten Absatz, entpuppt sich die Behauptung als Ausfluss einer naheliegenden, halben und insofern besonders heimtückischen Wahrheit. Damit wird sie zu einer klassischen Irrlehre. Begeben wir uns also entschlossen auf die Suche nach dem Ganzen.

Zahlungen verschwinden nicht im Schwarzen Loch: *Zahlungsausgänge = Zahlungseingänge*

Die Zins- und Tilgungszahlungen des Staates verschwinden nicht in einem Schwarzen Loch. Vielmehr überweist der Staat im Rahmen seines Schuldendienstes Teile seiner Steuer- und sonstigen Einnahmen an seine Kreditgeber, und zwar ohne weitere Umstände, d. h. umgehend, wort- und klaglos. Als umstandslose Verwaltungspraxis treten diese Überweisungen nicht öffentlich in Erscheinung, werden folglich auch nicht öffentlich wahrgenommen. Gleichwohl gilt für jede dieser Zahlungen:

Zahlungsausgänge = Zahlungseingänge, speziell:

Zins- u. Tilgungszahlungen des Staates aus Steuer- und sonstigen Einnahmen = *Zins- und Tilgungsgutschriften des Staates auf den Konten der Kreditgeber.*

Tatsächlich handelt es sich bei den Gleichungen lediglich um besondere Ausprägungen der bereits erwähnten ökonomischen Grundgleichung, die da lautet: Vermögen (der/des einen) = Schulden (der/des anderen). Sie ist hier lediglich besser anders herum zu lesen als Schulden = Vermögen.[123]

Mit Hilfe der staatlichen Verwaltung werden also ständig geräuschlose, nicht ersichtliche Umverteilungsprozesse mit einer ganz bestimmten Ausrichtung vollzogen:

- *weg von* den vielen Schuldnern des Kredits, welche die Mittel für die Tilgung und Verzinsung der Schulden über ihre Steuern und sonstige Abgaben laufend bereitstellen – also weg von den vielen Staatsbürgern,
- *hin zu* den wenigen Kreditgebern des Staates, welche den Rechtsanspruch auf Tilgung und Verzinsung der Kredite vertraglich erworben haben – also hin zu den vermögenden Gläubigern.[124]

Um eine alte Weisheit der Börsianer zu bemühen: Das Geld ist nicht verloren, es liegt jetzt nur auf anderen Konten. Dabei entspricht die Summe der Belastungen durch Zins- und Tilgungszahlungen zu jedem Zeitpunkt auf den Cent genau der Summe der Begünstigungen durch Zins- und Tilgungsgutschriften:

Belastungen = Begünstigungen.

Diese Gleichung wird solange laufend erfüllt, bis die Kredite getilgt sind. Und weil Staatskredite de facto ständig erneuert werden, finden diese einseitig ausgerichteten Umverteilungen zeitlich unbegrenzt statt, gewissermaßen immer und ewig.[125] Die offizielle Defizit-Grenze der EU von 60 Prozent des Bruttoinlandsprodukts z. B., die im Übrigen regelmäßig, teilweise geradezu maßlos überschritten wird, beinhaltet eine ständig erneuerte sowie – mit wachsendem Bruttoinlandsprodukt – eine ständig absolut wachsende Staatsverschuldung.

Das aber heißt im Ergebnis: Staatsschulden verursachen *zwei* Umverteilungswirkungen

- eine im Verhältnis *zwischen* den Generationen (die intergenerative) sowie
- eine im Verhältnis *innerhalb* der jeweiligen Generationen (die innergenerative).

Dadurch, dass sie regelmäßig erneuert werden, verpflichten die Schulden von heute künftige Generationen schon heute dazu, künftig genau dasselbe zu tun wie ihre Vorfahren, die Heutigen, nämlich beständig innerhalb ihrer eigenen, künftigen Generation umzuverteilen – weg von den vielen steuerzahlenden Schuldnern, hin zu den wenigen kreditgebenden Gläubigern. Deshalb kurz: Die Schulden des Staates schreiben die Umverteilungsprozesse von unten nach oben innerhalb der jeweiligen Generationen fest und fixieren sie in erheblichem Ausmaß über Generationen hinweg.[126]

Die Belasteten erscheinen als Begünstigte: *Von der besonderen Heimtücke halber Wahrheiten*

Von genau diesem Sachverhalt andauernder Umverteilung innerhalb jeweiliger Generationen lenkt die scheinbar selbstverständliche Vorstellung von der Belastung lediglich künftiger Generationen durch heutige Schulden ab, mehr noch: Die Vorstellung blendet die je gegenwärtigen Umverteilungsprozesse aus und lässt die Tatsachen hinter einer anderen, emotional ergreifenden Erzählung verschwinden.

Als Folge der Vorstellung von den Staatsschulden lediglich als Last künftiger Generationen erscheinen nämlich diejenigen, die heute schon im Ausmaß ihrer Besteuerung an den Zins- und Tilgungslasten beteiligt sind, plötzlich als Begünstigte, genauer: als Nutznießer einer säkularen, sprich ewigen Schuldenpolitik erscheinen, einer Politik also, die sie vermeintlich zu einem erheblichen Teil auf fremde Kosten leben lässt, obendrein ausgerechnet auf Kosten ihrer eigenen Kinder und Kindeskinder. Belastete als Begünstigte, als Nutznießende zumal ihrer eigenen Nachkommen: Die Verhältnisse erscheinen reichlich verkehrt, und zwar in des Wortes ursprünglicher Bedeutung – upside down, wie es im Englischen heißt.

Hinzu kommt, dass es allen rechtschaffen Denkenden sowie all jenen, die sich selber achten, ausgesprochen peinlich ist, auf ihrer Kinder und Kindeskinder Kosten zu leben. Wer mag so etwas hören, wer will sich so etwas eingestehen?

Aus diesem Grund plagt die Belasteten, denen der Glaube eingeredet wird, sie wären die Begünstigten, ein schlechtes Gewissen. Sie müssen sich als arme Sünder begreifen. Von all dem zu reden ist ihnen, den gewöhnlichen, steuerzahlenden Bürgern und Bürgerinnen, ziemlich unangenehm. Außerdem verbietet ihnen ihre materielle Lage tatsächlich zu einem großen Teil, Abhilfe in Gestalt erhöhter Steuern zu verlangen. Hinzu kommt, dass ihnen durchweg nicht geläufig ist, dass es auch so etwas wie Steuern nur für Vermögende gibt, die StV im Gegensatz zu den Steuern für Unvermögende, den StUV gemäß Kapitel 4. Also fordern sie als arme Sünder auch nichts dergleichen, schweigen lieber betreten und schauen schlechten Gewissens weg – Unangenehmes verdrängt man bekanntlich gerne.

Außerdem trifft ökologisch zu, was ökonomisch grundfalsch ist, nämlich dass wir in den entwickelten Ländern des Nordens, wenn auch in unterschiedlichem Ausmaß, so doch insgesamt geradezu ausnahmslos über unsere Verhältnisse leben (Arme weniger, Reiche umso mehr[127]). Das durch die Grenzen der Natur bestimmte Ökologische vom Ökonomischen an diese Stelle sauber zu trennen und sachgerecht zu bedenken, ist ohne ökonomische Basiskenntnisse kaum möglich.

Allgemein verbreitetes, betretenes, wortloses Ausweichen ist deshalb eine weitere, gleichsam natürliche, menschliche Reaktion; das gesamte Themenfeld »Steuern und Staatsschulden« wird nicht weiter bedacht, sondern weitgehend unbewusst, aber trotzdem strikt gemieden und beschwiegen, wo immer es möglich ist. In diesem geistigen Vakuum lassen sich die in der staatlichen Verschuldung angelegten Umverteilungsprozesse, obwohl von vielen auf-, aber nur wenigen dargebracht, ungestört in aller Ruhe durchziehen.[128]

Einmal mehr zeigt sich: Halbe Wahrheiten sind die heimtückischsten unter allen Unwahrheiten. Denn gerade weil sie nichts als die reine Wahrheit enthalten, sind sie perfekt getarnt.

Ja, es ist wahr:

- Heutige Schulden belasten künftige Generationen (3).

Genauso wahr ist aber auch:

- Heutige Schulden, also die schon bestehenden und die neu hinzukommenden, belasten zunächst einmal die heutige Generation (1).
- In ein und demselben Akt begünstigen sie ein kleines Segment der heutigen Generation, nämlich die Empfänger der staatlichen Zins- und Tilgungszahlungen (2).
- Außerdem werden sie demnächst dasselbe Segment in künftigen Generationen begünstigen (4).

Die ganze Wahrheit besteht also aus vier Teilen, wobei die Teile (1) und (2) die vordringlichen, weil gegenwärtigen, sind. Die Teile (3) und (4) kommen später an der Reihe.

Ein einzelnes, zumal nachrangiges Teil herauszugreifen und als Einziges, folglich Ganzes hinzustellen, ist Desorientierung pur: Das Einzelne ist nicht das Einzige. Richtig ist vielmehr: »Das Wahre ist das Ganze.« Diese Feststellung stammt übrigens nicht aus der Bibel, sondern von Hegel.[129]

Zur Verbreitung der heimtückischen Lehre von der bloß intergenerativen Belastung

Der Sachverhalt wirft zwei Fragen auf:

1. Wer verbreitet die Halb-, genauer: die Viertelwahrheit von der Lastenverschiebung auf Kinder und Kindeskinder, obwohl es doch wahrlich nicht schwer ist, die Sache zu Ende zu denken und die ganze Wahrheit auszusprechen?
2. Warum bleibt das banale Wissen darum, dass Zahlungsausgänge immer auch Zahlungseingänge sind (ZA = ZE), beständig unbekannt?

Zur ersten Frage

Es sind die üblichen Verdächtigen aus Wissenschaft, Politik & Medien, ihre jeweils führenden Vertreter voran, welche die irreführende Botschaft laufend vorzugsweise beiläufig als vermeintlich pure Selbstverständlichkeit in der Öffentlichkeit platzieren. Als herausragende Beispiele seien zitiert

- jener Wirtschaftswissenschaftler, der sich hierzulande des mit Abstand höchsten Ansehens erfreut, also Hans-Werner Sinn: im Ökonomen-

Ranking der *Frankfurter Allgemeinen Zeitung* hat er jahrelang unangefochten Platz eins belegt, der britische *The Independent* hat ihn gar unter die zehn einflussreichsten Menschen eingereiht, welche die Welt im Jahr seines Berichts verändert haben,[130]

- Angela Merkel; vom US-Magazin *Forbes* ist die Kanzlerin gleich siebenmal hintereinander zur »mächtigsten Frau der Welt«, ergo zur einflussreichsten, ausgerufen worden,
- die *Neue Zürcher Zeitung* als Qualitätszeitung mit internationaler Geltung und besonderer, sprichwörtlich schweizerisch-solider Finanzkompetenz.

Nachfolgend die Expertisen dieser Spitzeninstitutionen.
a) Hans-Werner Sinn: »Mit den [Staats-]Schulden werden die zukünftigen Generationen be- und nicht entlastet.«[131] Man beachte die Worte: »Die« künftigen Generationen, also alle miteinander werden bei Sinn jeweils ausnahms- und unterschiedslos »be- und nicht entlastet«. Sie werden also gerade nicht zu einem Teil ausschließlich belastet und zu einem anderen Teil begünstigt, unter Umständen sogar extrem.

Tatsächlich sind aber beide Bewegungen bzw. Wirkungen zu erfassen, also zwei Bewegungen auf einmal, nicht nur eine. Solch gegenläufige, spiegelbildliche Beobachtung scheint den führenden deutschen Wirtschaftswissenschaftler (intellektuell? ideologisch?) zu überfordern, solch ein Zwei-auf-einmal muss ihm wohl analytisch zu komplex sein. Oder äußert sich der Vielgerühmte am Ende womöglich wider besseres Wissen? Sind ihm die Gleichungen »Zahlungsausgänge = Zahlungseingänge«, »Belastungen = Begünstigungen« wirklich unbekannt? Die Frage muss erlaubt sein, auch wenn sie nicht beantwortet werden kann. Denn niemand außer Hans-Werner Sinn selber kennt die Antwort, und er selber wird sie wohl kaum verraten. Denn das hätte keinen Sinn für ihn.

Dass sich diese Frage stellt, wird übrigens deshalb regelmäßig übersehen, weil die Behauptung von der einseitigen Belastung, wie gesagt, vorzugsweise *en passant* fällt, also lediglich im Vorübergehen – im vorliegenden Fall in einem Artikel über die Zukunft der EU: Das Augenmerk wird auf anderes gerichtet, das vermeintlich Selbstverständliche kann währenddessen unbemerkt, weil unbedacht passieren. Es handelt sich um einen altbewährten Trick der Zauberer auf den Jahrmärkten.

b) Angela Merkels schlichte Expertise lautet: »Deutschland hat seit vielen Jahren über seine Verhältnisse gelebt«; der Verzicht auf neue Schulden sei daher »der beste Beitrag zur Generationengerechtigkeit, den wir für die Jungen, die Kinder und Enkel leisten können«; ein ausgeglichener Haushalt sei »Generationengerechtigkeit pur«[132].

Was die Ex-Kanzlerin auf den ersten Blick durchaus an Zutreffendem zur Generationengerechtigkeit sagt, entwertet sie allerdings bei näherem Hinschauen durch die vorangestellte Sparsamkeitsdiagnose, eine Diagnose ganz nach Art der gerade auch von ihr gerne bemühten schwäbischen Hausfrau. Diese Diagnose orientiert auf reine Sparpolitik: Wer über seine Verhältnisse gelebt hat, muss sparen. Die Alternative, die Entwicklung des Landes mit sach- und leistungsfähigkeitsgerechten Steuern zu steuern, gerät dabei unbemerkt aus dem Blickfeld diskutabler, mehr noch: überhaupt bedachter, folglich auch nur denkbarer Alternativen.

Darüber wird sogar Angela Merkels zutreffende Aussage zur Generationengerechtigkeit falsch. Denn ein ausgeglichener Haushalt kann durchaus höchst ungerecht gegenüber kommenden Generationen sein. Das ist beispielsweise immer dann der Fall, wenn mangels hinreichender Investitionen die Infrastruktur zerbröselt, so dass unversehens ganze Brücken einstürzen und sich landesweit ein ungeheurer Investitionsbedarf auftürmt; es ist dann der Fall, wenn Schulen verrotten und die Unterrichtsqualität stetig sinkt, so dass 15 bis 20 Prozent der jungen Generationen kaum noch in moderne Arbeitsprozesse integriert werden können und durch ausländische Arbeitskräfte ersetzt werden müssen, oder wenn nichts gegen die bedrohlich wachsenden Probleme in Umwelt und Klima unternommen wird. Dass es ein Drittes gibt neben Verschulden und Sparen, nämlich mit sach- und leistungsfähigkeitsgerechten Steuern zu steuern, gerät darüber unversehens völlig außer Betracht: Das allgemeine Steuer-Tabu kann nicht wirkungsvoller gesichert werden.

Die Wirkmacht der von Sinn, Merkel u. a. angewandten Methode hat ein in diesem Zusammenhang gewiss Unverdächtiger wie folgt beschrieben: Das jeweilige Thema, hier: die Generationengerechtigkeit, wird jeweils mit Themenschnipsel beiläufig in andere Darlegungen eingeflochtenen; die Wirksamkeit der Themenschnipsel beruht dabei eben gerade darauf, »daß sie nicht bewußt als Theorien aufgefaßt, sondern von den meisten Menschen als unmittelbar einleuchtende Wahrheiten angesehen werden, die als stillschweigend angenommene Voraussetzungen fungieren«, obendrein unbemerkt, wie gesagt. Diese Erkenntnis über herrschaftstechnische Gauklertricks nach Art der geschilderten stammt von FRIEDRICH VON HAYEK[133] (um diesen Urvater der Libertären auch einmal uneingeschränkt zustimmend zitieren zu können).

c) Schließlich die *Neue Zürcher Zeitung* mit der geballten Wirtschaftskompetenz der Schweizer Bankenwelt: »Die Tendenz moderner westlicher Staaten zur stetigen Schuldenaufnahme erklärt sich auch damit, dass dadurch die Kosten für Staatsausgaben auf künftige Generationen abgewälzt werden können. Letztere können typischerweise nicht mitreden, wenn über fremdfinanzierte Staatsprojekte und entsprechende Schuldenaufnahme entschieden wird. Traurig, aber wahr: Der moderne Wohlfahrtsstaat, wie wir ihn heute kennen, beruht in hohem Masse auf Kostenüberwälzung auf künftige Generationen.«[134]

Alles richtig. Nur leider wieder unvollständig und damit, wie ausgeführt, einseitig, folglich irreführend, unter dem Strich also falsch. Eine ausdrückliche Kommentierung dürfte sich nach dem zuvor Gesagten erübrigen.

Zur zweiten Frage

Die Antwort darauf, wieso es gelingt, die ganze, einfache Wahrheit allzeit geheim zu halten, ist bereits zur Sprache gekommen. Sie stammt von NAINA K. und ist höchst übersichtlich. Sie lautet, wie erinnerlich: »Ich bin fast 18 und hab keine Ahnung von Steuern, Miete und Versicherungen. Aber ich kann 'ne Gedichtsanalyse schreiben. In 4 Sprachen.«

Von alleine kommt man nun mal eher nicht darauf, dass Belastungen zugleich Begünstigungen sind, dass beide eine untrennbare Einheit bilden: Diese Erkenntnis liegt zu nahe, ist zu einfach. Da schaut man glatt drüber weg. So wie der Hans-Guck-in-die-Luft des Frankfurter Kinderarztes HEINRICH HOFFMANN.[135] Aber wenn's einem einer einmal sagt – kann durchaus auch ein Lehrer sein, warum nicht? –, dann versteht man's erstens auf Anhieb und zweitens für den Rest seines Lebens.

Eine überzeugende Erklärung bietet demnach der Sachverhalt, dass unsere Schüler:innen in Bezug auf ökonomische Basiskenntnisse unsere Schulen durchweg so verlassen, wie sie hineingekommen sind: als »ökonomische Analphabeten«, um mit PIERRE BOURDIEU zu sprechen. Exemplarisch in diesem Sinne ist die Klage in der weitest verbreiteten Fachzeitschrift für die Lehrer an

Wirtschaftsschulen, der zufolge »... weder die Lehrer aus der ökonomischen Lehrbuchwissenschaft noch die Schüler aus ihren Schulbüchern etwas darüber lernen können, ›wie die Wirtschaft wirklich funktioniert‹«.[136] Für unsere Schüler und ihre Lehrer gilt Marie von Ebner-Eschenbachs Aphorismus gleichermaßen: »Wer nichts weiß, muss alles glauben.«[137]

Außerdem ist zu glauben bekanntlich weniger anstrengend als zu denken. Denken nämlich erfordert nicht selten erhebliche eigene Anstrengungen.[138] »Sapere aude/Habe den Mut, dich deines Verstandes zu bedienen«, erklärte Immanuel Kant 1784 zu einem Leitspruch der Aufklärung.

Fazit

Staatsschulden verdrängen progressive Besteuerung – die Pflicht zur Steuerzahlung wird für Vermögende weitgehend ersetzt durch das Recht, Darlehen zu gewähren sowie bei gegebener Interessenslage auch: zu verweigern – mit all ihren bereits erwähnten mächtigen, die Kreditgeber ermächtigenden, den Staat entkräftigenden Konsequenzen.

Zusätzlich begründen Staatsschulden Zins- und Tilgungslasten. Dabei entspricht die Summe der Belastungen durch Zins- und Tilgungszahlungen *einerseits* cent- und zeitgleich der Summe der Begünstigungen durch Zins- und Tilgungsgutschriften: Belastungen = Begünstigungen. *Andererseits* umfasst die Anzahl der Belasteten die Gesamtheit der Steuerzahler eines Landes, während die Zahl der Begünstigten, der Staatsdarlehensgewährer, überschaubar ist.

Im Zusammenspiel bewirken beide Momente, dass Staatsschulden über Generationen hinweg als ein höchst effizientes, unmerkliches und deshalb allgemein übersehenes Instrument zur fortlaufenden, staatlich organisierten Umverteilung von Einkommen und Vermögen *innerhalb jeweiliger* Generationen funktionieren – nämlich weg von den vielen Steuer-, Gebühren- und Beitragszahlern eines jeweiligen Jahres hin zu den wenigen in- und ausländischen Staatsgläubigern desselben Jahres. Zusätzlich verpflichten Staatsschulden regelmäßig künftige Generationen schon heute dazu, künftig genau dasselbe zu tun wie ihre Vorfahren heute, nämlich innerhalb ihrer Generation von unten nach oben umzuverteilen. Und weil Staatsschulden laufend erneuert werden, sind sie sogar vornehmlich ein innergeneratives Umverteilungsinstrument, kein intergeneratives.

Im Übrigen stellt die für Unkundige glaubhaft verbreitete, halbwahre Lehre, Staatsschulden würden kommende Generationen (und nur die) belasten, und das schlechte Gewissen, das diese Lehre hervorruft, eine weiteres Erklärungsmoment für die zuvor in Kapitel 8 analysierte beständige Attraktivität der Schwarzen Null dar. Nicht einmal der zunehmende Vertrauensverlust in die Handlungsfähigkeit des Staates ändert diese Haltung: Enttäuschte und Wutbürger werden regelmäßig nicht zu Freunden staatlicher Verschuldung. Eher trifft das Gegenteil zu, und Parteien am rechten Rand spüren das und machen es sich zunutze. Gefährlich!

* * *

Zum weiteren Vorgehen

Eine besonders gravierende Auswirkung der Staatsschulden, so hieß es mehrfach, besteht darin, dass Kreditfinanzierung die Alternative einer ordentlichen Staatsfinanzierung über Steuern verdrängt, und zwar zugleich faktisch und ideell, d. h. im Bewusstsein der gewöhnlichen Steuerzahler. Der Sachverhalt gibt Anlass, sich mit dem Thema »Steuern« zu beschäftigen, im vorliegenden Zusammenhang allerdings nur mit dem Steuersystem in seinen Grundzügen. Alles andere würde den Rahmen sprengen.

Diesem Zweck dient das folgende Kapitel.

Anmerkungen zu Kapitel 10

123 Die Reihenfolge ist gemäß der mathematischen Logik gleichgültig. Nicht so jedoch gemäß der menschlichen Psychologik: Im Kontext der Umverteilung von den Steuerzahlern als Schuldnern zu den Kreditgebern als Gläubigern ist der Zusammenhang als »Schulden werden zu Vermögen«/»Schulden → Vermögen«/»Schulden = Vermögen« leichter nachvollziehbar als bei umgekehrter Reihenfolge.
Bei den Zinsen muss es übrigens, genau genommen, Aufwand = Ertrag heißen, nicht Schulden = Vermögen. Der Unterschied ist im vorliegenden Zusammenhang jedoch belanglos.

124 Faktisch haben »nur maximal etwa 10 Prozent der Deutschen genügend Reserven, um ihrem Staat in nennenswertem Umfang Geld zu leihen. So gesehen, verschuldet sich Deutschland – jedes Land – heute nicht mehr bei ›seinen‹ Bürgern, sondern bei einer dünnen Oberschicht. Und die – und erst recht deren Erben – denkt, handelt und investiert global. Die Unterschiede zwischen Ausland- und Binnenschulden sind fließend geworden. Insofern spielt es durchaus eine Rolle, ob ein Staat seine Ausgaben finanziert, indem er Steuern eintreibt, oder indem er sich

verschuldet. Mit jeder Milliarde Schulden statt Steuern steigt die Abhängigkeit gegenüber der reichen Oberschicht.« (WERNER VONTOBEL, Bei wem sich der Staat verschulden soll, in: macroskop vom 14.12.2023.)

125 Ein paar Zahlen zur Veranschaulichung, als erstbeste ziemlich willkürlich aus der Tagespresse herausgegriffen: Der brandenburgische Landesrechnungshof kritisiert: »Die Verschuldung des Landes (ist) zu hoch. ›Selbst bei Beibehaltung einer jährlichen Tilgung von 180 Millionen Euro würde der Abbau aller Altschulden des Landes rund 100 Jahre dauern‹, hieß es. Sollte das Zinsniveau um einen Prozentpunkt steigen, bedeute dies auf mittlere Sicht höhere Ausgaben von ebenfalls 180 Millionen Euro im Jahr. Nach Angaben des Bundes der Steuerzahler lasten auf dem [dünn besiedelten –AS] Land 20 Milliarden Euro Schulden.« (Berliner Zeitung vom 28.11.2017.)

126 Auch hier ein paar Zahlen zur Dimension der in Rede stehenden Beträge: Bei einer zulässigen Verschuldung von 60 Prozent des Bruttoinlandsproduktes gemäß Maastricht-Vertrag werden beständige, erhebliche Geldflüsse von Arm nach Reich festgeschrieben; das Bundesfinanzministerium plant demgemäß beispielsweise für 2018, durch den Verkauf von Bundeswertpapieren in Höhe von 183 Mrd. Euro den Vermögenden Steuern in entsprechender Höhe durch erneute Verschuldung zu *ersparen*; darüber hinaus werden den Vermögenden im selben Jahr um 172 Mrd. Euro aus Tilgungszahlungen *bereichert*. (Zahlen gemäß Der Tagesspiegel vom 17.12.2017.) Im Land Berlin, gemäß dem Diktum eines seiner Regierenden Bürgermeister »arm, aber sexy«, sollen währenddessen Steuereinnahmen zur vermehrten Tilgung von Altschulden verwendet werden. D. h. mit anderen Worten: Erhöhte Steuereinnahmen werden sozusagen postwendend an die vermögenden Besitzer von Staatsschuldtiteln weitergeleitet. Für die Jahre nach 2018 »seien Überschüsse in dreistelliger Millionenhöhe zu erwarten.« Es »sei daher eine Tilgung am Kreditmarkt im Umfang von 495 Millionen Euro vorgesehen. Das sei nötig, so [der Berliner Finanzsenator] Kollatz-Ahnen: ›Wer etwas Schlechtes in der Tilgung sieht, der macht aus Erfolgen Niederlagen.‹« (Finanzsenator fordert mehr Tilgung, in: Der Tagesspiegel vom 20.12.2017.)
Im Übrigen gibt es sogar ein eigenes Gremium, das zwar öffentlich kaum wahrgenommen wird, aber trotzdem wirksam darüber wacht, dass Tilgungsbeträge nicht umgewidmet und anderweitig ausgegeben werden. Es handelt sich um den so gut wie unbekannten, schön bürokratisch-unverständlich benannten »Stabilitätsrat von Bund und Ländern gemäß Grundgesetz, Artikel 109 a«.
Zugegeben: Für manchen Vermögenden sind die in Rede stehenden Beträge eher unbedeutend. Nicht so jedoch für den Wirtschaftskreislauf, wie in Kapitel 4 analysiert, für die soziale Balance im Land sowie für die Handlungsfähigkeit des Staates. Letzteres sogar vor allem.

127 Weiter ausgeführt in AXEL STOMMEL, Klimapolitik…, S. 66 ff.

128 An anderer Stelle habe ich die Entwicklung a) der Staatsschulden und b) der Nettogeldvermögen in Deutschland im Zeitraum von 1991 bis 2009 in Diagrammen wiedergegeben. Die Kurvenverläufe sind fast identisch, d. h. die Nettogeldvermögen sind mit derselben Geschwindigkeit gestiegen wie die Staatsschuld; bei entsprechen-

der Skalierung kann man die Diagramme geradezu deckungsgleich übereinander legen: s. Axel Stommel, Die Reichen, die Banken, die Schulden und wir – Wirtschaft verstehen, Bad Homburg 2012, S. 31 f. Dabei betragen die Nettogeldvermögen allerdings ein Vielfaches der Staatsschulden – auch darin erweist sich, dass die Schulden mit Hilfe der Nettogeldvermögen faktisch sofort problemlos restlos tilgbar sind. Die Nettogeldvermögen nehmen daraufhin zwar ab, behalten aber immer noch reichlich Volumen.

129 G. W. F. Hegel, Phänomenologie des Geistes, Vorrede. Zum Ganzen gehört allerdings noch eine Ergänzung. Sie kompliziert das Ganze, ohne jedoch die Grundaussage in Frage zu stellen. Die Ergänzung lautet wie folgt: Neue, staatliche Schuldaufnahmen mindern zunächst und vorübergehend die steuerliche Belastung der gegenwärtigen Generation, und zwar in unterschiedlichem Ausmaß: Im Falle progressiver Besteuerung mindern sie die steuerliche Belastung der finanziell Unvermögenden geringfügig bis gar nicht (sie hätten ja ohnehin kaum nennenswerte zusätzliche steuerliche Leistungen erbringen können); die Belastung der vermögenden steuerlichen Leistungsträger mindern sie dagegen progressiv entsprechend ihrer Einordnung in der Abgabenordnung bzw. den jeweiligen Steuertabellen. Das aber ist nicht nur ökonomisch, ökologisch und sozial wünschenswert, sondern aus sozialen und politischen Gründen dringend geboten.

130 S. z. B. http://www.faz.net/aktuell/wirtschaft/wirtschaftswissen/f-a-z-oekonomen-ranking-politik-2014-13136171.html. Die Ehrung im *Independent* war 2011 erfolgt.

131 Hans-Werner Sinn in: The European – Das Debatten-Magazin vom 7.11.2017, http://www.theeuropean.de/hans-werner-sinn/13034-professor-hans-werner-sinn-warnt-eindringlich.
Dass jemand, der es so weit nach vorne ins Rampenlicht gebracht hat wie Hans-Werner Sinn, in anderen Zusammenhängen sehr wohl Beachtliches zu sagen hat, darf über dem hier Dargestellten nicht vergessen werden – von nix kütt nix, wie der Kölner sagt. Demgemäß stimme ich dem gefeierten Autor an anderen Stellen durchaus zu, so z. B. in den (→*Basic* 14) sowie in meiner Klimapolitik…, S. 76 ff. Man muss bei Hans-Werner Sinn also immer peinlich genau aufpassen, ob's gerade Sinn macht oder Unsinn (oder ein Zwischending).
Im vorliegenden Fall fällt die Einordnung nicht schwer: H.W. Sinn sagt Unsinn.

132 Mit derlei Ansprachen hatte die Kanzlerin viele Jahren im Parlament, auf Kirchentagen, in Neujahrsbotschaften, Wahlkampfreden, auf Weltwirtschaftsforen, Klimagipfeln u. ä. aufgewartet; die zitierten Worte platzierte sie z. B. in ihre Rede auf dem 2. Ökumenischen Kirchentag in München am 16.5.2010, in ihren Wahlkampfauftritt in Freiburg im Breisgau am 21.9.2017 sowie in der Haushaltsdebatte des Deutschen Bundestages am 16.5.2018. Bei dieser Gelegenheit: Dass »Deutschland«, wie die Kanzlerin bemerkt, »seit vielen Jahren über seine Verhältnisse gelebt hat«, trifft, wie bereits bemerkt, ökologisch zu. Aber so hat es die Kanzlerin gerade nicht gemeint. Sie hatte »ökonomisch« gemeint. Und das ist grundfalsch, wie an anderen Stellen ausgeführt: S. Axel Stommel, Klimapolitik…, S. 16 ff.

133 Friedrich von Hayek, Recht, Gesetzgebung und Freiheit, Band 1: Regeln und Ordnung, München 1980, S. 100.

134 Schulden sind gut, zu hohe Schulden sind schlecht: Neue Zürcher Zeitung/NZZ-online vom 4.11.2017.

135 S. Heinrich Hoffmann, Der Struwwelpeter – Lustige Geschichten und drollige Bilder, o.O., o. J. (1844).

136 So Peter Engelhardt, in: Wirtschaft und Erziehung, 68. Jahrgang, Nr. 6/2016, S. 207–214, Zitat: S. 207. Die ungewöhnlich lange, aber treffsichere Überschrift seiner vehementen Klageschrift lautet: »Woran liegt es, dass weder die Lehrer aus der ökonomischen Lehrbuchwissenschaft noch die Schüler aus ihren Schulbüchern etwas darüber lernen können, ›wie die Wirtschaft wirklich funktioniert‹?«

137 Übrigens hatte auch Henry Ford in diese Richtung gedacht; folgender Ausspruch wird ihm zugeschrieben: »Eigentlich ist es gut, dass die Menschen der Nation unser Banken- und Geldsystem nicht verstehen.« Seine daran anschließende Befürchtung war beachtlich: »Würden sie es nämlich, so hätten wir eine Revolution noch vor morgen früh.«

138 Noch eine – allerdings unwesentliche – Ergänzung; sie erfolgt lediglich, um dem Vorwurf zu entgehen, da sei etwas übersehen, womöglich gar verschwiegen worden: Der Tatbestand, dass jeder (inländische) Staatsgläubiger auch Staatsbürger und insofern steuerzahlender Schuldner seiner eigenen Kredite ist, führt zwar dazu, dass jeder Gläubiger einen bescheidenen Teil der Zins- und Tilgungsbeträge vermittels eigener Steuerzahlungen letztlich an sich selber und seine Gläubigerkollegen zahlt. Im Gegensatz dazu sind es jedoch ausschließlich die Staatsgläubiger, denen die Zins- und Tilgungsbeträge aller übrigen Steuer-, Beitrags-, Gebühren- und Abgabenzahler gutgeschrieben werden. Daher gilt für die vermögenden Gläubiger des Staates: Unterm Strich lohnt es sich (und zwar reichlich).

Außerdem sei darauf hingewiesen, dass es vielfach ausländische Staatsbürger sowie institutionelle Anleger (Kapitalsammelstellen, Pensionsfonds u. a.) sind, die in inländische Staatsschuldpapiere »investieren«. Auch diese Feststellung ändert jedoch nichts Entscheidendes an den vorangegangenen Ausführungen: Institutionelle Anleger zahlen ihre Gewinne an personale Anleger aus.

Zum fundamentalen Unterschied zwischen investieren und »investieren«, also Real- und reinen Finanz-»Investitionen« s. (→*Basic 15*).

11

33 = 100?

Eine ›Magical Mystery Tour‹[139] zu einem Steuersystem in sozialer Schieflage

Als Erstes gilt es, sich einen Überblick über das Gelände und seine einzelnen Teile zu verschaffen: Wer ist die Größte im ganzen Land? Wer gehört zu den Übersehenen, Verstoßenen und Vertriebenen im Steuerland? Die nachfolgende Abbildung zeigt das Terrain in der Totalen.

Steuereinnahmen der Bundesrepublik Deutschland im Jahre 2023

amtliche Bezeichnung	*Einnahmen in Milliarden*	*Anteil an den Gesamteinnahmen*
Umsatzsteuer	291,4 €	31,8 %
Lohnsteuer*	236,2 €	25,8 %
Gewerbesteuer	75,1 €	8,2 %
veranlagte Einkommensteuer*	73,4 €	8,0 %
Körperschaftsteuer	44,9 €	4,9 %
Energiesteuer	36,7 €	4,0 %
nicht veranlagte Steuer auf Ertrag	36,4 €	4,0 %
Versicherungssteuer	16,9 €	1,8 %
Grundsteuer	15,1 €	1,6 %
Tabaksteuer	14,7 €	1,6 %
Grunderwerbsteuer	12,2 €	1,3 %
Erbschaft- und Vermögensteuer	11,8 €	1,3 %
div. Klein- und Bagatellsteuern**	51,0 €	5,6 %
Gesamtsteuereinnahmen	915,8 €	100 %

Differenz rundungsbedingt
Quelle: Statistisches Bundesamt, Steuereinnahmen 2023, https://www.destatis.de

* Lohnsteuer ist die »nicht veranlagte« Form der Einkommensteuer, wie es in unverständlichem Steuerdeutsch heißt; sie ist sinnvollerweise zusammen mit der »veranlagten« Form einheitlich als Einkommensteuer zu erfassen; ihre Höhe beträgt in diesem Fall 309,6 Milliarden Euro, ihr Anteil am Gesamtvolumen 33,8 Prozent. Diese und andere absichtsvolle Unverständlichkeiten und Begriffsverwirrungen in Steuerdingen habe ich an anderer Stelle kritisch untersucht und aufgedeckt (→*Basic 7*).

** Darunter: Zölle, Vergnügung-, Branntwein-, Kaffee-, Bier-, Schaumwein-, Feuerschutz-, Sport- und Rennwett-, Luftverkehr- sowie Hundesteuer.

Abb. 3. Zahlen, Zahlen an der Wand – sagt mir, wer ist die Größte im ganzen Land?[140] *Steuereinnahmen von Bund, Ländern und Gemeinden 2023, in Milliarden Euro*

Ein kurzer Blick auf die Totale in der amtlichen Begrifflichkeit zeigt: Die größte, einträglichste von allen ist die Umsatzsteuer. Zoomen wir näher heran, um erste Ausschnitte mit interessanten Details zu erkennen.

Umsatzsteuer: ergiebig, aber unsozial …

Im Alltagsleben ist die Umsatzsteuer unter dem Namen »Mehrwertsteuer« bekannt. Sie ist der Shooting Star unter Deutschlands Steuern, denn sie hat im Weltkriegsjahr 1916 mit einem Satz von 0,5 % angefangen und ist danach ständig erhöht worden. Seitdem sie im Regelsatz 2005 entgegen allen dezidierten Wahlversprechen plötzlich von 16 auf 19 Prozent angehoben wurde, hat sie die anderen Steuern hinter sich gelassen. In der amtlichen Erfassung ist sie seitdem die Größte und Ergiebigste von allen.

Allerdings ist die größte, ergiebigste eine besonders unsoziale Steuer, denn die Umsatzsteuer belastet Geringverdiener stark, während sie Spitzenverdiener schont. Geringverdiener nämlich geben alles aus, was sie verdienen. Dazu sind sie gezwungen. Oft verschulden sie sich, müssen sich gar verschulden für kaum abwendbare, womöglich lebensnotwendige Konsumausgaben. Sie unterwerfen mithin ihr gesamtes Einkommen der Umsatzsteuer (im Falle der Verschuldung sogar noch mehr als 100 Prozent ihres Einkommens). Ausgenommen sind lediglich umsatzsteuerbefreite Ausgaben.

Besonders hart werden sogar die Obdachlosen zur Steuer herangezogen, denn bei ihnen entfallen die einzigen umsatzsteuerbefreiten Ausgaben von Bedeutung, die für Miete, Bank- und Wertpapiergeschäfte; jeder Cent, den sie erhalten, wird meist ausgegeben und dabei umsatz- sowie oftmals zusätzlich überdurchschnittlich stark verbrauchsbesteuert mit Tabak- und Alkoholsteuern; die Lebensumstände von Obdachlosen machen entsprechende Ausgaben nachvollziehbar.[141] Im Ergebnis können die Wohnungslosen – es sollen in Deutschland weit über eine Million Menschen sein[142] –, was ihren kumulierten persönlichen Steuersatz[143] angeht, deshalb locker mit so manchem Spitzenverdiener mithalten. Es gilt die Regel der Discounter: *Die Masse füllt die Kasse.*

Wer dagegen 100.000 Euro und mehr im Monat verdient, gibt nur einen Bruchteil davon für Konsumzwecke aus. Er unterwirft demnach auch nur diesen Bruchteil seines Einkommens der Umsatzsteuer. Sein persönlicher Umsatz- und Verbrauchsteuersatz[144] ist folglich niedrig. Die Umsatzsteuer ist also der Musterfall einer *Steuer für Unvermögende*: *Wer wenig zahlen kann, muss viel zahlen.* Dem Leistungsfähigkeitsprinzip sprechen solche Steuern Hohn. An die Schädlichkeit solcher Steuern, der Steuern für Unvermögende (StUV), wird erinnert.

… und ständig übersehen, obwohl sie doch die größte ist

Glaubt man der erdrückenden Mehrheit unserer Politiker, Ökonomen und Journalisten, so gibt es freilich gar keine Umsatz- bzw. Mehrwertsteuer, sondern nur eine einzige, nennenswerte Steuer: die Lohn- bzw. Einkommensteuer.[145] Seit Jahr und Tag wird so gesprochen, als wären Steuern = Einkommensteuer. Hier einige Kostproben, im Bemühen um größtmögliche Repräsentativität ausgewählt:

»Wir haben 86 Millionen Deutsche und 26 Millionen Steuerzahler.«
Christian Lindner *als Generalsekretär der* FDP, *späterer Parteivorsitzender und Bundesminister der Finanzen*[146]

»Steuersenkungen sind sinnlos, denn 24 Millionen Menschen zahlen keine Steuern.«
Thorsten Schäfer-Gümbel *als stellvertretender Bundesvorsitzender der* SPD[147]

»Zehn Prozent der Wohlhabendsten bringen immerhin 55 Prozent der Steuereinnahmen ein.« Angela Merkel, *Langzeitbundeskanzlerin (2005–2021) und Vorsitzende der* CDU[148]

»Immer mehr Rentnerinnen und Rentner rutschen in die Steuerpflicht und müssen dann auch eine Steuererklärung abgeben.« Matthias Birkwald, *rentenpolitischer Sprecher der Bundestagsfraktion der Partei* Die Linke[149]

»Wer wenig verdient, kann wenig Steuern sparen. Jeder dritte Beschäftigte zahlt heute gar keine Steuern mehr.« Dierk Hirschel *als Chefökonom des Deutschen Gewerkschaftsbundes* (DGB)[150]

»Wir müssen auch an all jene denken, die überhaupt keine Steuern zahlen.«
Ulrich Schneider, *Hauptgeschäftsführer des* Paritätischen Wohlfahrtsverbandes[151]

»Der Steuerfreibetrag … führt dazu, dass Geringverdiener keine oder kaum Steuern zahlen.« Alexander Petring, Wissenschaftszentrum Berlin für Sozialforschung[152]

»Auch die Armen, die keine Steuern zahlen, genießen die öffentlichen Güter.«
Otfried Höffe, Philosophie-Professor, *Verfasser von »Politische Gerechtigkeit – Eine philosophische Einführung«, in 4. Auflage erschienen, im Interview zum Thema »Steuern und Gerechtigkeit«*[153]

So kommt es, »dass das obere Fünftel der Steuerpflichtigen satte 70 Prozent zum Gesamtsteueraufkommen beiträgt. Das untere Fünftel steuert hingegen nur rund 0,2 Prozent bei.« Marie-Christine Ostermann, *Kapital in die Produktion!, in:* »Die Welt«[154]

»Steuern werden ausschließlich nach der Leistungsfähigkeit erhoben – und dazu noch progressiv.«

Ulrike Herrmann, *leitende Wirtschaftsredakteurin, zeitweilige Chefredakteurin und Leiterin der Meinungsredaktion der grün-alternativen* »taz/die tageszeitung«[155]

»Kleines Einkommen steuerfrei«

Titel einer häufig in Schulen und Presse verwendeten Globus Infografik *mit der Quellenangabe* »Statistisches Bundesamt«[156]

»Eine faire Verteilung der Steuerlast gehört zu den Pfeilern unseres Rechtsstaates. Wer wenig verdient, zahlt keine oder wenig Steuern, wer dagegen mehr verdient, zahlt mehr Steuern.«

Arbeitsgemeinschaft Jugend & Bildung e. V. in Zusammenarbeit mit dem Bundesministerium der Finanzen[157]

Die Liste könnte eine Aktualisierung vertragen. Allerdings bindet dieses Vorhaben, wenn es denn den Bedingungen der Repräsentativität ebenso hochgradig Rechnung tragen soll wie die obige Liste, reichlich Aufmerksamkeit für längere Zeit. Deshalb habe ich darauf verzichtet; schließlich geht es im vorliegenden Zusammenhang eh nur um das Prinzip, nicht um jeweilige Personen. Die Personen stehen lediglich exemplarisch für die gesellschaftliche Gruppe, der sie angehören (Karl Marx hätte sie vermutlich »Charaktermasken« geheißen[158]).

Hinzu kommen ahnungslose Unbedachtheiten wie die der *Berliner Zeitung*:[159] Ihren Aufmacherbericht auf Seite 1 über einen Beschluss des Bundeskabinetts zur Senkung des Grundfreibetrages in der Einkommensteuer versieht sie mit folgender Schlagzeile: Kabinett »senkt die Steuern«. *Die* Steuern heißt: sämtliche, alle, ausnahmslos. Tatsächlich ging es jedoch nur um eine einzige (und bei dieser wiederum lediglich um eine von mehreren Stellschrauben, den Grundfreibetrag nämlich). Eine merkwürdige Verwechslung von Einzahl und Mehrzahl – eine Unterscheidung, die doch gewöhnlich mühelos gelingt.

Der Fehler signalisiert grundlegende Unsicherheiten in Steuerfragen in der Redaktion einer Hauptstadtzeitung, um nicht zu sagen: Er signalisiert das allgemein verbreitete steuerkundliche Analphabetentum. Oder vielleicht doch – horribile dictu/grausig, es auszusprechen – tendenziöse, regierungsfreundliche Berichterstattung? Nein, das kann nicht sein.

Last, not least die *Süddeutsche Zeitung*, eines der beiden Flaggschiffe des deutschen Qualitätsjournalismus: In ihrer Pfingstausgabe 2013 publizierte sie ein mehrere Seiten umfassendes, farbig bebildertes Dossier zur »Geschichte der Steuern«[160]. Die Umsatz-/Mehrwertsteuer fand in der ganzen Geschichte keine Erwähnung; noch nicht einmal ihr Name tauchte auf. Wohl aber die Bedeutung des Nilometers für die Steuerbemessung im alten Ägypten, beispielsweise.

Diese Stoffauswahl bzw. diese Schwerpunktsetzung ist äußerst befremdlich, und zwar nicht nur, weil die Umsatzsteuer in der Liste der Steuern den Spitzenreiter stellt, sondern auch, weil sie über nichts Geringeres als über »Omnipräsenz« (deutsch: Allgegenwart) verfügt, eine im Allgemeinen nur höchsten, übernatürlichen Wesen zugeschriebene Fähigkeit. Umsatzsteuer nämlich entrichtet man frühmorgens beim Brötchenkauf, tagsüber bei der Busfahrt und spätabends beim Kneipenbier; die Zahlungen beginnen mit der ersten Windel und enden mit dem letzten Hemd (dem auf der Bahre). Auch die Verfasser des Dossiers entrichten diese Steuer tagein, tagaus ohn' Unterlass. Wollten sie durch gediegene Information über Altägyptisches, längst Vergangenes vom Neuen, Deutschen, Allgegenwärtigen, leider Unsozialen ablenken? Noch mal nein. Das kann nicht sein.

Also Zoom zurück.

Die Basis der Steuerdebatte: Steuern gleich Einkommensteuer, 100 = 33,8

Dank der einleitenden Grafik wissen wir es jetzt besser als die Experten aus Wirtschaft, Wissenschaft, Politik & Journalistik: Es gibt nicht nur die Einkommensteuer. Die macht lediglich 33,8 Prozent der Steuereinnahmen aus. Festzuhalten ist aber auch: Unserer Politiker, Journalisten, Fachwissenschaftler etc. betrachten regelmäßig 33,8 Prozent als 100 Prozent; die öffentliche Steuerdebatte wird hierzulande geradezu ausnahmslos auf Basis der Gleichung 33 = 100 geführt! Ein Teil also soll das Ganze sein.

Insofern die Einkommensteuer, das Teil, im Gegensatz zur Umsatz-/Mehrwertsteuer zwar keineswegs durchgängig zu Recht, aber trotzdem glaubhaft für sich in Anspruch nimmt, die wirtschaftliche Leistungsfähigkeit der Besteuerten zu berücksichtigen, kommt diese Verwechslung von Teil und Ganzem einer sei es fahrlässigen, sei es beabsichtigten Irreführung über den sozialen Charakter unseres gesamten Steuersystems gleich. Denn Obdachlose beispielsweise zahlen zwar keine Einkommensteuer. Trotzdem werden sie besteuert – besonders hart sogar. Die Einkommensteuer ist also, hinreichend progressive Tarifgestaltung unterstellt, ein Beispiel für eine Steuer für Vermögende: *Wer kann, muss abgeben; wer mehr kann, muss zunehmend mehr abgeben.* Bei entsprechender Tarifgestaltung herrscht hier das Leistungsfähigkeitsprinzip des Grundgesetzes als Fundamentalprinzip der Besteuerung.

Die beiden herausragenden Steuern, jene, die zusammen knapp zwei Drittel der Staatseinnahmen einbringen, also die Umsatz- sowie die Einkommensteuer, sind als jeweils treffende Beispiele für Steuern für Unvermögende und solche für Vermögende zwar genauere Betrachtungen wert. Die befindet sich aber an anderer Stelle (→*Basics 6, 7*); hier würde sie den Rahmen sprengen. Trotzdem kann an dieser Stelle festgehalten werden: Wer undifferenziert von *den* Steuern spricht, die zu erhöhen oder zu senken seien, der offenbart entweder steuerliches Analphabetentum oder unlautere, verdunkelnde, irreführende Absichten, bestenfalls nachlässig-unbedachten Sprachgebrauch; er verhindert, dass die wahren Verhältnisse erkennbar werden.

Schwindsüchtige und vertriebene Steuern neben einer »nicht mal ignorierten« Riesenart

Zuvor jedoch noch kurz zu einer schmächtigen sowie zu einer vertriebenen Art. Bei der kleinen, bescheidenen handelt es sich um die *Erbschaft- und Schenkungsteuer;* in der obigen Tabelle findet man sie womöglich nicht einmal auf Anhieb; sie rangiert bescheiden am Tabellenende unter »ferner liefen«, ist fast schon bloße Bagatellsteuer: Obwohl in Deutschland gemäß Statistischem Bundesamt Jahr für Jahr Beträge von über 300 Milliarden Euro vererbt werden (Genaues weiß man nicht, aber man weiß um die Tendenz, nämlich: stark steigend), ist der Ertrag aus Erbschaftsteuer mit 11,8 Mrd. Euro arg bescheiden; ihr Beitrag zum Staatshaushalt entspricht gerade einmal 1,3 Prozent. Die Steuer auf Erbschaften erbringt jedenfalls deutlich weniger als etwa die Steuer auf Tabak, Kraftfahrzeughaltung oder elektrischen Strom.

Bei der ausgetriebenen Art handelt es sich um die *Vermögensteuer.* Aufgrund eines Kabinettsbeschlusses der Regierung Kohl wird Vermögensteuer seit 1997 in Deutschland nicht mehr erhoben. Da vertrieben, erscheint diese Steuer in keiner Tabelle. Man kann sich also auch nicht über ihre gegebenenfalls geringe Höhe aufregen. Seit 1997 bleiben Vermögen hierzulande demzufolge gänzlich unbesteuert – wir stehen vor einer Ursache dafür, dass die soziale Ungleichheit in Deutschland größer ist als in irgendeinem anderen Land der Euro-Zone. Dass das Grundgesetz (Artikel 106, Absatz 2) die Vermögensteuer als pure Selbstverständlichkeit behandelt, mag dem zwar theoretisch entgegenstehen – nicht aber faktisch.

Ganz groß und allgegenwärtig dagegen also ist die Umsatzsteuer: Dass es ausgerechnet diese Steuerart ist, die regelmäßig »nicht mal ignoriert wird«, wie man in Wien zu sagen pflegt, muss, wenn man es mit etwas Abstand und in Ruhe bedenkt, höchst verwunderlich erscheinen – so verwunderlich, dass man als interessierter Mensch dafür eigentlich gerne eine Erklärung zur Verfügung hätte. Denn hier geht es nicht mehr lediglich um jenen sprichwörtlichen Elefanten, der zwar im Raume steht, den aber alle geflissentlich übersehen. Sondern dieser Elefant wird übersehen, obwohl ihn alle mehrmals täglich füttern!

Die Erklärung geht weit zurück in die Geschichte; ihre Darstellung würde an dieser Stelle zu weit weg vom Untersuchungsziel führen. Die Erklärung ist jedoch an anderer Stelle in hinreichender Ausführlichkeit verfügbar (*→Basic 6*).

Hier lediglich noch etwas Statistisches. Bei einem Maßstab von 1 Zentimeter für 50.000 Euro benötigt man für die Darstellung des durchschnittlichen Pro-Kopf-Vermögens eines/einer Deutschen in Höhe von knapp 90.000 Euro 1,76 *Zenti*meter; für das Vermögen des 2014 verstorbenen Gründers von Aldi Nord, Theo Albrecht, eines Mitglieds der obersten deutschen Einkommens- und Vermögensliga, in Höhe von 20,7 Milliarden Euro benötigt man dagegen sage und schreibe 4,14 *Kilo*meter.[161] Allerdings sind die Zahlen veraltet. Seit 2014 hat sich viel getan. Oder nicht?

Fazit

Steuern üben einen erheblichen Einfluss auf die sozioökonomische Entwicklung aus: *Steuern steuern.*

StUV, die Steuern für Unvermögende – das kann man in der Totalen deutlich erkennen – nehmen einen krass übermäßigen Anteil in Anspruch. Aus diesem Grund ist das Steuersystem in eine bedrohliche sozioökonomische, zugleich übrigens äußerst bedrohliche ökologische Schieflage geraten. Und mit dem Steuersystem das demokratische Gesellschaftssystem insgesamt: Rechtsextreme Parteien finden auf der schiefen, abschüssigen Ebene guten Nährboden. Das schier unglaubliche Unwissen über Steuern und ihre Wirkungen, das nicht einmal vor Spitzenvertreter:innen aus Wirtschaft und Wissenschaft, Medien, Philosophie & Politik einschließlich der Kanzlerin und Finanzminister/-ministerium höchstselbst Halt macht, macht es ihnen leicht, ihre halben Wahrheiten glaubwürdig in Umlauf zu bringen.

* * *

Zum weiteren Vorgehen

Wenn man das obige Fazit zusammen mit den Erfahrungen und Ergebnissen aus den vorangegangenen Untersuchungen betrachtet, gewinnt es weiter an Bedeutung. Denn »(n)ichts beeinflusst den Wohlstand einer Nation und ihrer Menschen stärker als die Wirtschaftspolitik.«[162] Wirtschaftspolitik aber ist, wie inzwischen klar geworden sein dürfte, zunächst einmal Steuerpolitik; seine Steuereinnahmen sind es, die dem Staat jene Handlungsspielräume verschaffen, die er zur aktiven, zielgerichteten wirtschaftspolitischen Steuerung, ja überhaupt zum Regieren benötigt: *Regieren heißt steuern.* Die Steuern sind dafür unverzichtbares Instrument. Sie verdienen daher, näher untersucht zu werden. Einerseits.

Andererseits ist der Weg durch die Steuern lang und steinig. Das Ziel der vorliegenden Untersuchung, die Basics der Staatsfinanzierung, kann dabei leicht aus dem Auge verloren werden. Deshalb hier nur ein Hinweis auf eine Einstiegsmöglichkeit zum Gang durch die wichtigsten Einzelsteuern samt Steuervollzug und Steuerbetrug: Einstieg und Besichtigungstour findet der interessierte Leser jeglichen Geschlechts in den (→*Basics 6–11*). Am Ende des Weges erreicht er in (→*Basic 12*) erstmals makroökonomisches Kerngebiet, nämlich das Gebiet der wirtschaftlichen Entwicklung in Konjunkturen und Krisen.

In der vorliegenden Untersuchung wird jedoch ein anderer, wesentlich kürzerer Weg sowie zu einem anderen, näherliegenden Ziel eingeschlagen. Dieser Weg führt ziemlich direkt zu der zuvor schon verschiedentlich benannten, aber nie näher betrachteten Ausnahme von der Regel, dass Staatsverschuldung zu meiden sei, wo immer es geht.

Anmerkungen zu Kapitel 11

139 »Magical Mystery Tour« heißt der Titelsong des gleichnamigen Doppelalbums des Liverpooler Künstlerquartetts The Beatles aus dem Jahre 1967. Das Werk markiert den Höhepunkt ihrer psychedelischen, von Drogenexperimenten begleiteten Schaffensperiode. Damit stellt es die ideale musikalische Untermalung für jenen tranceähnlichen Zustand bereit, in den die verschiedensten Teile der Gesellschaft schlagartig verfallen, sobald sie das Reich der Steuern betreten.

140 Frei nach Gebrüder Grimm (Aschenputtel).

141 »Papst Franziskus findet, auch Obdachlosen, die jeden Cent in Alkohol investieren, sollte man Almosen nicht verweigern. Wenn ein Schluck Wein das einzige Glück sei,

das sie im Leben hätten, ›dann ist auch das gut‹, sagte das Kirchenoberhaupt.« (Berliner Zeitung vom 1.3.2017)

142 Schätzung der Bundesarbeitsgemeinschaft Wohnungslosenhilfe, Tendenz: stark steigend, zu finden in: Berliner Zeitung vom 11.1.2018. Die explodierenden Mietpreise in deutschen Ballungsräumen treiben immer mehr Menschen in die Wohnungslosigkeit. Eine amtliche Statistik gibt es darüber jedoch nicht, man begnügt sich mit Schätzungen (übrigens im Gegensatz zur Anzahl der bezirklichen Bienenstöcke z. B., die amtlich erfasst werden).
Zwar ist der besonders steile Anstieg in den letzten Jahren auch auf den Zustrom mittelloser Migranten zurückzuführen. Sie haben das Problem jedoch lediglich verschärft, nicht geschaffen. Ursache ist die gegenläufige Entwicklung von Mieten und verfügbarem Einkommen. Dazu passt, dass sich die Anzahl der Rentner, die im reichen Deutschland Lebensmittelhilfe bei den Tafeln erbitten müssen, im letzten Jahrzehnt verdoppelt hat.

143 Persönlicher Steuersatz in Prozent = persönliche Steuerzahlungen einer Periode, geteilt durch persönliches Bruttoeinkommen derselben Periode, mal 100.

144 Persönlicher Umsatz- und Verbrauchsteuersatz in Prozent = persönliche Umsatz- und Verbrauchsteuerzahlungen einer Periode, geteilt durch persönliches Bruttoeinkommen derselben Periode, mal 100.

145 Zur Entwirrung der Begriffe »Lohnsteuer- und veranlagte Einkommensteuer«: (→*Basic 7*).

146 Am 9.5.2010 in der TV-Sendung »Anne Will«. Ein Mindestmaß an fachlichen Vorkenntnissen wird für das Amt des Bundesministers der Finanzen offensichtlich nicht vorausgesetzt. Für das Amt des Bundesministers für Wirtschaft sind Fachkenntnisse übrigens sogar ein nachgerade unüberwindbarer Ausschlussgrund. Nur so dürfte jedenfalls zu erklären sein, dass dieses Amt, obwohl es doch an ausgebildeten Ökonomen und Hochschullehrern nicht mangelt, regelmäßig von Fachfremden besetzt wird: von einem Germanisten und Kinderbuchautor (Robert Habeck), von einem Gymnasiallehrer für Deutsch und Geschichte (Sigmar Gabriel), von einem Militär-Augenarzt (Philipp Rösler), einem Müllermeister (Michael Glos), einem Juristen mit erschlichenem Doktorhut (Karl-Theodor Freiherr zu Guttenberg), und überhaupt immer wieder von Jurist:innen (Brigitte Zypries, Peter Altmaier u. a.). Dagegen ein Justizminister ohne Jura-Studium? Undenkbar, und wenn doch, dann nur als die Ausnahme, die die Regel bestätigt. Der Sachverhalt gibt übrigens beredte Auskunft über die Bedeutung der Wirtschaftswissenschaften in unserer Gesellschaft, nämlich: primär ideologische, nicht wirtschaftspraktische (→*Basic 17E*).

147 In: Berliner Zeitung vom 22.12.2008.

148 In: Deutschlandfunk, 20.9.2012. Die Aussage der Kanzlerin trifft auf die Einkommensteuer zu, nicht aber auf die Steuereinnahmen insgesamt. Die Kanzlerin nimmt also wieder einmal das Teil als Ganzes, die halbe Wahrheit als ganze Wahrheit. Tatsächlich macht die Einkommensteuer gemäß der jüngsten Statistik (von 2023) jedoch lediglich die benannten knapp 34 Prozent der Steuereinnahmen aus; 2012 war ihr Anteil sogar noch niedriger. Folglich schrumpft der von der Kanzlerin genannte

Beitrag der Wohlhabendsten von 55 Prozent auf derzeit rund 18 Prozent (damals waren es sogar nur 16 Prozent). Die Reichsten zehn Prozent tragen insoweit also nicht mit 55, sondern mit 18 Prozent zu den Steuereinnahmen bei. D. h. das einkommensstärkste Zehntel der Bevölkerung übernimmt gemäß den Aussagen der Kanzlerin tatsächlich lediglich knapp ein Achtel der gesellschaftlichen Steuerlast.
Immerhin. Aber reicht das? Ist das schon der entlastende Beweis für jene »faire Verteilung der Steuerlast«, die »zu den Pfeilern unseres Rechtsstaates« gehört, wie das Finanzministerium weiter unten verkünden lässt? Dieser Frage bin ich an anderer Stelle in breiterer Datenbasis nachgegangen (→*Basics 7–11*).

149 In: Berliner Zeitung vom 20.11.2018.

150 In: Berliner Zeitung vom 31.10.2009.

151 Am 23.6.2017 auf der öffentlichen Veranstaltung »Gestaltende Finanzpolitik« der Friedrich-Ebert-Stiftung in Berlin.

152 In: Friedrich-Ebert-Stiftung, Hg., WISO Diskurs, März 2011, S. 3.

153 In: SZ.de vom 22.6.2013.

154 Vom 16.11.2011.

155 Vom 4.4.2004. Ulrike Hermann ist auch als Bestseller- Autorin mehrerer ökonomischer Sachbücher hervorgetreten.

156 TB-0057 (18.07.2005).

157 In: Finanzen und Steuern 2002, S. 10.

158 Karl Marx, Das Kapital, Band 1, MEW 23, S. 91.

159 Vom 7.11.2011

160 Vom Nilometer zum Bierdeckel – Eine Geschichte der Steuern, Texte und Recherche von Silke Bigalke, Süddeutsche Zeitung vom 18./19./20.5.2013.

161 Das Beispiel stammt von Günther Molwes, Jenseits aller Vorstellungen, in: Frankfurter Rundschau vom 3.12.2014, S. 13. Sein Beispiel ist m. E. anschaulicher als die wohl weiter verbreitete Information, dass die fünf reichsten Deutschen mehr als die Hälfte des gesamten Volksvermögens ihr Eigen nennen. Zu diesen großen Fünf hatte Theo Albrecht übrigens nicht gehört, als er starb. Er hatte es nur unter die ersten Zehn geschafft – zu mehr hatte es nicht gereicht.

162 Joseph Stiglitz, Europa spart sich kaputt – Warum die Krisenpolitik gescheitert ist und der Euro einen Neustart braucht, München 2016, S. 93.

12
Gebotene Staatsverschuldung
Die klassisch-keynesianische Ausnahme

Theorie und Praxis der antizyklischen Wirtschaftspolitik

Ja doch, es gibt sie tatsächlich, die notwendige, die gute Staatsverschuldung! JOHN MAYNARD KEYNES hat sie entdeckt. Sie ist also erst sehr spät gefunden worden, zu spät sogar, wenn man an Reichskanzler BRÜNING und die Folgen denkt.[163] Nichts kann die Bedeutung dieser Entdeckung besser veranschaulichen als der tragische Lauf der europäischen Geschichte in der ersten Hälfte des vergangenen Jahrhunderts.[164]

Der Umstand, dass die gute Verschuldung erst so spät in der Menschheitsgeschichte entdeckt worden ist, bringt zwar beiläufig, aber klar und deutlich zum Ausdruck, dass es sich um eine, wenn nicht gar um *die* Ausnahme zur Regel handelt. Die Regel lautet: Staatsverschuldung ist Ausdruck übler Misswirtschaft. Diese Regel ist seit der Antike bekannt; im Absolutismus ist sie exzessiv bis zum bitteren Ende in der französischen Revolution durchexerziert worden. Erst vor diesem Hintergrund ist die gute, sachlich gebotene Staatsverschuldung als Ausnahme und als wirtschaftswissenschaftliche Sensation, ja als »Paradigmenwechsel« im Sinne Thomas S. KUHNS[165] klar erkenn- und benennbar.

KEYNES also hat die Ausnahme gefunden; er hat erkannt, dass der Staat in einer konjunkturellen Krise nicht untätig zusehen kann, sondern dass er etwas tun muss, und was. Um den weiteren Abschwung der Wirtschaft zum Stehen zu bringen und eine vorzeitige Wiederbelebung[166] einzuleiten,

> muss der Staat mit Geld, das er nicht hat,
> die Produktion von Waren und Leistungen anregen, die kein Mensch kauft.

Mit dieser höchst befremdlich wirkenden Entdeckung der Vorteile eines vergeudenden *Deficit-spendings* hat er das kapitalistische Wirtschafts- und Gesellschaftssystem aus größter Not gerettet – eine Leistung von weltgeschichtlicher Bedeutung!

Beiläufig hat KEYNES damit den Katalog staatlicher Aufgaben um einen weiteren, bedeutenden, kosten- bzw. ausgabenträchtigen Posten erweitert: Dem Staat wird die neue, zusätzliche Aufgabe zugewiesen, konjunkturelle Krisen zu bekämpfen und für wirtschaftliche Stabilität zu sorgen. KEYNES liefert damit ein weiteres, bemerkenswertes Beispiel für das Wirken des WAGNER'schen Gesetzes und seiner Konsequenz, der wachsenden Staatsquote, wie zuvor beschrieben.[167] Stabilisierung der wirtschaftlichen Entwicklung war bis dahin nicht im Katalog staatlicher Aufgaben enthalten. Selbstverständlich erhöhen sich die Betriebskosten des Staates durch diese Aufgabenerweiterung einmal mehr.

Mangel & Überschuss

Das Duo infernale und seine periodischen Auftritte

Doch zurück: In der konjunkturellen Krise fehlt es mehr oder weniger plötzlich an zahlungsfähiger Nachfrage (warum diese Konstellation periodisch immer wieder in Erscheinung tritt? [→*Basics 12, 13*]). Diesen Nachfragemangel kann der Staat wirkungsvoll mit *zusätzlichem*, folglich gerade *nicht mit ersteuertem* Geld beseitigen; ersteuertes Geld würde die gesamtwirtschaftliche Kaufkraft nur dann vermehren, wenn es ausschließlich aus Steuern für Vermögende, den StV, stammt. Das aber ist unrealistisch. Stammt das zusätzliche Geld jedoch überwiegend aus Steuern für Unvermögende, den StUV als der realistischen Variante, so verschiebt das zusätzlich ersteuerte Geld lediglich die rare Kaufkraft, nämlich weg vom privatem hin zu öffentlichem Konsum; die Summe aus beiden bleibt, wie aus Kapitel 4 bekannt, weitgehend unverändert.

Ein aktuelles Überangebot an Waren und Leistungen ist mithin die Kehrseite eines aktuellen Mangels an zahlungsfähiger Nachfrage – die beiden treten ausschließlich als Duo auf, als »Mangel & Überschuss« (Überschuss im Verhältnis zur mangelnden Kaufkraft, beide bedingen und bestimmten sich wechselseitig). Die vom Staat durch Arbeitsbeschaffungsmaßnahmen zusätzlich erstellten Waren und Leistungen dürfen deshalb das in der aktuellen Konjunkturkrise bestehende Überangebot an Waren und Leistungen nicht noch weiter vergrößern. Folglich muss der Staat solche Waren und Leistungen in Auftrag geben bzw. nachfragen, die kein individueller Konsument, also kein

Mensch kauft. Anders gesagt: Die zusätzlichen Maßnahmen des Staates dürfen keine Angebotsmehrung bewirken, dürfen also das marktfähige gesamtwirtschaftliche Produktions- und Leistungsvolumen nicht vergrößern.[168]

KEYNES selbst beschreibt diesen Zusammenhang in ungewöhnlich plastischer Anschaulichkeit und drastischer Offenheit; er sei deshalb hier ausführlich zitiert: »Das Bauen von Pyramiden, Erdbeben, selbst Kriege mögen dazu dienen, den Reichtum zu mehren… Wenn das Schatzamt alte Flaschen mit Banknoten füllen und sie in geeignete Tiefen in verlassenen Kohlenbergwerken vergraben wollte, sie dann bis zur Oberfläche mit städtischem Kehricht füllte und es dem privaten Unternehmungsgeist nach den erprobten Grundsätzen des Laissez-faire überließe, die Noten wieder auszugraben…, so brauchte es keine Arbeitslosigkeit mehr zu geben, und vermittels der Rückwirkungen würde das Realeinkommen des Gemeinwesens wie auch sein Kapitalreichtum wahrscheinlich viel größer als jetzt werden… Zwei Pyramiden, zwei Steinhaufen für die Toten sind doppelt so gut wie einer, aber nicht so zwei Eisenbahnen von London nach York.«[169]

Keynes' Gegenmittel
Staatlich kreditierte Nachfragemehrung ohne Angebotsmehrung, kurz: N_+ bei $A_{\pm o}$

Der Zwang, neue, markträumende Nachfrage zu schaffen, wenn eben möglich sogar neue Nachfrage pur und solo, d.h. neue, zusätzliche Nachfrage (N_+) ganz ohne neue, zusätzliche Waren ($A_{\pm o}$) auf den relevanten Märkten, treibt KEYNES also zu seinen extremen, auf den ersten Blick verstörend wirkenden wirtschaftspolitischen Empfehlungen. Denn durch die staatlichen Arbeitsbeschaffungsmaßnahmen kommt neues Geld in den Wirtschaftskreislauf, die zuvor arbeitslosen Empfänger geben es umgehend wieder aus: Folglich wächst die zahlungsfähige Nachfrage.

Die Warenmenge, welche die alten und die wieder neu hinzugekommenen Käufer:innen auf den Konsumgütermärkten vorfinden, ist währenddessen nicht gewachsen, weil die neuen Käufer:innen ja solche Waren und Leistungen erstellt haben, die keiner von ihnen braucht oder auch nur begehrt. Es gab also eine Nachfragemehrung ohne Angebotsmehrung: N+ bei A±o. Der Angebotsüberschuss ist beseitigt, was auf die Konsumgütermärkte kommt, kann wieder gewinnbringend verkauft werden. Dann lohnt es sich auch wieder zu investieren – die gesamte Wirtschaft kommt wieder in alten Schwung, so dass sie sich bald wieder aus eigener Kraft trägt.

Damit erhöhen sich alsbald auch die Steuereinnahmen wieder, so dass sich die vorgeschossenen Kredite *selber finanzieren* – weitgehend, ganz, unter Umständen sogar überschüssig; im Detail ist die Entwicklung nicht vorhersehbar.[170] Ergebnis: Die Schornsteine rauchen wieder, die Krise ist überwunden, der Schaden erheblich minimiert. Mit Hilfe antizyklischer Konjunkturpolitik hat der Staat Wirtschaft (und Gesellschaft) stabilisiert. So die neue, revolutionäre Lehre des John Maynard Keynes.

Unter seinen Fachkollegen war diese Lehre allerdings anfangs heftig umstritten.[171] Den vorübergehenden, fast schon totalen Sieg der Keynes'schen Ideen hatte diese Kritik jedoch nicht aufzuhalten vermocht; dafür war der Druck der äußeren, wirtschaftlichen und – das vor allem – politischen Verhältnisse zu groß: Die angespannte politische Lage verlangte einen von Grund auf neuen wirtschaftspolitischen, zudem dezidiert makroökonomischen Ansatz, weil die herrschende mikroökonomische Theorie zur herrschenden Lage ganz offenkundig nichts zu sagen hatte. Dort herrschte vielmehr zunächst lediglich betretenes Schweigen: Die Artisten in der Zirkuskuppel – ratlos.[172]

Kriegs- versus Linkskeynesianismus

Das Gegenmittel kann unterschiedlich eingesetzt werden

In der Not der Großen Depression also fand die Rezeptur des J. M. Keynes zur konjunkturellen Erholung sofortige Anwendung. Der erste Vollkeynesianer, auch wenn er sich dazu nicht öffentlich bekannt hatte, ja sich dessen womöglich nicht bewusst gewesen war, war Adolf Hitler mit seinem gigantischen Aufrüstungsprogramm als Mittel gegen die bedrohlich gewordene Massenarbeitslosigkeit; Hitlers Programm wurde mit Mefo-Wechseln, also mit einem Versprechen auf spätere Zahlung, finanziert. Demgemäß wurde, wie von Keynes gefordert, mit Geld bezahlt, das der Staat nicht hatte, und es wurden Waren geschaffen, die niemand kaufen wollte oder konnte, Kriegsausrüstung nämlich einschließlich dienlicher Infrastruktur wie z. B. Autobahnen. Weil die Autos und die Panzer, die sie befahren sollten, noch gar nicht gebaut waren, mühte man anfangs sich in »Wochenschauen«, »Volksempfängern«, Presse und anderen Propagandaorganen, die Autobahnen als die »Kathedralen der Neuzeit« zu bepreisen, sprich: politisch zu verkaufen.

Der zweite Vollkeynesianer war – fast zeitgleich – der ursprünglich übrigens eher libertäre US-Präsident FRANKLIN D. ROOSEVELT mit seinem New Deal. Finanziert aus neuer Staatsverschuldung, wurden zur Überwindung der Großen Depression von 1929 ff. massenhaft Arbeitslose eingestellt, die ROOSEVELT mit der Verbesserung der maroden Infrastruktur, dem Bau von Staudämmen zur Stromerzeugung u. a. beschäftigte. Auf der einen Seite entstand auf diese Weise neue, zusätzliche Kaufkraft, sprich Nachfrage bei den zuvor Arbeitslosen – *die dringend benötigte Nachfragemehrung* (N_+). Auf der anderen Seite wurden dadurch Güter erstellt, die nicht auf den Konsumgütermärkten erscheinen und Kaufkraft in Anspruch nehmen (Verbraucher kaufen keine Staudämme) – *die dringend verhinderte Angebotsmehrung* ($A_{\pm 0}$). So kommt auch in diesem Fall zusammen, was eigentlich nicht zusammengehört, nämlich die erforderliche, von KEYNES nachdrücklich geforderte *Nachfragemehrung ohne Angebotsmehrung*: N_+ *bei* $A_{\pm 0}$.

HITLER und ROOSEVELT zeigten damit schon gleich zu Anfang die Weite des KEYNES'schen Programms: HITLER steht für Kriegskeynesianismus, ROOSEVELT für Aufbau-, Infrastruktur- bzw. Linkskeynesianismus.[173] Zwischen den beiden Extrempositionen sind mancherlei Kombinationen möglich; im Laufe der Jahre ist der Neokeynesianismus hinzugekommen, der das KEYNES'sche Programm zeitgemäß fortzuschreiben bestrebt ist, sowie unlängst der Ökokeynesianismus mit dem naheliegenden Programm, vermehrt schuldenfinanzierte Staatsausgaben in Umwelt- und Klimaschutzprojekte zu investieren; schließlich besitzen diese Projekte ebenfalls die von KEYNES verlangte Wirkstoffkombination aus vermehrter Nachfrage und gleichbleibendem Angebot.[174]

Nichts ist erfolgreicher als der Erfolg: KEYNES' Programm zur Überwindung von Konjunktureinbrüchen erwies sich als überraschend wirksam. Heutzutage ist es weltweit unumstritten – in der Konjunkturkrise werden alle zu Keynesianern. Sobald der Konjunktureinbruch überwunden ist und Stabilität gesichert erscheint, wenden sich allerdings viele wieder den alten Mainstream-Lehren der ökonomischen Orthodoxie zu. Folglich bleibt in guten Konjunkturen regelmäßig nur noch eine kleine Schar überzeugter Keynesianer übrig – gute Zeiten sind schlechte Zeiten für Keynesianer, aber gut für die Orthodoxie der Mainstream-Ökonomie, und umgekehrt (→*Basics 13, 17E*). Gegenwärtig bilden die (Neo-)Keynesianer jenen Kern der Nebenstrom-Ökonomie, dem wir auf den vorangehenden Seiten schon mehrfach begegnet sind.

Konjunktur- versus Strukturkrisen
Wo helfen kreditfinanzierte Ausgaben und wo bleibt die keynes'sche Rezeptur wirkungslos?

Ein kurzer Blick auf die Verhältnisse zur Zeit der Weltwirtschaftskrise von 1929 ff. offenbart, warum die Verschuldungsrezeptur, kurz gefasst als N_+ bei $A_{\pm 0}$, des J. M. Keynes so erfolgreich war. Bei der Weltwirtschaftskrise von 1929 ff. handelte es sich nämlich nicht um eine Strukturkrise, sondern um eine klassische Konjunkturkrise.

In einer *Konjunkturkrise* geht es darum, gerade stillgelegte oder von Stilllegung bedrohte Produktions- und Leistungskapazitäten vor der Schließung mit anschließender Verschrottung zu bewahren, indem man ihnen mit staatlicher Hilfe ersatzweise neue Aufträge verschafft. Das kann nur gelingen, wenn die Aufträge trotz weiter bestehenden Bedarfs aufgrund aktuell verbreiteter Zahlungsschwächen weggefallen sind *und* wenn unbeschäftigte Arbeitskräfte in großer Zahl vorhanden sind, die in umfangreichen Projekten eingesetzt werden können. Es muss also Arbeitslosigkeit respektive »Unterbeschäftigung« weit verbreitet sein.

Beide Bedingungen waren in der Weltwirtschaftskrise von 1929 ff. lehrbuchartig erfüllt. Aber auch eine Wirtschaftskrise, wie sie die Corona-Pandemie 2020 ff. weltweit ausgelöst hatte, erfüllt diese Bedingungen. Krisen dieses Typs können deshalb durch ein per Staatskredit vermitteltes »Weiter so!« wirkungsvoll bekämpft werden. Die Kredite zahlen sich im folgenden Aufschwung wieder aus.

Strukturelle Krisen dagegen sind von anderer Art. Hier hilft kein N_+ bei $A_{\pm 0}$. Diese Krisen haben ihre Ursachen in grundlegenden und beständigen Gegebenheiten wie unzureichenden nationalen oder regionalen Infrastrukturen, technologischen oder verwaltungsmäßigen Rückständen, in mangelhaften (Aus-)Bildungssystemen und unzureichend ausgebildeten Arbeitskräften, in fehlender Rechtssicherheit, weit verbreitetem Staatsversagen, egal ob bürokratisch oder libertär verursacht, fehlenden Rohstoffen und in mancherlei mehr.

Das beste, leider dauerhaft hochaktuelle Beispiel für eine schwere Strukturkrise ist die anschwellende Umwelt- und Klimabedrohung. Dabei geht es – ganz im Gegensatz zu situativen, konjunkturellen Krisenkonstellationen – darum, in Betrieb befindliche, betriebswirtschaftlich und technisch intakte, aber ökologisch nicht mehr vertretbare Produktions- und Leistungskapazitäten zu verkleinern, einzugrenzen oder sogar dauerhaft stillzulegen, bzw. sie durch regelmäßig aufwändigere, aber weniger umwelt- und klimaschädliche Stoffe, Prozesse und Leistungen zu ersetzen. Krisen dieses Typs können *gerade nicht* durch ein kreditvermitteltes, grundsätzliches staatliches »Weiter so!« à la Keynes bekämpft werden.

Während es bei der Beseitigung von konjunkturellen und formal gleichgearteten (»isomorphen«) Krisen wie der Corona- gleich wie der Wirtschafts- und Währungskrise von 2008 ff. um neuerliches Wachstum aus prinzipiell bzw. strukturell unveränderten Produktions- und Leistungsprozessen geht, stehen bei der Bekämpfung von strukturellen Krisen wie Umwelt- und Klimakrisen Zusatzkosten, aufwändiger, produktivitätsmindernder Um- und Abbau, ja sogar ökonomische Einschränkungen, Verzichte und Verluste im Zentrum der gebotenen wirtschaftpolitischen Agenda. Und es sind die strukturellen Krisen, allem voran die Umwelt- und Klimakrisen, die übergreifen (von der periodisch auftretenden, offensichtlich menschlichen Lust am Kriege gegen seinesgleichen soll erst gar nicht die Rede sein). Außerdem sind konjunkturelle Krisen temporär, strukturelle Umwelt- und Klimabedrohungen dagegen säkular, zumindest tendenziell. Zu diesen Krisen hat Keynes nichts zu sagen, und seine Rezeptur versagt.

Von Keynes zu Merz, via Friedman, Bernanke und Draghi

Dessen ungeachtet, sind die Lehren des J.M.Keynes auf eher kurzem Weg zu Friedrich Merz, dem Kanzler der SchuKo, der neuen Schuldenkoalition, gelangt.

Als erste Zwischenstation ist Milton Friedman zu nennen. Friedman reflektiert, dass Keynes' Ideen über Pyramidenbau, vermehrte Totengräber auf Staatskosten und versenkte Banknoten in alten Bergwerken politisch wohl schwerlich zu vermitteln sind. Deshalb überlegt er, den Ansatz durch »Helikopter-Geld« zu ersetzen: Ein Hubschrauber kreist über der Stadt und wirft Banknoten ab.[175] Das ist zwar die konsequent gedachte Vollendung des bahnbrechenden Keynes'schen Konzepts des N_+ bei $A_{\pm 0}$ durch einen dezidierten Anti-Keynesianer, denn Helikopter-Geld bedeutet Nachfragemehrung ohne Angebotsmehrung pur: Geld für nichts. Jedoch verträgt sich der Vorschlag wohl kaum mit dem Leistungsgedanken und der darauf aufgebauten Leistungsgesellschaft; aus diesem (und weiteren Gründen) blieb es beim Gedankenexperiment.

Unter dem Präsidenten der US-Notenbank Ben Bernanke (2006–2014) jedoch ist das Helikopter-Geld zum Konzept des »quantitative easing«/der mengenmäßigen Lockerung (der Geldschöpfung) weiterentwickelt worden, und der Präsident der Europäischen Zentralbank, Mario Draghi, hat es auf die Spitze getrieben, als er auf dem Höhepunkt der Euro-Finanzkrise am 26.7.2012 vor die Weltpresse getreten war und erklärt hatte, die EZB werde ihre Möglichkeiten zur Geldschöpfung notfalls unbegrenzt nutzen. Mit seinem berühmt gewordenen »Whatever it takes/koste es, was es wolle« hatte er die Situation tatsächlich beruhigen und in geordnete Bahnen zurückführen können.

Exakt diese Geld- und Finanzpolitik greift Friedrich Merz wieder auf, wenn er am 24.2.2025, dem Tag nach der Bundestagswahl, seine Kehrtwende hin zur Megaverschuldung verkündet und seiner deutschsprachigen Zuhörerschaft – EU-Recht hin, EU-Recht her – versichert, die von ihm mutmaßlich geleitete Bundesregierung werde keine Grenzen respektieren und zur Sicherung ukrainischer und sonstiger Grenzen notfalls ausgeben, »whatever it takes«, wie im ersten Absatz des Vorwortres zu dieser Schrift berichtet. Ob Friedrich Merz die ganze Verbindungslinie von Keynes zu ihm kennt? Man wird es bezweifeln dürfen.

Indes: »… quantitative easing ist eigentlich nichts anderes als ›Helikopter-Geld‹. Nur kreist der Hubschrauber über den Banken und pumpt diese mit Geld voll, anstatt es über den Unternehmen und Bürger*innen abzuwerfen.«[176] Auch dieses Verfahren ist politisch und ökonomisch höchst riskant. Insbesondere birgt es erhebliche Inflationsgefahren: Zusätzliches Geld trifft auf unveränderte Werte. Geldentwertung ist eine wahrscheinliche, mittelbare Folge.[177]

Der im Grunde linkskeynesianische Weg mit Kurzarbeitergeld, Abwrackprämie u. ä., den die deutsche Bundesregierung in der Finanzkrise von 2008 ff. eingeschlagen hatte, war dagegen effektiv und affektiv erfolgreich; namentlich die deutschen Schulen haben enorm von der Krise profitiert, insofern eine ganze Reihe ihrer seit Jahren undichten Dächer und Toiletten damals »plötzlich über Nacht, eh man‘s gedacht«, gleichsam wie einst bei den Heinzelmännchen zu Köln aus den Geldern eines eiligst zusammengestellten, staatlichen Konjunkturprogramms saniert wurden. Seitdem also war es vorübergehend weniger nass unter deutschen Schuldächern, stellenweise sogar weniger abstoßend auf deutschen Schultoiletten. Anderen Infrastrukturaufgaben erging es ähnlich.

Hier war es also die Krise, die gesellschaftlicher Vernunft und ökonomischer Rationalität zum Durchbruch verhalf, indem sie krasse Missverhältnisse zwischen der Versorgung mit privaten und öffentlichen Gütern ein wenig korrigiert. Unsere Schüler, Studenten und Lehrer haben deshalb gute Gründe, schlechte Zeiten zu begrüßen – auch ein Aspekt unserer (so ABBA P. LERNER) »*upside-down economy*« mit ihrer »*topsy-turvey economic theory*«.

Festhaltenswert dürfte des Weiteren an dem Vorgang sein, dass und wie die Bundesregierung unter dem Druck der Krise plötzlich in aller Stille zur temporären Konvertitin wurde und sich in eine praktizierende Gelegenheits-Keynesianerin verwandelt hatte – ganz so, wie es das keynesianisch geprägte Stabilitätsgesetz von 1967 verlangt.

Die multiple Krise der Gegenwart
Helfen kreditfinanzierte Staatsausgaben?

Das Problem des FRIEDRICH MERZ und der Seinen besteht nun allerdings darin, dass die aktuelle Krise in Deutschland und anderswo keine klassisch-keynesianische Konjunkturkrise darstellt, sondern eine »multiple« oder auch »Poly-Krise«, soll sagen: in ihr fallen verschiedene Krisen zusammen, namentlich eine Krise der Infra- und Verwaltungsstruktur, eine Außenhandelskrise (Zölle), eine außen- bzw. verteidigungspolitische Krise, auf die mit massiver Aufrüstung reagiert werden soll, sowie die unbeirrt fortschreitende, globale Umwelt- und Klimakrise obendrauf. Die diversen Krisenstränge bündeln sich zu einer allgemeinen Vertrauenskrise in den Staat, dessen Problemlösungsfähigkeiten in wachsendem Ausmaß bezweifelt werden. Es liegt auf der Hand, dass dies keine klassisch-keynesianische Krisenlage ist. Die klassisch-keynesianische Verschuldungsmedizin zum Zwecke nachfragewirksamer Beschäftigungsförderung ohne Angebotswirkung, sein N_+ bei $A_{\pm 0}$, kann folglich in dieser Krisenlage nicht anschlagen.

Tatsächlich hat KEYNES mithin eine Lösung für einen periodisch anfallenden, kurzzeitigen, besonderen Fall von Wirtschaftskrise entdeckt, die konjunkturellen Krisen, am besten in lehrbuchmäßiger Ausstattung. Damit hat KEYNES tatsächlich eine Ausnahme, genauer: die Ausnahme zu jener in Kapitel 6 ausführlich Schritt für Schritt erarbeiteten Regel gefunden, der zufolge sich staatliche Kredite – strikt im Gegensatz zu den Krediten privatwirtschaftlicher Unternehmen – prinzipiell *nicht* selber finanzieren.

Die Entdeckung seiner *Regel für den Ausnahmefall* bleibt zweifellos eine Leistung von immenser, gleichwohl begrenzter Bedeutung, um es ein letztes Mal zu betonen. Für alles, was anders ist, was also dem Schema konjunktureller Krisen nicht entspricht, was wesentlich andersartige Merkmale aufweist, hat KEYNES *keine* Lösung. Was fehlt, sind also namentlich Behandlungsanleitungen für strukturelle, stagnative wie degressive, am Ende gar säkulare Wirtschafts-, Klima-, Umwelt- und Gesellschaftskrisen.

Selber hat KEYNES sich beizeiten schon, in den Wirren der frühen Zwischenkriegsjahre nämlich, von dem Zwang befreit, unbedingt langfristige, gar säkulare, universelle Lösungen zu entwerfen. »*In the long run, we are all dead*/ langfristig sind wir alle tot« lautet sein Trostspruch – eine kluge Bescheidung, keine Resignation.

KEYNES erklärt die Ausnahme zur Regel

Nebenher war KEYNES jedoch auch ein Meister darin, falsche Fährten zu legen. Das hat er gerne getan, um allzu schwache Stellen seiner neuen Lehre zu überspielen. Sein größter Coup ist ihm bei der Titelgestaltung seines Hauptwerks gelungen. Obwohl diese Schrift einen drängenden, besonderen historischen Fall, die Große Depression von 1929 ff. und ihre Überwindung, zum Anlass und zum Thema hat, trägt sein Opus magnum den Titel »*Allgemeine Theorie* des Geldes, des Zinses und der Beschäftigung«. Im englischen Original heißt es gar: »*The* General Theory…«, also »*Die* Allgemeine Theorie…« – andere umfassende, folglich allgemeine Theorien über Geld, Zins und Beschäftigung kann es demnach gar nicht geben. Und falls doch, dann nur nachrangig.

Zusätzlich hat KEYNES seine Rezeptur mit einen voluminösen Beipackzettel versehen, vollgepackt mit einem eigens geschaffenen, anspruchsvollen, komplett neuen Begriffsgeflecht wie »Grenzleistungsfähigkeit des Kapitals«, »Liquiditätspräferenzfunktion«/»Liquiditätsfalle«, »Investitionsmultiplikator« im Gegensatz zum »Akzelerator« u. a. Die neue Begrifflichkeit nimmt die Aufmerksamkeit seiner interessierten Leser:innen behutsam, aber fest in Beschlag und entführt sie aus dem Bereich der objektiven, gesellschaftlichen Verhältnisse in den Bereich des subjektiven Verhaltens der einzelnen Individuen, letztlich in den Bereich eines ominösen Spartriebs eines jeden Mitglieds der Gesellschaft als letzten Grund der Krisen. Das aber ist ein Kapitel für sich (→*Basics 12, 13*).

Zusammenfassend ist festzuhalten, dass KEYNES seine Lehren und Behandlungsregeln für eine besondere politisch-ökonomische Krisenlage zur allgemeinen Regel verklärt hat. Viele folgen ihm dabei treu bis auf den heutigen Tag, wie sich im nächsten Kapitel zeigen wird.

Sachlich gebotene Kassenkredite – ein kurzer Nachtrag

Steuerliche Anpassungen an neue, notwendige staatliche Ausgaben lassen sich in einem demokratisch-parlamentarisch, zudem föderal organisierten Staat nicht von heute auf morgen durchsetzen. Trotzdem kommt es immer wieder vor, dass der Staat plötzlich mit zusätzlichen, ungeplanten Ausgaben zur Hilfe eilen muss. Katastrophen aller Art wie Havarien, große Unglücke (»Super-Gaue«), Unwetter, kriegerische Ereignisse und manches mehr können ihn dazu nötigen.

Es steht außer Frage, dass der Staat sich in solchen Fällen dringend benötigte Mittel umgehend durch Kreditaufnahmen auf den Finanzmärkten beschaffen muss. Mit der Zeit sind diese Kredite jedoch auszusteuern, meint: mit Hilfe angepasster, sachlich gebotener, leistungsfähigkeitsgerechter Besteuerung aus- bzw. abzulösen.

Der Vollständigkeit halber ist deshalb nachzutragen, dass auch Kassenkredite, d. h. Kredite zur Deckung unvorhergesehener, dringender staatlicher Zwischenfinanzierungsbedarfe in das soeben abgeschlossene, mit »Sachlich gebotene Staatsverschuldung« überschriebene Kapitel fallen.

Anmerkungen zu Kapitel 12

163 KEYNES hat seine Theorie im Laufe der 20er Jahre des vorigen Jahrhunderts entwickelt; sein zusammenfassendes Hauptwerk, die Allgemeine Theorie der Beschäftigung, des Geldes und des Zinses, erschien 1936.

164 Bekanntlich hatte HEINRICH BRÜNING, von 1930–1932 Kanzler in den letzten Jahren der Weimarer Republik, die neue Lehre von den guten Schulden und dem Widersinn des Sparens in der Krise noch nicht zu verstehen gelernt: Mit Notverordnungen kürzte er – übrigens auch mit sozialdemokratischer Zustimmung – in der Weltwirtschaftskrise die Staatsausgaben, verschlimmerte die wirtschaftliche Lage weiter und half HITLER damit unbeabsichtigt an die Macht. Einmal »ergriffen«, riss der Diktator umgehend das wirtschaftspolitische Steuer herum und machte Gebrauch von der Schuldenrezeptur, und zwar so reichlich, dass er schon nach einem halben Dutzend

(von geplanten tausend) Jahren nicht nur aus Gründen der Macht und der Ideologie einen Weltkrieg vom Zaume brach, sondern sich durchaus auch aus rein wirtschaftlichen Gründen zum Krieg gezwungen sah – nämlich um seine Schulden mit Hilfe der zu erbeutenden Reichtümer fremder Völker und »Rassen« auszulösen (so auch z. B. Götz Aly, Schulden, Volk und Raubkrieg, in: Berliner Zeitung vom 1.9.2015, S. 4). Die Folgen dieses gescheiterten Versuchs einer unorthodoxen Schuldentilgung, die Spaltung der Welt in zwei Blöcke mitsamt Rüstungswettlauf und Kaltem Krieg, Zusammenbruch des Ostblocks, NATO/US-Dominanz und »Militärisch-industriellem Komplex« (Dwight D. Eisenhower) sind bis heute spürbar.

165 S. Thomas S. Kuhn, Die Struktur wissenschaftlicher Revolutionen, 2. Aufl., Frankfurt/M. 2009.

166 Die Wiederbelebung ist vorzeitig, weil letztlich jede Krise aufgrund von systemeigenen automatischen Stabilisatoren rein ökonomisch in einem selbstläufigen Prozess überwunden wird – freilich erst nach unnötig langer Zeit sowie auf unnötig niedrigem Niveau, nämlich über eine »absterbende Belebung« und damit zu unerträglich hohen, vermeidbaren Kosten, sprich mit vermeidbaren menschlichen Leiden und politischen Erschütterungen. Letztere gefährdeten die bestehende gesellschaftliche Ordnung bis aufs Mark (→*Basic 12*).

167 S. o. Kapitel 1. Im deutschen Stabilitäts- und Wachstumsgesetz von 1967 ist diese neue Aufgabe gesetzlich verankert und verfahrenstechnisch definiert worden. Es hatte offensichtlich über 30 Jahre gedauert, bis Keynes' Programm für kurzfristiges, stabilisierungsorientiertes staatliches Handeln seine offizielle wirtschaftspolitische Anerkennung in Gesetzesform erhalten konnte. Treibende Kraft war der damalige Wirtschaftsminister Karl Schiller, ausnahmsweise ein Sachkundiger, ein Ökonomie-Professor nämlich sogar, auf dem Stuhl des Bundesministers für Wirtschaft. Regelmäßig wird dieses Ministerium dagegen mit Personen ohne wirtschaftswissenschaftliche Kenntnisse besetzt, wie bereits erwähnt.

168 Um genau zu sein: Es genügt, dass die Angebotsmehrung kleiner ausfällt als die Nachfragemehrung. Dabei gilt jedoch: Je geringer der Unterschied, desto geringer die Wirkung, und umgekehrt.

169 John Maynard Keynes, Allgemeine Theorie des Geldes, des Zinses und der Beschäftigung, Berlin 1936, S. 109 ff. Ein wunderlich verschlüsselter Text! Hier eine Entschlüsselungshilfe, sofern benötigt: Pyramiden, Erdbeben, Kriege stehen für kreditfinanzierte staatliche Zusatzausgaben, welche über die Löhne der zusätzlichen Bauarbeiter und Krieger die gesamtgesellschaftliche Nachfrage erhöhen (N_+); ebenso das Ver- und Wiederausgraben der Banknoten. Zwei Eisenbahnen von London nach York dagegen erhöhen das Angebot, sind also schädlich [A soll ja plusminus Null bleiben ($A_{\pm 0}$)].

170 Zu Möglichkeiten und Grenzen sozioökonomischer Prognostik: (→*Basic 16*).
Indem neue Einkommen ohne neue Waren entstehen, ist Keynes' Medizin zwar fähig, jenen Nachfragemangel, wie er in der durch Gewinne angetriebenen Wirtschaft verankert ist (respektive die Unterkonsumtion, wie sie »im Kapitalverhältnis angelegt« ist (→*Basic 12*), zu kompensieren, besser: aufzuheben im Hegel'schen Sinn, d. h. zugleich aufzulösen und auf einer höheren Stufe aufzubewahren. Es handelt sich

um eine in die Produktion eingebettete Entwertung von vorne herein (→*Basic 12*). Als solche aber trägt sie auch immer die Anlage zur Inflation in sich, die, in kleinen Dosen von etwa zwei Prozent jährlich verabreicht, als süßes Gift stimulierend auf den Wirtschaftskreislauf wirkt, während sie in großen Mengen den gesamten Wirtschaftskreislauf zersetzt.
Der äußerst behutsam vollzogene Wandel, in dessen Verlauf Preisstabilität nicht mehr mit abwesender Inflation definiert wird wie noch zu jenen Zeiten, in denen das deutsche Stabilitätsgesetz verabschiedet wurde, reflektiert diesen Zusammenhang. Heute gelten Sätze wie »Preisstabilität herrscht bei zwei Prozent Inflation« als richtig – George Orwell lässt grüßen, mit »1984« hatte er den Zeitpunkt für die Einführung dieses »Neusprechs« allerdings etwas zu früh angesetzt. Richtig müsste es heißen: Es geht der Geldpolitik nicht mehr um Preisstabilität, sondern um Systemstabilität. Letzterer wird die Preisstabilität geopfert, insofern nunmehr eine allgemeine Preisinflation von zwei Prozent zwecks Stabilisierung des gesamten Wirtschafts- und Gesellschaftssystems ausdrücklich angestrebt wird.

171 Schon gleich nach Erscheinen wurde von namhaften Kritikern vermerkt, es handele sich weder um eine *allgemeine* Theorie, da sie eindeutig auf die Krisensituation der damaligen Zeit bezogen sei, noch um eine allgemeine *Theorie,* da das Werk voller sachlicher Widersprüchlichkeiten und Unzulänglichkeiten sei (so umgehend Josef Alois Schumpeter, Keynes' großer Rivale im Kampf um den weltweit bestangesehenen, lebenden Ökonomen, sinngemäß als der erste von vielen namhaften Kritikern, in: Journal of the American Statistical Association, Vol. 31, 1936, S. 791–795.) Was die theoretische Grundlegung angeht, so hatte Schumpeter recht; was die praktische, wirtschaftspolitische Bedeutung der neuen Lehre angeht, hatte er jedoch komplett unrecht. Schumpeter blieb deshalb seitdem immer in Keynes' Schatten, was er nur schwer zu ertragen vermochte, wie Annette Schäfer anschaulich berichtet: s. dies., Die Kraft der schöpferischen Zerstörung – Josef A. Schumpeter: Die Biografie, Frankfurt/New York 2008.

172 Die *Mikroökonomie* untersucht das Verhalten der Unternehmen und Haushalte im Zeitablauf; die Preislehre ist ihre Königsdisziplin. Die *Makroökonomie* dagegen untersucht die Entwicklung volkswirtschaftlicher Größen wie Einkommen, Produktion, Wachstum und Inflation; ihre Königsdisziplin ist die Wirtschafts- und Finanzpolitik. Die anerkannten (Mikro-)Ökonomen lagen plötzlich für jedermann sichtbar weit neben der Spur (→*Basic 12*).

173 Durchschlagenden Erfolg hatte jedoch auch Roosevelts New Deal-Version der Keynes'schen Rezeptur erst mit Beginn der Kriegswirtschaft in den USA. Kriegsvorbereitung und völlig ungefährdete Kriegsführung im fernen Europa spülten so viel Geld in die US-Wirtschaft, dass Schritt für Schritt Vollbeschäftigung erreicht wurde. Aufgrund einer klugen Steuerpolitik, die hohe Gewinne mit konfiskatorischen Höchststeuersätzen von bis zu 95 Prozent abschöpfte und der öffentlichen Verausgabung zuführte, begann für die USA eine einzigartige, lange Phase anhaltenden Wachstums – der »american dream« konnte sich entfalten (→*Basic 13*). sowie Thomas Piketty, Das Kapital im 21. Jahrhundert, München 2014, S. 682 und 692, bzw. die diesbezüglichen Ausführungen in Kapitel 2, Anm. 3.

174 Weiter ausgeführt bei Axel Stommel, Klimapolitik…, S. 24–30. Dort wird die klimapolitische Option der Ökokeynesianer kritisch analysiert, ohne dass allerdings das Wort »ökokeynesianisch« fällt. Dies geschieht deshalb, weil der Begriff im dortigen Zusammenhang keine erkenntnisfördernde Funktion besitzt.

175 »Nehmen wir an, dass eines Tages ein Hubschrauber über diese Stadt fliegt und zusätzliche 1.000 Dollar in Form von Geldscheinen abwirft, die natürlich von den Bewohnern hastig eingesammelt werden. Setzen wir weiter voraus, dass jeder davon ausgeht, dies sei ein einmaliges Ereignis…« (Milton Friedman, Optimum Quanity of Money, Chicago 1969, S. 4 f., Übersetzung –AS.)

176 Sven Giegold u. a., Finanzwende – Den nächsten Crash verhindern, Berlin 2016, S. 24. In der Systematik zu Beginn von Kapitel 6 entspricht Helikopter-Geld der Version C* der Staatsfinanzierung.

177 Inflation ist ein Thema für sich. Hier sei nur so viel angemerkt: Inflation ist die Methode der Wahl, um Verzichtleistungen zu erzwingen und Verluste vornehmlich zu Lasten von Lohn- und Gehaltsempfängern, Renten- und anderen Beziehern von vertraglich oder gesetzlich festgelegten Geldleistungen durchzusetzen, ohne dass dafür der- oder die geld-, finanz-, währungs- bzw. lohnpolitisch Verantwortlichen klar erkennbar hervortreten müssen, erst recht nicht lohn- bzw. gehaltskürzende Unternehmer. Insofern ersetzen inflationäre Prozesse praktisch kaum noch durchsetzbare direkte, nominale Lohn-, Renten- u. a. Kürzungen. Einerseits. Andererseits werden die jeweils Regierenden durchaus für inflationäre Entwicklungen verantwortlich gemacht, wie zuletzt noch die Abwahl der Demokraten in den USA und die Wahl von Donald Trump II anschaulich vor Augen geführt hat: Ohne die Inflation – darin sind sich alle Wahlanalysten einig –, die Präsident Biden mit seiner Inflation Reduction Act von 2022 ausgelöst und das zu einer Erhöhung des allgemeinen Preisniveaus in den USA von mehr als 20 Prozent geführt hatte, wäre Trump 2024 nicht ein zweites Mal ins Amt gekommen.

13
Aktuelle Theorien zur Staatsverschuldung
Die Ausnahme erscheint als Regel

Speziell die USA sind in ihre aktuelle Lage geraten, »weil der neoliberale, minimalistische Staat nicht genügend Steuern von multinationalen Unternehmen und den Reichen eingesammelt hat.«
Liew Chin Tong
an der Rayartnam School of International Studies in Singapur[178]

Manche Zusammenhänge erkennt man mit dem Abstand des (örtlich und/oder sachlich) Außenstehenden besser. Wenn man nicht Fachfremde, etwa Soziologen wie Wolfgang Streeck oder Philosophen wie Jürgen Habermas und Richard Rorty aufsucht, dann muss man sich schon an ferne Orte wie Singapur begeben, um zu erleben, dass ein offenkundiger Zusammenhang wie der zwischen Steuern und steuern in fachwissenschaftlichem Rahmen klar und deutlich, fast schon wie ein Gemeinplatz ausgesprochen wird.

Was die Spatzen dort vom Dach pfeifen, stellt an unseren Schulen, Hochschulen und wissenschaftlichen Kongressen sowie in unseren Lehrbüchern dagegen etwas Unerhörtes, mehr noch: etwas ganz und gar Ungesagtes/Ungeschriebenes, etwas kaum Vorstellbares dar: ein, wie gesagt, zumal unbekanntes Tabu. Sowohl die progressiven als auch die herkömmlichen Ökonomen pflegen die Zusammenhänge zwischen staatlicher Verschuldung, staatlicher Abhängigkeit und wachsender sozialer Spaltung schlicht und einfach zu umgehen, nicht zur Kenntnis zu nehmen. Wolfgang Streeck hat, wie erwähnt, die stille Leere der herrschenden Lehre und ihres Widerparts zur Sprache gebracht: »Der, soweit ich sehen kann, einzige Ökonom, der auf diesen Zusammenhang [zwischen staatlicher Verschuldung und sozialer Spaltung – AS] aufmerksam gemacht hat, ist Carl Christian von Weizäcker, auch wenn und vielleicht gerade weil er ihn affirmativ [heißt: befürwortend – AS] wendet.«[179]

Übrigens war es wieder ein von Weizsäcker, der, offensichtlich auf gleicher Wellenlänge segelnd wie sein Anverwandter, im Februar 2025 jene Megaverschuldung auf den Weg gebracht hat, die den aktuellen, äußeren Anlass für die vorliegende Schrift bildet. Jacob von Weizsäcker nämlich, saarländischer Finanzminister und in Fachkreisen bestens vernetzt, war es, der sofort nach der Bundestagswahl am 24.2.2025 mit Jens Südekum, Wirtschaftsprofessor an der Universität Düsseldorf, in der SPD beheimatet und ebenfalls bestens vernetzt, telefoniert und dafür hatte gewinnen können, eine »lagerübergreifende« Runde aus führenden Ökonomen mit dem Ziel zusammenzustellen, der neuen Regierung eine gigantische Neuverschuldung dringend anzuraten.

Als Leuten vom Fach ist den beiden hinreichend bekannt, welch ungeheurer öffentlicher Finanzierungsbedarf sich im Laufe der Kohl- und Merkel-Jahre zuzüglich der vorzeitig beendeten drei Ampelkoalitionsjahre angesammelt hat. Wenn die neue Regierung nicht sogleich daran scheitern soll, woran ihre Vorgängerin letztlich gescheitert ist, nämlich an Geldmangel, so musste jetzt sofort neues Geld her – anders geht‘s nicht mehr. Das aus Kapitel 1 bekannte Wagner‘sche Gesetz hat die Ausweitung der öffentlichen Haushalte auf Platz 1 der Tagesordnung gesetzt.

Aus diesem Grund und zum besagten Zweck also holten sich Jacob von Weizsäcker und Jens Südekum drei Kollegen ins lagermäßig austarierte Boot: Moritz Schularik vom IfW in Kiel als Rüstungsexperten sowie Clemens Fuest vom ifo-Institut in München und Michael Hüther vom arbeitgeberfinanzierten IW in Köln, die beiden Letztgenannten als CDU-nahe Experten für Wirtschafts- und Finanzpolitik. *The Pioneer* berichtet: »Am Ende stand ein einseitiges Papier. Mit ›breitem Konsens‹, so heißt es dort, empfiehlt die Runde zwei gigantische Schuldentöpfe: 400 Milliarden Euro für Verteidigung, 400 bis 500 Milliarden Euro für Straßen, Schienen und Gebäude.«[180]

Wenige Tage später, am Dienstag, dem 4. März, verkünden Friedrich Merz, Markus Söder für CDU und CSU sowie Lars Klingbeil und Saskia Esken für die SPD eine Einigung, welche die Empfehlungen der Ökonomen sogar noch übertrifft: die eingangs erwähnte Neuverschuldung in Höhe von 1.000 Milliarden Euro (plus X für Whatever-it-takes). »Ihr Papier hätte offenbar eine entscheidende Rolle gespielt, freute sich Südekum wenige Tage nach der Verkündung des Finanzpakets.«[181] Als Vorlage dürfte der Runde Joe Bidens Inflation Reduction Act gedient haben.

Die EU dagegen mit ihren gerade erst vor Jahresfrist pikanterweise auf deutschen Wunsch hin neu erhärteten Schuldenregeln hatten sie allesamt, die fünf Ökonomen und die vier Politiker (darunter eine Frau) allerdings offensichtlich nicht bedacht. Sie hätten die EU auch unmöglich bedenken können, denn es blieb ihnen faktisch keine andere Wahl: Die jahrzehntelange Sparpolitik war am Ende, Steuererhöhungen waren weiter absolut tabu für CDU und CSU – also blieb einzig und alleine unverzügliche, großvolumige Neuverschuldung übrig – Neuverschuldung war gewissermaßen »alternativlos«, um jenes Wort zu benutzen, mit dem die Kanzlerin in den ersten Jahren ihrer langen Regierungszeit viele ihrer Entscheidungen zu begründen pflegte – bis dann eine neu gegründete Partei ihr dieses Wort gründlich verleidet hatte.

Sein Wortbruch fiel FRIEDRICH MERZ, dem designierten Kanzler der neuen SchuKo[182], offensichtlich nicht schwer, obwohl dieser Wortbruch das Zeug hat, als eins der waghalsigsten Wendemanöver in die Geschichte der bundesrepublikanischen Politik einzugehen. Eigentlich eine erstaunlich kleine Schar von Ökonomen und gewählten Politikern (mitsamt der Frau), die sich da berufen fühlten, die Weichen für Deutschland kurz entschlossen von Sparen auf Verschulden umzustellen!

Der große KEYNES hatte schon recht, als er gegen Ende seines Opus magnum die einzigartige Bedeutung von Ökonomen wie folgt beschrieben hatte: »(D)ie Gedanken der Ökonomen und Philosophen, sowohl wenn sie im Recht, als wenn sie im Unrecht sind, [sind] einflussreicher, als gemeinhin angenommen wird. Die Welt wird in der Tat durch nicht viel anderes beherrscht. Praktiker, die sich ganz frei von intellektuellen Einflüssen glauben, sind gewöhnlich die Sklaven irgendeines verblichenen Ökonomen.«[183]

Werfen wir also einen kritischen Blick auf die aktuell geläufigsten ökonomischen Lehren zur Staatsverschuldung.

Die Ratendifferenzlehre

Schuldenfinanzierung aus Wachstum, Wachstum um der Schulden willen

Die erste, in Fachkreisen und bei Fachjournalist:innen gleichermaßen weit verbreitete Lehre, fast schon ein Gemeinplatz, ist schnell beschrieben. Sie besagt schlicht und einfach, staatliche Verschuldung sei kein Problem, sondern volkswirtschaftlich erstrebenswert, solange die Rate des wirtschaftlichen Wachstums höher ist als die Rate der Kreditzinsen. Sie orientiert sich dabei an der Kreditlehre der privaten Unternehmen, wie in Kapitel 6 beschrieben. Dort ist die Kreditaufnahme kein Problem, wenn die erwartete Gesamtkapitalverzinsung über der vereinbarten Kreditverzinsung liegt; in diesem Fall »hebelt« die Kreditaufnahme sogar die Verzinsung des Eigenkapitals.

Nur: Der Staat ist ja gerade kein privates Unternehmen, kann und darf auch nicht so rechnen wie die Privaten, seien es Unternehmen oder Haushalte. Außerdem währt seine Verschuldung ewig. In der Ratendifferenzlehre begründet Verschuldung einen Zwang zu Wirtschaftswachstum jedweder Art, notfalls ergänzt bzw. ersetzt durch eine Niedrigzinspolitik der Zentralbank. Nicht nur im Angesicht der Entwicklung in Umwelt und Klima ist diese Lehre schlicht aus der Zeit gefallen. Joseph Stiglitz erinnert an alltägliche Folgen im soziologischen Mikrobereich: Wachstum bedeutet, »die Luft noch stärker zu verschmutzen, noch mehr Amerikaner von Opioiden abhängig zu machen, noch mehr Kinder anzuhalten, ihre Diabetes verursachenden Lebensmittel zu essen, und sich auf die Art von finanziellen Betrügereien einzulassen, die die Krise von 2008 ausgelöst hatten.«[184]

Aber nicht nur das. In ihrer ökonomistisch verengten Betrachtung übersieht diese Lehre auch großzügig die mit der Verschuldung einhergehenden, besagten Dienstbarkeiten des Staates, seine Schwächung bei gleichzeitiger Ermächtigung seiner Kreditgeber, deren Steuerzahlungen weitgehend ersetzt werden durch das Recht, Staaten Darlehen zu gewähren – oder aber zu verweigern. Außerdem übersieht die Lehre von der positiven Ratendifferenz die Umverteilungswirkungen des Verschuldungsprozesses, und zwar gleichermaßen die direkten in Gestalt der Befreiung der Vermögenden von einer sach- und leistungsfähigkeitsgerechten Besteuerung als auch die indirekten in Gestalt kreditbedingter staatlicher Abhängigkeiten und daraus erwachsender Rücksichtnahmen und Dienstbarkeiten (die »kleine Sicherungskaskade« aus Kapitel 7). Beide Folgewirkungen für die soziale Ausgewogenheit und politische Stabilität der Gesellschaft bleiben diesem ökonomistisch beschränkten Blick verborgen.

Dabei bieten die USA einmal mehr mustergültiges Anschauungsmaterial für den begrenzten Blick der Verfechter des Ratendifferenzkriteriums. Die Staatsverschuldung der USA wächst zwar mit besorgniserregendem Tempo – das Defizit hat 2020 die Billionen-Dollar-Grenze passiert. Trotzdem bleibt sie immer noch rein finanziell beherrschbar.[185] Zusammen mit der Verschuldung wachsen – präcoronaisch – erstens die US-Wirtschaft, zweitens der Reichtum der Reichen sowie drittens Armut und Anzahl der Armen.[186]

Das kreditgetriebene Wachstum hat also die Armut wachsen lassen; weiteres Wachstum dieser Art wird die Armut weiter wachsen lassen – und zwar solange, wie nicht gegengesteuert wird mit Steuern für Vermögende. Dann aber schwindet in demselben Akt, wie erinnerlich, auch der Verschuldungsbedarf. Von einer solchen gesellschaftsverträglichen Entwicklung sind die USA jedoch meilenweit entfernt; stattdessen droht das ganze Land über seinen ungesteuerten, disparaten Wachstum aus den Fugen zu geraten, so dass der Name »Vereinigte Staaten« zum Euphemismus einer gespaltenen Nation zu degenerieren sich anschickt. Was Abhilfe schaffen kann, liegt auf der Hand: sach- und leistungsfähigkeitsgerechte Steuern, welche die Staatsverschuldung zurückfahren und dem Staat eine systemstabilisierende sozioökonomisch-ökologische Steuerung erlauben.

Über solche Verhältnisse und Zusammenhänge sieht die Lehre der lediglich durch das Verhältnis von Wachstums- und Zinsrate begrenzten Staatsverschuldung mit der Großzügigkeit einer reinen Ökonomie hinweg; Steuerfinanzierung ist dieser Lehre weder erwähnens- noch überhaupt bedenkenswert – ein Tabu halt, überdies ein nicht einmal bedachtes, bewußtes.

In ihrer selbstverschuldeten Alternativlosigkeit schenkt sich die Lehre von der Ratendifferenz auch jede Erörterung der Frage, warum der Staat eigentlich Kredite aufnehmen soll, wo doch Vermögen in Hülle und Fülle im Staate vorhanden ist – zumal bei jenen, für die gilt: Steuern ändern ihr Konto, aber nicht ihr Leben.

Dass es unter gleichermaßen klima- und sozialpolitischen Aspekten wünschenswert ist, dass das Leben auch dieser Menschen sehr wohl durch Steuern berührt würde, damit sich ihre übermäßig angewachsenen ökologischen Fußabdrücke im vereinigten Interesse von Klima und sozialem Ausgleich wenigstens dem örtlichen Normalmaß annähern,[187] sei zwar vermerkt. Aber der Vermerk ändert nichts am Bestehenden: Steuern berühren ihr Konto, nicht ihr Leben.

Schließlich noch ein eher kleinlicher Einwand. Der Zinssatz für deutsche Staatsanleihen lag zum Zeitpunkt des Bundestagsbeschlusses zur Aufnahme des Megakredits bei 2,82 Prozent (mit steigender Tendenz bei international steigender Kreditaufnahme, einer Tendenz, die übrigens infolge der neuen deutschen Verschuldungswelle schwächere Mitglieder der Eurozone durchaus noch in Schwierigkeiten bringen kann – sei's drum). Zur selben Zeit rechnet die Bundesregierung mit einem Wirtschaftswachstum von 0,3 Prozent, der Internationale Währungsfonds (IWF) sogar mit einem Wachstum von null Prozent in Deutschland. Der Mammut-Kredit hätte demnach dieser Lehre gemäß gar nicht aufgenommen werden dürfen! JENS SÜDEKUM jedoch, jener einflussreiche Regierungsberater mit SPD-Parteibuch, gemäß dem gewiss fachkundigen Urteil des FRIEDRICH MERZ als CDU-Bundeskanzler gar »einer der vier namhaftesten Ökonomen dieses Landes«[188], bekennt sich sogar ungefragt gerne zur Ratendifferenzlehre wie zu einer Selbstverständlichkeit.[189]

Soviel zur Lehre von der unschuldigen Verschuldung bei hinreichender Differenz von Zins- und Wachstumsrate. Es handelt sich eh eher lediglich um einen falsch erfassten Grundsachverhalt als um eine eigenständige Theorie.

Die Lehre von der Saldenmechanik

Was folgt aus der Identität von Vermögen und Schulden?

Eine andere Lehre geht von der Gleichung »Vermögen (der einen) = Schulden (der anderen)« aus: Fällt der Schuldner aus, so verliert der Vermögende sein Vermögen im Umfang der uneinbringlich gewordenen Schulden; er muss sein Vermögen entsprechend »wertberichtigen«, sprich abschreiben. Also: Ohne Schulden kein Vermögen; eine Schuld, die niemand bedienen kann, ist zugleich Vermögen, das nicht gedeckt ist, ist entschwundenes, unmögliches Vermögen, wertlos.[190]

Tatsächlich ist der Unternehmenssektor inzwischen in Teilen zum Netto-Sparer geworden. Das Geschäft nämlich ist teilweise derart profitabel, bringt mithin so viel Geld, dass viele Unternehmen gar kein Fremdkapitel mehr benötigen. Und weil der Staat diese Gewinne bzw. die Empfänger dieser Gewinne weder sach- noch leistungsfähigkeitsgerecht besteuert, herrscht bei den Gewinnern der in Teil I schon mehrfach beschriebene Anlagenotstand. Wohin mit all den Gewinnen? Wo gewinnbringend wieder anlegen? So lauten die Sorgen der Hochprofitablen. Statt Fremdkapital aufzunehmen, anstatt sich also zu verschulden, kaufen hochprofitable Unternehmen in ihrer Not sogar – genau umgekehrt – ihre eigenen Aktien auf. Das treibt, beiläufig bemerkt, den Kurs der eigenen Aktien in die Höhe und damit die erfolgsabhängigen Dividenden und Vorstandsvergütungen auf die Spitze.

Diese Entwicklung also habe zur Folge, so die Argumentation der Saldenmechaniker, dass der Staat einspringen und jene Schuldnerposition übernehmen müsse, welche die Unternehmensseite verlassen habe. Denn eine

Gegenposition zu den eh schon übergroßen, trotzdem ständig noch weiterwachsenden privaten Vermögen sei (und ist) nun mal unabdingbar; schließlich bilden Vermögen und Schulden die beiden Seiten ein und derselben Medaille. Daher verlange, kurz gesagt, der ungeheure, laufende Zuwachs privater Vermögen ein entsprechendes Wachstum der öffentlichen Schulden, und zwar mit der mathematischen Zwangsläufigkeit der saldenmechanischen Grundgleichung »Vermögen = Schulden«; es gehe um die beiden Seiten ein und derselben Medaille.

Diese Argumentation wird namentlich von dem Kreis um Heiner Flassbeck und Friederike Spieker vertreten, ebenso beispielsweise von dem renommierten, mit diversen Preisen ausgezeichneten Wirtschaftsjournalisten Harald Schumann.[191] Als Erstem ist in diesem Zusammenhang jedoch des bereits von Wolfgang Streeck benannten Carl Christian von Weizsäckers zu gedenken.

Nun ist es so, dass jede Irrlehre es nur deshalb zu einer Lehre schaffen kann, weil sie auch Richtiges enthält. Was also ist richtig an der saldenmechanischen Irrlehre? Richtig ist, dass die Dax- und MDax-Unternehmen 2018 – beispielsweise – für 8,6 Milliarden Euro eigene Aktien zurückgekauft haben. Das war 20-mal so viel wie im Jahr 2009. US-Firmen gaben 2018 erstmals sogar mehr Geld für Aktienrückkäufe aus als für produktive Investitionen. Demgemäß kauften die 3.000 größten börsennotierten US-Unternehmen allein 2018 für eine Billion Dollar eigene Aktien zurück, befeuert von der Unternehmenssteuerreform, die ihnen Donald Trump I spendiert hat und die eigentlich Investitionen auslösen sollte.[192] Der Trend hält an.

Was ist dann aber falsch an der saldenmechanischen Irrlehre? Vor allem, dass sie die weltweite Unternehmensverschuldung ignoriert. Die nämlich steigt gleichwohl weltweit enorm, konkret von 21 Billionen US-Dollar 1997 über 38 Billionen US-Dollar 2007 auf 73 Billionen US-Dollar im Jahre 2017 (auch dieses Jahr wieder nur beispielsweise).[193] Es besteht eben ein großer Unterschied zwischen den Spitzenunternehmen und dem übergroßen Rest. Die Summe aus Unternehmens-, Staats- und Privatschulden ist von 1999 bis 2019 um 216 Prozent auf 255 Billionen US-Dollar gestiegen; diese Summe erreicht das Dreifache der Weltwirtschaftsleistung.[194] Die ach so mathematisch strengen Saldenmechaniker argumentieren also, als wäre ein Teil das Ganze, als wären 33 = 100, beispielsweise. Diese Art von Fehler ist offensichtlich geläufig. Jedenfalls sind wir genau diesem Fehler bereits in Kapitel 11 begegnet.

Trotzdem enthält die saldenmechanische Irrlehre auch insofern Richtiges, als sie staatliche Verschuldung als unausweichliche Folge einer unterlassenen bzw. einer ungenügenden, weder sach- noch leistungsfähigkeitsgerechten Besteuerung erfasst. Das tut sie zwar leider lediglich unausgesprochen, und deshalb geht die naheliegende, entscheidende Schlussfolgerung leider regelmäßig unter. Aber immerhin.

Sprechen wir die Schlussfolgerung deshalb aus. Sie lautet: Wo immer zu viel Geld nutzlos aufgehäuft bzw. in den aufgeblähten Finanzsektor verschoben wird,[195] da ist es nicht Aufgabe des Staates, qua Verschuldung die notwendige Gegenposition zu schaffen. Sondern es ist Aufgabe des Staates, diese übermäßigen Vermögenswerte durch sach- und leistungsfähigkeitsgerechte Besteuerung abzubauen, die abgebauten Werte in den Wirtschaftskreislauf zurückzusteuern und klimasensibel wiedereinzugliedern, d. h. einer realwirtschaftlichen, sozial-, umwelt- und klimapolitisch angemessenen Nutzung zuzuführen – an Verwendungszwecken herrscht wahrlich kein Mangel.[196]

Für abgebautes Vermögen aber braucht man keine Gegenposition in Gestalt der geforderten, vermehrten staatlichen Verschuldung aufzubauen – der saldenmechanische Sachzwang löst sich in Wohlgefallen auf. Die Regel, die dahinter steht, lautet: Übermäßige Gewinne und übergroße Privatvermögen fordern staatlichen Verschuldungs*auf*bau, bei sach- und leistungsgerecht gesteuertem Gewinn- bzw. Vermögens*ab*bau entfällt der staatliche Verschuldungszwang; bestehende Verschuldung kann – ganz im Gegenteil – abgebaut werden. Dasselbe kürzer: Vermögens*auf*bau fordert Schulden*auf*bau, Vermögens*ab*bau beinhaltet Schulden*ab*bau, und deshalb, ja doch, da haben die Saldenmechaniker recht, ganz allgemein: Vermögen = Schulden.

Dasselbe mit den schon einmal zitierten Worten von Wolfgang Streeck: Sie gehen »nicht darauf ein, dass dem Anlagenotstand auch abgeholfen werden könnte, indem die überschüssigen Ersparnisse durch höhere Besteuerung (›Konfiskation‹) in reguläre Staatseinnahmen verwandelt würden – ebenso wie das Fürsorgebedürfnis statt individuell durch Ansparen privater Vermögen ja auch kollektiv auf dem Wege über eine Umlagefinanzierung abgedeckt werden könnte, beides mit tendenziell egalitären Konsequenzen.«[197]

Mutmaßlich ohne Rückgriff auf die Saldenmechanik hatte übrigens Bertolt Brecht von einem verallgemeinernden Standpunkt aus zuvor bereits gedichtet: »Reicher Mann und armer Mann / standen da und sah'n sich an. / Und der arme sagte bleich, / wär' ich nicht arm, wärst du nicht reich.«

Der Zusammenhang zwischen Vermögens- und Schuldenauf- und -abbau ist zu offensichtlich, um nicht auch von HEINER FLASSBECK gelegentlich selber ausdrücklich angesprochen zu werden.[198] Aber er behandelt die dysfunktional hohen Gewinne einerseits sowie ihre völlig unzureichende, aktuelle Besteuerung andererseits als gleichsam ehernes Gesetz und erklärt sie damit zum Tabu.

Und genau so mag's ja auch realistisch sein, einerseits. Andererseits entspricht diese Behandlung genau jener Art von zukunftsvergessenem Augenblicks-Realismus, den wir uns nicht mehr leisten können, und zwar weder ökonomisch noch ökologisch.[199] Machen wir uns doch klar, dass die Mehrheit der wählenden Bürgerinnen und Bürger grundsätzlich am längeren Hebel sitzt, zumindest solange wir in einer Demokratie leben und keine Panzer aufgefahren werden!

Auf diesen ebenso banalen wie verwegenen Gedanken wird im Abschlusskapitel zurückzukommen sein.

Die Lehre vom Green New Deal

Finanzierung aus dem Nichts

Die Lehre vom Green New Deal ist die Lehre der kritisch-alternativen, insbesondere (neo-, links- oder öko-)keynesianischen Ökonomen par excellence. In ihrem Kreis genießt der österreichische Wirtschaftswissenschaftler STEFAN SCHULMEISTER hohes Ansehen.

SCHULMEISTER argumentiert ohne ausdrücklichen Bezug zu Ratendifferenzlehre und Saldenmechanik: »Eine Staatsschuldenkrise gibt es immer nur dann, wenn Staaten versuchen, notwendige Schulden zu vermeiden. Aber stellen Sie sich vor, alle Länder in Europa machen Budgetdefizite von 5 Prozent, 15 Jahre lang. Der Schuldenberg erreicht dann irgendwann 200 Prozent des BIP. Sagen wir, wir nehmen all diese Schulden bei einem ›Europäischen Transformationsfonds‹ auf, der sich bei der EZB refinanziert [allgemein verständlich: der von der Europäischen Zentralbank mit Geld aus der Tastatur des dortigen Computers, also mit frisch »geschöpftem« Geld, mithin mit Geld aus dem Nichts ausgestattet wird –AS]. Damit schaffen wir vernünftige Dinge: Ein riesiger Green New Deal, Hochgeschwindigkeitszüge statt Flugverkehr, der gesamte Wohnbaubestand in der EU wird energetisch saniert und so weiter.

Nach 15 oder 30 Jahren haben wir eine wirklich ökologisch sanierte Ökonomie, aber riesige Schulden. Dann erlässt der Fonds den Staaten die Schulden und wird aufgelöst, die EZB hat ein negatives Eigenkapital von ein paar Billionen, und das wird durch eine ›Neustartbilanz‹ entsorgt.«[200]

Für Schulmeisters Argumentation gilt gleichwohl letztlich dasselbe wie für die Ratendifferenzler: Die mathematische Richtigkeit der Rechnungen wird nicht infrage gestellt. Aber Ökonomie ist keine Rechenaufgabe (→*Basic E16*). Schulmeister übersieht die sozio- bzw. politökonomischen Konsequenzen seines Vorschlags. Einige seien genannt.

- Sein Vorschlag öffnet nicht nur den Hochgeschwindigkeitszügen und der energetischen Sanierung des Wohnungsbaus die Kredittüren. Sondern er öffnet im Laufe der Zeit auch die Tore für einen Wettbewerb von Parteien und Machthabenden aller Art um Wählerstimmen bzw. um des Volkes Gunst, um Wohltaten für ihre Klientele bzw. Wählerschaften, die zwar über Kredite bzw. Geldschöpfung finanzierbar werden, die aber eine Vielzahl schädlicher Auswirkungen, namentlich auf die Geldwertstabilität, Ausrichtung der volkswirtschaftlichen Produktionskapazitäten und die Außenhandelsbeziehungen, das Vertrauen in das Geld- und Wirtschaftssystem, ja die politische Kultur überhaupt zur Folge haben. Parteien, Regierungsparteien zumal, sind in Hinblick auf die Geldschöpfung und ihre Verwendung sowohl in ständiger Versuchung als auch ziemlich erfinderisch. Wohin solch eine Entwicklung im Extremfall führen kann, ist in Robert Mugabes Simbabwe mustergültig zu studieren. Dass uns in Deutschland und in der EU Welten von Simbabwe trennen, steht außer Zweifel. Dass Annäherungen immer möglich sind, aber auch. Eine simple Regel verschafft sich letzten Endes immer Geltung: Neues, zusätzliches Geld, dem keine neuen, zusätzlichen Werte gegenüberstehen, führt zur Minderung des Geldwertes, vulgo: zu Inflation. Die Inflation aber ist die Geißel der Kleinen Leute. An Kapitel 12, Anm. 15, wird erinnert.
- Der Punkt bzw. die Spanne, an dem bzw. in der staatliche Verschuldung von (vorübergehend) notwendig in überflüssig/schädlich/inflationär umschlägt, bleibt ungeklärt, jedermanns eigenem Verständnis überlassen; maßgeblich bleibt es sogar dem Verständnis jeweiliger Politiker:innen überlassen. Dort ist es schlecht aufgehoben, denn der Versuchung, zu geben ohne sofort erkennbar zu nehmen, unterliegen sie, die sie dem

ständigen Wählervotum unterworfen sind, von Amts wegen. Ob es überhaupt einen Punkt gibt, an dem staatliche Verschuldung von notwendig in schädlich umschlägt, bleibt in dieser Lehre ungefragt, also erst recht unbeantwortet.

- Eine sach- und leistungsfähigkeitsgerechte Besteuerung mit all ihren sozial ausgleichenden und den Wirtschaftskreislauf anregenden Wirkungen verhindert die Rechnung des STEFAN SCHULMEISTER zwar vermutlich unbeabsichtigt, aber gerade deshalb höchst wirksam, nämlich heimlich, still und leise sowie von einer Seite, von der man derartiges nicht erwartet. So gesehen, handelt es sich um eine besonders heimtückische Lehre.
- Die Umverteilungswirkungen, welche die Staatsverschuldung im Gepäck hat, bleiben außer Betracht.[201]

Was hier vom Experten empfohlen wird, ist, zusammenfassend, ein unbedenklicher Umgang mit den Staatsfinanzen und den Instrumenten der Geldschöpfung ohne erkennbare Haltepunkte, aber mit fließenden Übergängen zu einer im Extremfall abgründigen, »pandemischen« Geldmengenexplosion einschließlich der darin eingebauten sozialen Verwerfungen und ökologischen Folgewirkungen.

Der Austausch von Flugzeugen gegen Hochgeschwindigkeitszüge sowie die energetische Sanierung des riesigen Wohnungsbaubestandes der EU etwa, um SCHULMEISTERS Beispiele aufzugreifen, ist zwar ökologisch geboten, weil auf diese Weise Schäden an Umwelt und Klima gemindert (wohlgemerkt, nicht: beseitigt) werden. Ökonomisch sind sie dagegen keineswegs geboten: Rein betriebswirtschaftlich rechnen sich die Austäusche nicht, weil sie weder die Zinsen noch die komplette Tilgungen der jeweiligen Kredite erwirtschaften.

Warum? Die Antwort wurde in Kapitel 6 ausführlich erarbeitet. Hier deshalb lediglich die Kurzfassung: Weil die Aufwendungen größer sind als die Erträge. Volkswirtschaftlich rechnen sie sich nicht, weil mit den zusätzlichen Einkommen der Bahn- und Wohnungsbauer keine zusätzlichen Werte geschaffen, sondern lediglich alte verbrauchsfähig gehalten werden. Damit erfüllen sie zwar die Bedingungen der keynes'schen Krisenrezeptur, denn sie schaffen neue Nachfrage ohne neues Angebot: N_{+} bei $A_{\pm0}$. Aber es geht hier nicht um die Verkürzung einer konjunkturellen und insofern klassisch keynesianischen Krise. Sondern hier geht es um ein Problem ohne konjunkturellen Bezug. In diesen Sachverhalten kommt zum Ausdruck, dass Ökologie Verzichte verlangt und Verluste dort produziert, wo auf notwendig gewordene Verzichte verzichtet wird.

Fazit: Der Green New Deal hat mit Roosevelts linkskeynesianischen New Deal, wie in Kapitel 12 beschrieben, gerade nichts zu tun. Der Name täuscht wieder einmal. Denn der Green New Deal ist letztlich nichts weiter als ein weiterer Fall von unzulässiger Verallgemeinerung der keynes'schen Sonderlagenlehre, wie sie der Meister, Keynes, höchstselbst einerseits angelegt, andererseits mit dem Hinweis auf den Tod als unumgängliches Langfristereignis zeitlich begrenzt hatte.

Geben, ohne zu nehmen: Letztlich wird im Green New Deal der Zauberei das Wort geredet.

Die Modern Monetary Theory

Easy Financing pur

Der immer noch frische Theorie-Import aus den USA namens Modern Monetary Theory (nachfolgend: MMT) verfügt über den Charme verblüffender Einfachheit. Er fußt auf der Feststellung, »dass der Staat Schöpfer der Währung ist«, um daraus zu schlussfolgern, er brauche »keine Steuern zur ›Finanzierung‹.«[202] Wachsende Ausgaben über steigende Steuereinnahmen zu ermöglichen, ist diesem Theoriekonstrukt zufolge sogar schädlich, und zwar in konjunkturellen Krisen ebenso wie in säkularen, in einer Konjunktur- oder der Corona-Krise genauso wie in einer konjunkturübergreifenden Infrastruktur-, Stagnations- oder wie auch immer gearteten Krise.

Unter der Überschrift »Das Ende der schwäbischen Hausfrau« führt der Autor (zusammen mit Skender Fani) konkretisierend aus: Für die MMT ist »fundamental, … mit dem weitverbreiteten Gedanken auf[zuräumen], dass Steuerzahlungen die Staatsausgaben finanzieren. Steuern werden in einem modernen Geldsystem nicht zur Finanzierung von Staatsausgaben benötigt. Der Staat gibt zuerst Geld aus, dessen Annahme er durch Steuern quasi erzwingt. Dabei sind staatliche Ausgaben nicht technisch beschränkt. Mit anderen Worten: Der Staat kann so viel Geld drucken, wie er es für sinnvoll hält. Da er Schöpfer des Geldes ist, kann er seine Ausgaben gar nicht ›finanzieren‹ – er ist nicht auf ein Einkommen angewiesen, bevor er Ausgaben tätigt.«[203]

Der Staat soll also das Geld, was er benötigt, aus dem Nichts schöpfen, ganz so, »wie er es für sinnvoll hält«, also erforderlichenfalls schier unbegrenzt.

Damit er das kann, müssen wir Staatsbürger:innen lediglich »unsere Staatsschuldenphobie überwinden«. Zu diesem Zweck wechselt die MMT die Perspektive und betrachtet unterlassene Investitionen selbst als Schulden: In dem Maße nämlich, in dem die gegenwärtige Generation notwendige Investitionen unterlässt, mindert sie den gegenwärtigen und den zukünftigen Wohlstand und hinterlässt ihren Kindern die Last, die versäumten Investitionen teuer nachzuholen.

Allerdings werden die Schulden, die in Gestalt unterlassener Investitionen vorliegen, weder amtlich erfasst noch sonst in irgendeiner Weise ausgewiesen. Deshalb treten diese Schulden nicht in Erscheinung, werden nicht wahrgenommen, bleiben unsichtbar. Gleichwohl sind sie vorhanden.

Werden die also unsichtbaren Schulden mit Hilfe von kreditfinanzierten Investitionen gemindert oder beseitigt, so erhöht sich die gesellschaftliche Verschuldung gemäß MMT nicht. Sie verändert nur ihre Form: Verdeckte Schulden (die unterlassenen Investitionen) werden in offene Schulden (die neuen Kredite zur Finanzierung dieser Investitionen) umgewandelt. Erst bei dieser Wandlung tritt die Verschuldung zutage: Das Unsichtbare offenbart sich, wird transparent.

Erhöhte Transparenz ist immer gut. Und weil es nun mal weniger kostet, Schlaglöcher, Justiz-, Gesundheits-, Bildungs-, Digitalisierungs-, Funk- und sonstige Löcher jetzt zu beseitigen als zu warten, bis sie riesig und die Folgeschäden immens geworden sind, werden diejenigen Investitionen, die mit Hilfe ausgewiesener Verschuldung finanziert und offenbart werden, für die ganze Gesellschaft erheblich billiger als die versteckten, in Ruhe gelassenen, in ihrem weiteren Wachstum ungestörten Schulden.

Im Ergebnis erscheint die Umwandlung verdeckter in offene Schulden mit Hilfe neuer Staatsverschuldung also als höchst wirtschaftlich, nämlich als kostensparend, nachhaltig und effektiv zugleich. Neue, ausgewiesene Staatsschulden erscheinen aus dieser Perspektive als geradeaus zielführender Weg zum gesellschaftlichen Fortschritt.

Zusätzlich entfaltet die erhöhte Kreditfinanzierung zwei ungemein attraktive Nebeneffekte. Zum einen braucht sich nämlich von jetzt an niemand mehr Gedanken über Fragen der Steuergestaltung und der Steuergerechtigkeit zu machen: Wenn der Staat sich das benötigte Geld einfach beschaffen kann, sei es problemlos durch Leihe, weil anlagesuchendes Kapital ja in Hülle und

Fülle vorhanden ist, sei es noch problemloser gar aus dem eigenen Zentralbank-Computer durch Geld-Schöpfung, dann braucht der Staat die erforderlichen Mittel nicht mehr über Steuern einzutreiben – dieses ewige Streitthema ist endgültig vom Tisch: »Fehlt es an Geld, leiht [bzw. schöpft – AS] man sich welches«, lautet die neue Gebrauchsanweisung der MMT für ihre Follower namentlich bei den Grünen, den Ökokeynesianern, wie in der gehobenen Presse mit süffisant-kritischem Unterton bemerkt wurde.[204]

Zugleich – um zur anderen Nebenwirkung zu kommen – hilft der Staat, indem er sich weiter fremdverschuldet, vermögenden Anlegern aus ihrer inzwischen sattsam bekannten, ewigen Anlagenot.

Folgt man dieser Argumentation, so ist es reine Zeitverschwendung, an Steuern auch nur zu denken. Auch über Inflationsgefahren infolge zügelloser »Geldschöpfung« sollen wir uns nicht sorgen. Diese revolutionär neue Finanzierung des Staates befreit von allen Haushaltssorgen; Regierungen können fortan unbeschwert den öffentlichen Investitionsstau auflösen, und zwar ganz ohne Steuern überhaupt noch zu erheben. Kurz: Sie können geben, ohne zu nehmen! Das ist easy Financing pur! Endlich.

Damit ist die ersehnte Umwertung der Werte vollzogen; Friedrich Nietzsche hätte seine wahre Freude daran gehabt: Neue, erhöhte Verschuldung ist alte, unveränderte, lediglich offenbarte Verschuldung. Obendrein ist die Umwertung kostenlos erhältlich; es bedarf lediglich eines Wechsels der Perspektive mitsamt der zugehörigen gedanklichen Neubewertung der Staatsverschuldung. Ansonsten ändert sich nichts. Da kommt einem glatt der die Werbung für den Schokoriegel in den Sinn: »Raider heißt jetzt twix. Sonst ändert sich nix.« Also ein Geniestreich, diese Modern Monetary Theory, obendrein mit ihrer anmaßenden Namenswahl, die nach trump'scher Manier alle konkurrierenden Theorien als unmodern, ergo überholt, allenfalls noch für Wissenschaftshistoriker von Interesse, aus dem Rennen zu werfen trachtet?

Natürlich nicht. Die Anzahl derer, die sich der MMT anschließen, dürfte schon aus drei sozialpsychologischen Gründen begrenzt bleiben.[205]

Erstens ist an die bereits erwähnten »Menschen da draußen im Lande« zu erinnern. Wie in Kapitel 9 im Einzelnen ausgeführt, haben sie allzu oft erleben müssen, wie ihnen öffentliche, speziell Renten- und Sozialleistungen mit Verweis auf angespannte Finanzlagen verweigert oder gekürzt wurden. Die Erfahrungen mit Inflation und Staatsbankrott tun ein Übriges. Im Ergebnis haben sich die meisten Menschen eine schwer zu erschütternde Vorstellung davon bewahrt, was die Grundlage von Staat und Gesellschaft ist: Arbeit und Rechtschaffenheit, Steuern und Abgaben. Schuldenmachen gehört nicht dazu – auch wenn der vorschnelle Schluss vom privaten Portemonnaie auf's staatliche Budget in der Sache nicht ganz korrekt ist; sie haben ihre volkseigene Art der Erkenntnisgewinnung; verstehen das meiste falsch, fühlen aber richtig, um an Tucholskys Diktum zu erinnern.

Zweitens sind es die politischen Parteien – und zwar nicht allein die des konservativen Spektrums, sondern auch sozialdemokratische und Teile der politischen Linken, die diese neue Sicht ablehnen. Für die CDU/CSU gehörte eine »seriöse« Haushaltspolitik, sprich ein prinzipielles Festhalten an der Schwarzen Null und der Schuldenbremse bis gestern, genauer: bis zur Wahl des neuen Bundestags am 23. Februar 2025, zum eh schon mächtig geschrumpften, verbliebenen Markenkern mit der Schwarzen Null eines Wolfgang Schäuble im zentralen Bereich. Ob Friedrich Merz seine Volte vom 24. Februar, dem Tag nach der Bundestagswahl, durchhalten kann, ist fraglich. Der Widerstand von innen und von außen wächst jedenfalls. Weiter so?

Drittens gibt es zwar Staatsverschuldung, seitdem es Staaten gibt. Trotzdem ist Staatsverschuldung in den Augen der Mehrheit nur in Notfällen akzeptabel, als eine jener sprichwörtlichen Ausnahmen, die die Regel bestätigen.

Noch schwerer als die sozialpsychologischen Aspekte wiegt die ökonomische Frage: Helfen schuldenfinanzierte staatliche Ausgabenprogramme gegen Krisen jedweder Art, also beispielsweise auch gegen die aktuelle Polykrise? Die Antwort fällt eindeutig aus. Sie wurde in Kapitel 12 eingehend erörtert und soll hier nicht wiederholt werden.

Aus all diesen Gründen erweist sich das zudem unvermindert einseitig wachstumsorientierte Gedankenkonstrukt der MMT nur in besonderen Fällen als zielführend. Auch die MMT verwechselt Ausnahme und Regel, wie gehabt. In ihrer wachstumsorientierten Einseitigkeit ist sie, obwohl noch sehr jung, schlicht und einfach aus der Zeit gefallen.

Und dann noch die gesellschaftspolitische Dimension: der Staat also kann Geld unbegrenzt schöpfen, zudem inflationsfrei? Alles wird unbegrenzt finanzierbar, nur das volkswirtschaftliche Produktionspotenzial bildet noch eine gewissermaßen natürliche Grenze? Der Staat erscheint nachgerade allmächtig!

Jedenfalls kann er zaubern. Wozu noch über Steuern streiten? Reine Zeitverschwendung? Wenden wir uns doch endlich wichtigen Fragen zu?

Dass die MM-»Theorie« auch Richtiges enthält, sei unbestritten, sagt aber nicht viel. Schließlich müssen alle Lehren, also gerade auch die irrigen, Richtiges enthalten, wenn sie als Lehren bestehen wollen. Reiner, hanebüchener Unsinn schafft es nicht zu wissenschaftlicher Lehre. Das Irrige besteht gewöhnlich »nur« darin, dass die Irrlehren Unwesentliches als wesentlich, Zufälliges als notwendig, ein Teil als Ganzes ausgeben, um es bei den drei häufigsten Methoden zu belassen. Gerade ihr jeweils Richtiges macht Irrlehren gefährlich. Bei der MMT überwiegt das Irrige allerdings in ungewöhnlich großem Ausmaß. Das mildert ihre Gefährlichkeit.

Schließen wir, trotz alledem, versöhnlich und gelassen mit EUGEN ROTH: »Ein Mensch sieht ein – und das ist wichtig – nichts ist ganz falsch und nichts ganz richtig.«

Die Goldene Regel der Finanzwirtschaft

Staatswirtschaft nach privatem Muster?

Die sogenannte Goldene Regel der Staatsfinanzierung schließlich – um zur letzten, hier behandelten, geläufigen Theorie zu kommen – ist schnell beschrieben. Gemäß dieser Regel kann, ja soll der Staat seine produktiven (Netto-) Investitionen aus Krediten finanzieren; lediglich seine konsumtiven Ausgaben soll er aus Steuern decken. Indem er künftige Generationen per Schuldentilgung und -verzinsung an den Finanzierungslasten gegenwärtiger Investitionen beteiligt, leistet der Staat mit seiner wirtschaftlich höchst sinnvollen Verschuldung zugleich einen Beitrag zur Generationengerechtigkeit.

So die Regel, und so wird es beispielsweise von ACHIM TRUGER, Mitglied des Sachverständigenrates zur Begutachtung der gesamtwirtschaftlichen Entwicklung, einem amtlich bestallten »Wirtschaftsweisen« also, gelehrt und verbreitet.[206]

Das falsche Gold dieser Regel ist unschwer bereits daran zu erkennen, dass es grundsätzlich keine produktiven staatlichen Investitionen gibt, eben weil der Staat, wie ausführlich in Kapitel 6 dargestellt, kein produktives Unternehmen ist. Der Bau eines Schulgebäudes beispielsweise ist genauso wenig produktiv, wie die Gehaltszahlungen an die Lehrerinnen und Lehrer konsumtiv sind (übrigens hatte schon KARL MARX diese Frage bedacht[207]). Ja sogar eine Erhöhung der gesetzlichen Rentenzahlungen, um ein sicherlich besonders auffälliges Beispiel heranzuziehen, ist weder produktiv noch konsumtiv, weder erzeugend noch verzehrend.

Warum? Weil sich die Rentenerhöhung tatsächlich als eine dringend notwendige Investition in den sozialen Frieden erweisen kann, mithin als eine dringend gebotene Investition in nichts Geringeres als eine grundlegende Voraussetzung für störungsfreies produktives Wirtschaften in einer befriedeten Gesellschaft. Dass eine jeweilige Rentenerhöhung solch eine Investition sein kann, heißt nicht, dass sie es ist. Vielmehr kann sie durchaus auch ein unsinniges politisches Geschenk an eine potenzielle Wählerschaft darstellen.

Gleichwohl handelt es sich auch in letztgenannten Fall um eine Investition. Allerdings um eine Fehlinvestition. In dieser Hinsicht ist sie, hinreichende Größe unterstellt, vergleichbar mit jener Investition, die Thyssenkrupp in ein brasilianisches Stahlwerk geleistet hatte – eine tragische, komplette Fehlinvestition, die den Konzern fünf Jahre später, 2017, an den Rand des Ruins gebracht hatte. Entscheidend ist also, ob sich eine Investitionen als erträglich erweist oder als verfehlt. Diese Feststellung gilt in beiden Fällen, beim Staat genauso wie in der gewinnorientierten Privatwirtschaft.

Damit sind die Gemeinsamkeiten freilich auch schon erschöpft. Denn ob staatliche Investitionen in die soziale Stabilität, um im Beispiel zu bleiben, etwa in Form von Steuerzuschüssen zur Rentenversicherung, zur Grundsicherung im Alter, ob Zuschüsse zu nicht beitragsbedingten Leistungen wie bei dem bayerische Steckenpferd Mütterrente, Ausgaben für Polizei, Justiz, Lehrkräfte, Sportanlagen, Militär und manches mehr: ob all diese staatlichen Investitionen produktiv sind oder konsumtiv, erzeugend oder verzehrend, ist eine Frage, auf die es keine Antwort gibt.

Denn sie sind weder das eine noch das andere. Sondern sie sind etwas anderes, Eigenartiges: Die besagten Staatsausgaben können sich als stabilisierend für die Gesellschaft erweisen, als erhaltend, die Wirtschaftskraft stärkend, (sozialen) Frieden stiftend, sie können die gesamtwirtschaftliche Kaufkraft zu Lasten der Unternehmergewinne stärken (oder umgekehrt), sie können das Arbeitskräftepotenzial erweitern/verbessern und vieles mehr. Tun sie das in lohnendem Ausmaß, so haben sie sich gelohnt. Andernfalls haben sie sich als Fehlinvestition erwiesen. Genaues erfährt man freilich immer erst im Nachhinein. Die Zukunft enthält immer Ungewissheiten.

Außerdem erscheint das Entscheidungskriterium »lohnend oder verfehlt?« klarer, als es wirklich ist. Wann ein Ausmaß an Stärkung, Erhaltung, Entwicklung, Veränderung u. ä. lohnend ist, hängt ganz von den jeweiligen Umständen und den Zielsetzungen des bzw. der Beurteilenden ab. »Es liegt ganz im Auge des Betrachters«, wie es so schön heißt. Eine gelungene Kaufkraftstärkung bestimmter Bevölkerungsteile beispielsweise kann bei Hochkonjunktur durchaus mehrheitlich als nicht im Interesse des gemeinen Wohls liegend angesehen werden. Aufgabe der Politik ist es, mehrheitlichen Beurteilungen unter Beachtung des jeweils gebotenen Minderheitenschutzes Geltung zu verschaffen.

Wer auch immer diese Verfahrensmaßstäbe als ganz und gar unpräzise kritisiert, hat völlig recht. Denn darin drückt sich ein je nach Standpunkt womöglich bedauerlicher, aber gegebener Sachverhalt aus. Der Sachverhalt ist aus Teil I, Kapitel 6, bekannt und lautet: Die Regeln, Rechenmethoden und Erfolgskriterien der Betriebswirtschaftslehre gelten nicht für den öffentlichen Sektor, gelten also gerade nicht für Sozialversicherungsträger, nicht für öffentliche Betriebe, weder für die Kommunen noch für die Länder, den Bund, die EU und die UN.

Die »Gebietskörperschaften«, sprich Bundesländer und Kommunen sind keine Aktiengesellschaften, und Deutschland wird nicht an der Börse gehandelt. Die gemeinsame, oberste Aufgabe aller staatlichen Gliederungen besteht darin, die Lebenschancen der Bürgerinnen und Bürger zu fördern; »Eintracht nach innen, draußen Frieden«, wie es im Lübecker Holstentor eingeschrieben ist – darunter unbedingt auch Frieden mit der Natur –, sind dafür die obersten Gebote, sind grundlegende Voraussetzungen sowie entscheidende Beurteilungsmaßstäbe.

So einfach all das grundsätzlich erscheint: Jeweilige Umsetzungen erweisen sich regelmäßig als widersprüchlich und höchst komplex. Oft werden Entscheidungen zwischen Entweder und Oder verlangt. Eine der beliebtesten Übungen von Politiker:innen besteht jedoch darin, entweder/oder durch sowohl/als auch zu ersetzen; sie nennen dieses Verfahren »das eine nicht gegen das andere ausspielen«. In der Regel bedeutet genau dieses Verfahren eine Kapitulation vor den Aufgaben, die ihnen gegenüber gewöhnlich in der Form von Ausgaben auftreten. Das geht selten gut.

Genau an dieser Stelle tritt ein gravierendes systemisches Problem zu Tage. Es besteht darin, dass Politiker:innen sich unter dem ständigen Druck der (Wieder-)Wahl in vielen Fällen selbst dann kein anderes, sachgerechtes Verhalten leisten können, wenn sie es wollen. In der Umwelt- und Klimapolitik tritt dieses Problem sogar besonders deutlich, häufig und gewichtig in Erscheinung. Das ist jedoch ein eigenes Thema.[208]

Wer diese hier nur grob skizzierten Probleme übersieht und mit einer Formel nach Art der Goldenen Regel der Finanzwirtschaft zu bewältigen sich anschickt, muss so gesellschaftsblind sein wie einige bedauernswerte Menschen farbenblind sind.

* * *

Soviel zum Stand der aktuell verbreiteten Wirtschaftslehre. Damit dürfte genug zusammengetragen sein, um die Leitfrage dieser Untersuchung sachgerecht, hochkonzentriert und weiterführend beantworten zu können.

Anmerkungen zu Kapitel 13

178 Liew Chin Tong, Von wegen China, in: IPG-Journal vom 6.1.2020.

179 Wolfgang Streeck, Gekaufte Zeit…, S. 157. Weiter heißt es bei Streeck: Carl Christian von Weizsäcker »begründet dies mit einem säkularen Kapitalüberschuss in reichen Gesellschaften wie Deutschland, den er auf ein gestiegenes ›Vorsorgebedürfnis‹ einer älter werdenden Gesellschaft zurückführt. Damit diese nicht in ›Anlagenotstand‹ gerät, müsse der Staat bereit sein, ihre Ersparnisse als Kredit aufzunehmen, zumal der Zweck der Vorsorge riskantere Anlagen ausschließe und die Anlagemöglichkeiten in einer sich zur Wissensökonomie entwickelnden Realwirtschaft wegen deren veränderten Kapitalbedarfs nicht ausreichten. Weizsäcker geht nicht darauf ein, dass dem Anlagenotstand auch abgeholfen werden könnte, indem die überschüssigen Ersparnisse durch höhere Besteuerung (›Konfiskation‹) in reguläre Staatseinnahmen verwandelt würden – ebenso wie das Fürsorgebedürfnis statt individuell durch Ansparen privater Vermögen ja auch kollektiv auf dem Wege über eine Umlagefinanzierung abgedeckt werden könnte, beides mit tendenziell egalitären Konsequenzen.« (Ebd.)

180 Die Schuldenmacher, in: The Pioneer vom 20.3.2025, https://www.thepioneer.de/originals/others/articles/die-schuldenmacher

181 Ebd.

182 Die Abkürzung steht für »Schuldenkoalition«; von einer neuerlichen, fünften GroKo, also einer Große Koalition, kann ja keine Rede mehr sein, wenn die Koalitionäre nur noch 45 Prozent der Wählerstimmen auf sich vereinigen.

183 John Maynard Keynes, Allgemeine Theorie…, S. 323 f.

184 Joseph Stiglitz, Die Trump-Wirtschaft ist in allen Punkten durchgefallen, Gastkommentar im Handelsblatt vom 31.1.2020.

185 Dabei spielt die besondere Stellung der USA als Weltleitwährungsland eine erhebliche Rolle. Dass der US-Dollar die Weltleitwährung stellt, erlaubt es nämlich den USA, sämtliche Verbindlichkeiten in eigener, per Knopfdruck vermehrbarer Währung zu begleichen. Kein anderer Staat besitzt diesen Vorteil.
Andererseits ist die Frage, ob ein Staat sich in eigener Währung verschuldet oder in fremder, durchaus weniger entscheidend als allgemein gelehrt, jedenfalls wenn man es prinzipiell bzw. vom Ende aus betrachtet. Denn es trifft zwar zu, dass ein in eigener Währung verschuldeter Staat niemals zahlungsunfähig werden kann – schließlich kann er seine eigene Währung unbegrenzt schöpfen, d. h. Noten drucken und Guthaben im Computer seiner Zentralbank durch Tastendruck erschaffen, folglich eigenes Geld unbegrenzt liefern, folglich besitzt er ewige Zahlungsfähigkeit.
Aber bei allzu forscher Geldschöpfung ruiniert er seine Währung und liefert eine inflationär entwertete, inakzeptabel gewordene Ware. Die dringend benötigten neuen Kredite erhält er dann, wenn überhaupt, nur noch in Fremdwährung sowie zu ungünstigen Konditionen. Unter Umständen sieht er sich gar genötigt, seine eigene Währung an eine fremde zu koppeln. Ergebnis: Auch die »Verschuldung in eigener Währung«, und das heißt letztlich: staatliches Geldschöpfen bietet keine unbegrenzte, dauerhafte Lösung, nicht einmal für die USA.
Speziell für die Länder der Eurozone ist zusätzlich zu beachten, dass sie gar keine eigenen Währungen mehr besitzen. Der Euro nämlich ist die gemeinsame Währung aller Eurozonenmitglieder, und die EZB ist keine nationale Notenbank, sondern die gemeinsame Notenbank aller Eurozonenmitglieder, überdies mit weitestgehender, autonomer Entscheidungsmacht ausgestattet, allenfalls der Rechtsprechung des EuGH unterworfen (→*Basics 14, 15*).

186 Die Armutsstatistiken der USA sind zwar lückenhaft; ein untrüglicher Indikator ist jedoch die Zahl der Menschen ohne Krankenversicherung. Sie stieg z. B. unter Trump I um mehrere Millionen; 13,7 Prozent der erwachsenen US-Bürger, einschließlich ihrer Angehörigen sowie der Illegalen, zusammen also rund 50 Millionen Menschen, besitzen keinen Versicherungsschutz; Millionen weitere verlieren ihn, sobald sie arbeitslos werden, da er an ihr Beschäftigungsverhältnis gekoppelt ist – Krankheit ist der häufigste Grund für Privatinsolvenzen in diesen ZSA, den Zerrissenen Staaten von Amerika (Quellen: Steingarts Morning Briefing vom 21.1.2020 sowie Der Tagesspiegel vom 29.3.2020, S. 19).

187 Der Umstand, dass der ökologische Fußabdruck mit zunehmendem Wohlstand überproportional wächst, gilt sowohl innerhalb jeweiliger Gesellschaften als auch im internationalen Gefüge der Nationen. Mehr dazu bei Axel Stommel, Klimapolitik: Die Optionen…, passim.

188 So in einer Rede am 24.3.2025 im Deutschen Bundestag.

189 So zum Beispiel 2022 in einem Gespräch mit mir am Stehtisch während einer Seminarpause in der Berliner Niederlassung der Friedrich-Ebert-Stiftung. Aber auch der bereits zitierte Heiner Ganssmann beruft sich ausdrücklich auf die Ratendifferenzlehre (s.o. Kapitel 6).

190 Um Ausführungen zu vermeiden, die ohne buchungstechnische Grundkenntnisse schwer verständlich sind: Bei Bankguthaben ist der Sachverhalt offensichtlich. Gut-

haben der Bankkunden sind Schulden der Bank gegenüber ihren Kunden (und umgekehrt: die Schulden ihrer Kunden = Guthaben der Bank). Wenn der Schuldner, die Bank (respektive ihr Kunde), zahlungsunfähig wird, dann verliert der Gläubiger sein Vermögen im Ausmaß der Zahlungsunfähigkeit des Schuldners: Vermögen = Schulden.
Aber auch das wertvolle Grundstück, die teure Maschine, die edlen Rohstoffe, die gute Handelsware, das dicke Aktienpaket und das wertvolle Kunstobjekt werden zu Vermögen nur in dem Maße, wie es (natürliche oder juristische) Personen gibt, die bereit und fähig sind, diese Objekte als Geldschuldner zu erwerben. Mit variierender Bereitschaft und Fähigkeit, diese Position einzunehmen, variieren die jeweiligen Vermögen. Grundstücke an der späteren 5th Avenue in New York beispielsweise waren für Manhattans indianische Ureinwohner kein Vermögen; die ganze Halbinsel sollen sie für ein paar Glasperlen hergegeben haben.

191 S. z. B. Harald Schumann, Gefangen in der Schuldenbremse, in: Der Tagesspiegel vom 8.11.2019, S. 6. Peter Bofinger, der langjährige, auf gewerkschaftlichen Vorschlag berufene Wirtschaftsweise, argumentiert gelegentlich gleichfalls in diese Richtung, etwa wenn er zur krisenbedrohten Wirtschaftsdynamik ausführt: »Die Kreditnachfrage ist schwach, weil Unternehmen wie Google und Apple auf ihrem Geld sitzen. Das bremst die Weltwirtschaft. Die Notenbanken versuchen mit niedrigen Zinsen, diesen Unterdruck auszugleichen und dem globalen Nachfragedefizit entgegenzuwirken.« (Peter Bofinger in: Der Spiegel vom 21.12.2019, S. 70.)
Vermögen ist für diesen Weisen der Wirtschaft offensichtlich unantastbar. Sonst nämlich müsste er doch wohl die Alternative, den »Unterdruck« durch Besteuerung nicht nur auszugleichen, sondern gleich zu lindern, wenn nicht zu beseitigen, wenigstens als eine theoretische Möglichkeit benennen, zumal der Staat, sofern er die ersteuerten Mittel klimasensibel in den realen Wirtschaftskreislauf zurücksteuert, zusätzlich dem von ihm erwähnten Nachfragedefizit direkt entgegenwirkt (und nicht nur indirekt über die Geldpolitik). So etwas sagt Bofinger aber nicht. Mit dem »globalen Nachfragedefizit« allerdings dringt er – wenn auch nur beiläufig, nur einen einzigen Begriff lang – tatsächlich bis zu jenem Tor vor, das am Eingang in den Kernbereich der ökonomischen Entwicklungsdynamik in Konjunkturen und Krisen steht, ohne das Tor allerdings zu passieren. Mehr zum Kernbereich: (→*Basics 12, 13*).

192 Zahlen gemäß Steingarts Morning Briefing, 9.11.2019.

193 Quelle: IF, zitiert nach Der Spiegel vom 9.11.2019, S. 22. Auch wenn das Wirtschaftswachstum in den jeweiligen Perioden und Regionen berücksichtigt wird, bleibt das Schuldenwachstum signifikant überproportional.

194 Zahlen gemäß Steingarts Morning Briefing vom 18.11.2019. Speziell die Staatsverschuldung ist zwischen 2015 und 2019 als Folge der von der EZB, der US-Fed und der japanischen Notenbank betriebenen Niedrig- bzw. Nullzinspolitik um 30 Prozent gestiegen (ebd. am 25.2.2020) – ein Faktum, das es jedoch unter den gegebenen Verhältnissen nicht auf die Titelseiten der Presse schafft.

195 Ausführlich, gleichwohl überschaubar zur Verschiebung in den Finanzsektor: →*Basic 16.* Schwer überschaubar: Helge Peukert, Die große Finanzmarkt- und Staatsschuldenkrise – eine kritisch-heterodoxe Untersuchung, 4., akt. Aufl., Marburg 2012. So

grundlegende, entscheidende und verständnisfördernde Fragen wie »Weshalb, wie und wann hat sich der Finanzsektor herausgebildet?« werden auf den 624 Seiten, auf denen vorzugsweise letzte Verästelungen analysiert werden, nicht berührt. Am Ende sieht man in diesem Schlüsselwerk der neuen pluralen bzw. heterodoxen Ökonomie vor lauter Blättern den Stamm nicht mehr.

196 Dazu ein paar Zahlen für all jene, die es gerne konkretisiert haben. Summe der deutschen Unternehmensgewinne und Vermögenserträge 2024: 830 Milliarden Euro brutto, davon 230 Milliarden Euro Ertragssteuern ab, bleiben 600 Milliarden Euro. Individueller Verbrauch der Selbstständigen und Kapitaleigner schätzungsweise 270 Milliarden Euro, bleiben 330 Milliarden Euro für Investitionen, Spekulationen, kreative Finanzgeschäfte. Davon für arbeitsplatzschaffende Nettosachinvestitionen übrigens lediglich 5 Milliarden Euro! Nettoinvestitionen sind sogar rückläufig; der größte Teil der Investitionen sind Ersatzinvestitionen, über Abschreibungen finanziert. Also über 320 Milliarden Euro anlagesuchende Gelder in einem Jahr! Das reicht, um in den nächsten zehn Jahren Bundes- und EU-Anleihen für mehr als 1.000 Milliarden Euro, die geplanten Mega-Schulden also, aufzukaufen. Diese Anleihen sind also ein Segen für Anleger, die nicht wissen, wohin mit dem überschüssigen Geld (allein in Bitcoins und andere Spekulationsobjekte ohne eigenen Wert sind weltweit mehr als 3.000 Milliarden Euro investiert worden)!

197 Wolfgang Streeck, Gekaufte Zeit…, S. 157.

198 So z. B. in seinem Gastkommentar in Junge Welt vom 8.12.2017, S. 8.

199 In umwelt- und klimapolitischen Fragen bezieht Heiner Flassbeck übrigens einen ebenso bedenklichen, gleichgearteten Standpunkt: s. Axel Stommel, Klimapolitik…, S. 58–63.

200 »Nach Corona: Die Finanzmärkte entmachten!« Stefan Schulmeister im Interview, in: Der Freitag, Nr. 12/2020, https://www.freitag.de/autoren/pep/die-finanzmaerkte-entmachten

201 Ausführlich: s. Axel Stommel, Die unerträgliche Leichtigkeit der Schulden…, S. 120–128.

202 Dieses und die folgenden Zitate, soweit sie nicht ausdrücklich anders gekennzeichnet sind, aus Dirk Ehnts, Vorbild Biden: Mit der Modern Monetary Theory aus der Krise?, in: Blätter für deutsche und internationale Politik, Nr. 7/2021, S. 114–120. Dirk Ehnts ist der führende, vollumfänglich bekennende Anhänger dieser Theorie unter Deutschlands Hochschullehrern. Die Überlappungen mit dezidierten Linkskeynesianern wie Stefan Schulmeister (s. die vorangehende Lehre vom Green New Deal), dem erwähnten Rudolf Hickel von der Arbeitsgruppe Alternative Wirtschaftspolitik u. a. ist allerdings unübersehbar. Als Begründer der Theorie gilt Warren Mosler, ein ehemaliger Banker und Fondsmanager, als führende Vertreter Bill Mitchell und Randell Wray. Meine eigenen, nachfolgenden Ausführungen stellen Auszüge aus diesbezüglichen Beiträgen in derselben Zeitschrift, den »Blättern«, dar, und zwar in den Nr. 8 und 11/2021.

203 Dirk Ehnts/Skender Fani, Das Ende der schwäbischen Hausfrau, in: IPG-Journal vom 11.3.2019. Dabei handelt es sich übrigens um jenen Text, auf den bereits in Kapitel 1, Anm. 1, Bezug genommen worden war.

204 Robert Pausch/Mark Schieritz, Einfach mal raushauen: Die Ökopartei erfindet ihre Finanzpolitik neu, in: Die Zeit vom 27.3.2021.

205 Die Feststellung gilt ausdrücklich nicht für Wirtschaftswissenschaftler. Rudolf Hickel z. B. von der linkskeynesianischen Arbeitsgruppe Alternative Wirtschaftspolitik entwickelt große Sympathie für die MMT und kritisiert lediglich Verfahrenstechnisches: »Bei aller Sympathie für die MMT-Idee: Sowohl in den USA als auch in Deutschland wird die gut begründete Ausweitung der Staatsverschuldung immer noch über die Finanzmärkte abgewickelt, allerdings unter Nutzung der Programme der beiden Notenbanken zum Aufkauf von Staatsanleihen auf Basis deren unabhängiger Geldpolitik.« (Rudolf Hickel, Mehr Staatsschulden wagen…, S. 37.) Bei dem Verfahren, das Hickel – für Laien wohl kaum verständlich – beschreibt, handelt es sich um das Verfahren C* gemäß den Ausführungen gleich zu Beginn von Kapitel 6. Wäre C* nicht »immer noch« Standard, so gälte für Hickel demzufolge: MMT okay.

206 S. Achim Truger, Reform der EU-Finanzpolitik: Die Goldene Regel für öffentliche Investitionen, in: WiSo direkt, Nr. 35/2015. Der Autor ist 2019 auf gewerkschaftlichen Vorschlag hin als Nachfolger des langjährigen Mitglieds Peter Bofinger in den Sachverständigenrat berufen worden. Die Einseitigkeit dieser und anderer Lehren von der intergenerativen Verschiebung staatlicher Schuldenlasten war bereits Gegenstand der Erörterung in Kapitel 10.

207 Schon Karl Marx hatte sich mit der je besonderen Spezifik von Arbeit in öffentlichen und privaten Diensten befasst. Das damalige, kostenpflichtige Privatschulsystem vor Augen, schrieb er: Ein Schulmeister ist »produktiver Arbeiter, wenn er nicht nur Kinderköpfe bearbeitet, sondern sich selbst abarbeitet zur Bereicherung des Unternehmers. Dass letzterer sein Kapital in eine Lehrfabrik angelegt hat statt in eine Wurstfabrik, ändert nichts an dem Verhältnis.« (Karl Marx, Das Kapital, Band 1, Marx-Engels-Werke, Band 23, Berlin 1988, S. 532.). Im Umkehrschluss ist derselbe »Schulmeister« kein produktiver Arbeiter, wenn er dieselben Kinderköpfe im Dienste des Staates bearbeitet; dass ein »Bearbeitender« kein individueller Konsument ist, dürfte sich von selbst verstehen. Lehrergehälter sind also weder produktiv noch konsumtiv. *Quod erat demonstrandum* / Was zu beweisen war.

208 S. hierzu: Axel Stommel, Klimapolitik…, passim, bes. S. 72–83.

Teil III: Sparen, verschulden oder mit Steuern steuern? ***Die Lösung*** *(hochkonzentriert und weiterführend)*

»Kann es sein, dass der Kampf um Steuern… die Front der Zukunft ist?« So lautete die erkenntnisleitende *Frage* zu Beginn der Untersuchung. Sie kann nunmehr beantwortet werden.

Die *Antwort* lautet, kurz und bündig: Ja.

Begründung:

a) *Sparhaushalte sind ganz schlecht.*
Denn sie verhindern notwendige staatliche Investitionen in die organisatorische, wissenschaftliche, technologische und soziale Infrastruktur. Damit beschneiden sie die Entwicklungsmöglichkeiten der einzelnen und der Gesellschaft. Stattdessen verschärfen sie Missstände und Konflikte: Wer nicht investiert, verliert – am Ende gar die Demokratie.

Trotzdem sind Sparhaushalte bei Politiker:innen beliebt. Sparhaushalte nämlich befreien sie, die dem ständigen Wählervotum unterworfen sind, von der undankbaren Aufgabe, Wähler:innen sach- und leistungsfähigkeitsgerecht zu besteuerm und/oder neue Staatsschulden aufzunehmen. Beides ist unpopulär und kann ihre (Wieder-)Wahl gefährden.

Bei Vermögenden sind Sparhaushalte sogar regelmäßig sehr beliebt. Vermögende brauchen nur wenig Staat; die Finanzierung eines starken, steuernden Staates ersparen sie sich gerne: Lieber die ersparten Steuern als Kredit mit Zins- und Tilgungsanspruch sowie politischer Gestaltungsmacht vergeben, sagen sie sich verständlicherweise, und begrüßen es, wenn sich der Staat durch Sparen weiter in die Verschuldung treibt.

b) *Die Einheit aus Verschulden und Investieren ist besser, aber nicht gut.*
Sie ist nur besser als ganz schlecht. Also schlecht.
Denn Verschuldung ist teuer, ermöglicht trotzdem keine ausreichenden Investitionen, schafft aber gefährliche Abhängigkeiten. Damit gefährdet sie den Primat Politik, am Ende gar die Demokratie. So lautet die Regel; die klassisch-keynesianischen Ausnahmen bestätigen die Regel.

c) *Sach- und leistungsfähigkeitsgerechte Steuern sind die beste Wahl.*
Nur ein steuerlich auskömmlich ausgestatteter Staat ist in der Lage, die gesellschaftliche Entwicklung in ihrer wachsenden Komplexität gemeinwohlorientiert zu steuern. Die klassisch-keynesianischen Ausnahmen bestätigen auch diese Regel.

Im Übrigen hat die Feststellung des 32. Präsidenten der USA, des für seine Aphorismen berühmten Franklin D. Roosevelt, nichts an Aktualität verloren: »Steuern sind der Preis, den wir für eine zivilisierte Gesellschaft zahlen müssen.«

Wir können nicht beides zugleich haben – Demokratie und extreme Vermögenskonzentration, eine sozial ausgewogene, entspannte Gesellschaft und einen armen, verschuldeten, fremdgesteuerten Staat, progressive ökonomisch-ökologische Entwicklung und ein unzureichendes Steuersystem, obendrein in sozialer Schieflage. Roosevelt hatte daher hohe, progressive Steuern mit Spitzen wie 94 Prozent in der Einkommensteuer eingeführt. Damit hatte er eine einzigartige Phase langanhaltenden, dynamischen Wirtschaftswachstums in den USA eingeleitet. Frankreich, Großbritannien, die Bundesrepublik Deutschland und andere europäische Staaten hatten es ihm jahrzehntelang nachgemacht.

»Mit Steuern steuern« lautet daher die zentrale Herausforderung der Gegenwart – *to tax or not to tax that is the question*/besteuern oder nicht besteuern, das ist die Frage. Nicht die Schuldenbremse, die Steuerbremse bildet das umfassende Hindernis für sozialen und demokratischen, ökonomischen und ökologischen Fortschritt. Das Steuer-Tabu muss fallen!

Das ist zwar nicht alles. Aber ohne das ist alles nichts.

Der Wandel in Umwelt und Klima unterstreicht diese Aussage dramatisch. Steuern, sozial ersteuert und zur gesellschaftlichen Steuerung im Dienste des gemeinsamen Wohls ausgegeben, sind eine unverzichtbare, gesellschaftliche Form für jene individuellen Verzichte und Verluste im gemeinschaftlichen Interesse, an denen es so dringend fehlt, obwohl ihre Unumgänglichkeit inzwischen jeder (m/w/d) spürt, der nicht mit Scheuklappen durch die Welt stolziert. Dabei gilt auch hier: Verzicht ist nicht alles. Aber ohne Verzicht geht es nicht. Unzureichende Verzichte potenzieren die Verluste.

Die lange Phase, in der Wachstum Verteilung ersetzt hat, ist gerade auch unter der ökologischen Entwicklung der letzte Jahre unwiderruflich zu Ende gegangen. Jetzt muss Verteilung Wachstum ersetzen. Versuche, Verteilung durch Verschuldung zu ersetzen, beenden die Demokratie.

Mit Steuern steuern: In ihrer Doppelseitigkeit des *Wofür ausgeben* und des *Von wem einnehmen* stellen Steuern den wohl leistungsfähigsten Transformator zwischen individuellen und gesellschaftlichen Interessen dar; die Einsicht in unumgänglich gewordene Notwendigkeiten kann ohne die beidseitige Steuerung weder entstehen noch umgesetzt werden. Denn dabei ist die Überzeugung von grundlegender Bedeutung, dass Kosten und Leistungen gerecht verteilt und die ersteuerten Mittel wirkungsvoll eingesetzt werden, dass es also, kurz gesagt, gerecht zugeht und ökonomisch – das meteorologische und das soziale Klima bilden eine Einheit und verlangen beides: Steuern und Steuerung, genauer: Steuern zur Steuerung.

All das ist jedoch ein Thema für sich. Es bedarf einer eigenen Abhandlung. Eine exemplarische, übersichtliche Problemskizze befindet sich hier im Anhang.

Anhänge

Auf einen Blick: Bedrohlicher Wandel in Umwelt und Klima.
Fossile Dominanz und die engen Grenzen der erneuerbaren Energien

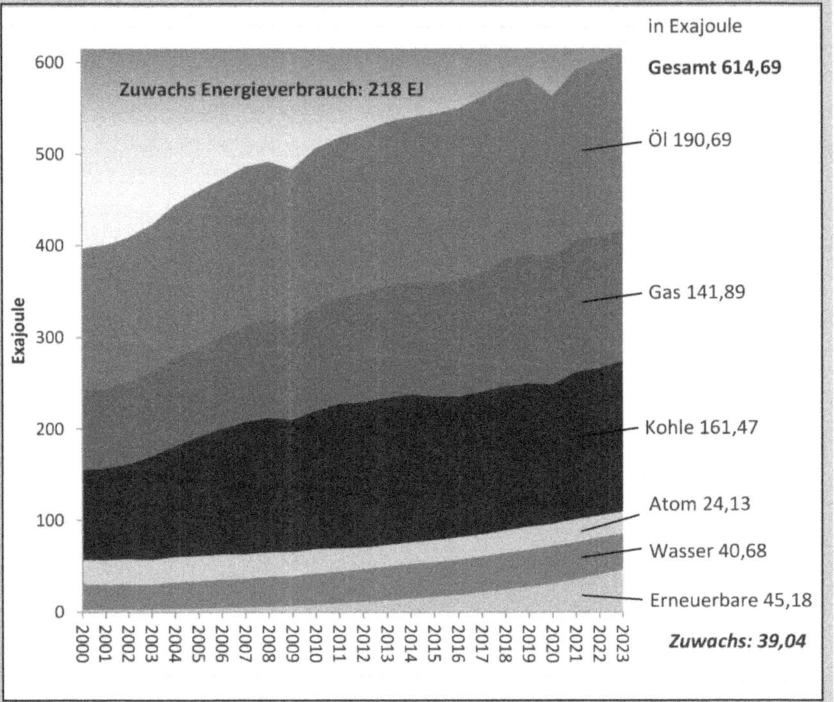

Abb. 4. Quelle: Energy Statistical Review of World Energy 2023

Erneuerbare Energien sind seit 2000 um **39 EJ** (45 – 6) gewachsen, der ***globale Energieverbrauch*** dagegen um **218 EJ** (615 – 397), also um mehr als das 5,5-fache.

Daraus folgt: Um mit dem Wachstum des globalen Energieverbrauchs mitzuhalten, müsste sich der Zugewinn an Erneuerbaren mehr als verfünffachen. Selbst wenn dies möglich wäre, wären wir jedoch nur dem fahrenden Zug hinterhergerannt. Denn der Bedarf wächst währenddessen selber ständig weiter.

Angenommen, auch diese Aufholjagd gelänge immer wieder von Neuem: Dann erst käme das Wachstum der CO_2-Emissionen endlich zum Stillstand. Die Emissionen lägen dann aber auf viel zu hohem Niveau: Die grüne Energieerzeugung müsste zusätzlich sowie in noch viel höherem Ausmaß gesteigert werden, damit die Emissionen endlich erstmals sinken. Das ist illusorisch, mit technischen Innovationen ist gegen ein derartiges Wachstum nicht anzukommen.*

Zusätzlich ist zu beachten:

1. Auch die Erneuerbaren verbrauchen nicht-erneuerbare Ressourcen (Windräder z. B. müssen alle 15 Jahre, Solarpaneele alle 20 Jahre selber erneuert, d. h. verschrottet, entsorgt und gegen neue ausgetauscht werden; wiederverwendbar sind nur jeweils wenige Bestandteile).
2. CO_2-Emissionen sind eine existentielle Bedrohung. Es gibt jedoch noch diverse andere, ebenbürtige Bedrohungen für Umwelt und Klima, namentlich das Artensterben.**

Erläuterungen zur vorangehenden Abbildung

Umwelt- und Klimaschutz ist das Thema, welches die kommenden Jahrzehnte prägen wird. Gewiss, die Zukunft ist ungewiss. Nicht so jedoch diese Prognose.

Dass sich trotzdem eine gegenwärtig sogar wachsende Menschenzahl in Ost und West, in Nord und Süd mehr oder weniger angestrengt darum bemüht, die existenziellen Probleme, die der Wandel in Umwelt und Klima mit sich bringt, schlicht und einfach auszublenden, steht der Prognose nicht entgegen. Zwar kommt der Wandel vorerst gewöhnlich eher noch schleichend daher; deshalb mag er tatsächlich bei entsprechendem Willen noch relativ leicht zu übersehen sein. Das macht ihn jedoch erst recht bedrohlich. Einschneidende Entscheidungen und Handlungen zum Schutz von Umwelt und Klima, folglich auch zum Schutz der Menschen sind zwingend geboten, und zwar sowohl auf individueller als auch auf gesellschaftlicher Ebene.

Wesentlich für dringende Entscheidungen einschließlich ihrer praktischen Umsetzungen sind jedoch nicht nur differenzierte, umfangreiche natur-, ingenieur-, wirtschafts- und sozialwissenschaftliche Abhandlungen. Die liegen in mehr als ausreichender Zahl vor. Mindestens genauso wichtig sind anschauliche und einprägsame, leicht fassbare, gleichwohl sachlich fundierte Darstellungen jeweiliger Problemkerne. Dwight D. Eisenhower, der Oberkommandierende der Supreme Headquarters im Zweiten Weltkrieg und 34. Präsident der USA, hat aus dieser Sachlage eine radikale Schlussfolgerung gezogen. Sie lautet: »*Was nicht auf eine Seite passt, ist weder durchdacht noch entscheidungsfähig.*« (Eisenhower hatte eine Schreibmaschinenseite im Sinn, keine Buchseite; die vorangehenden, eingekasteten Ausführungen passen auf eine solche Seite.)

Als General, der unter Schlachtendruck schnelle, weitreichende Entscheidungen zu fällen hatte, war für Eisenhower eine klar strukturierte, konzentrierte Erfassung jeweiliger Lagen und Handlungsoptionen auf einer einzigen, auf einen Blick erfassbaren Manuskriptseite von entscheidender Bedeutung. In Fragen von Umwelt und Klima gilt die Feststellung des Generals inzwischen aber auch für uns Gewöhnliche. Deshalb bitte: Die Sachlage übersichtlich, anschaulich und leicht fassbar darstellen! Wo liegen die Kernprobleme, wohin geht die Entwicklung? Und: Was ist zu tun? Aufmerksamkeitsspannen und Merkfähigkeiten sind allzu oft arg begrenzt – anschauliche Konzentrate sind gefragt.

Die vorangehende Darstellung ist ein solches Konzentrat. Zusammen mit den Erläuterungen auf ein und demselben Blatt werden Sachverhalte von grundlegender umwelt- und klimapolitischer Bedeutung anschaulich erfassbar, Handlungsoptionen bedenkbar; irreführende Optionen können hier ausgeschlossen werden. Demgemäß erschließt das Blatt die Erkenntnis, dass ein leutseliges Vertrauen auf den technischen Fortschritt etwa in Gestalt eines fortschreitenden Ausbaus der Erneuerbaren Energien unbegründet ist. Leider. Die naheliegende Schlussfolgerung lautet: *Gefragt ist und bleiben der steuernde Staat und seine informierten und bedachten Bürger gleich welchen Geschlechts.*

* Nach Klaus Simon, Warum Klimaschutz bisher verpufft und wie er gelingt, Marburg 2021, S. 236.

** S. Axel Stommel, Optionen der Klimapolitik – Von Einzelverzicht und Massenverbrauch, Marburg 2023, S. 18 ff.

Inhaltsverzeichnis
Basics der Ökonomie – Wirtschaftpolitik, Staat und Steuern

BASIC 10: Steuerkonkurrenz und Steuervollzug
Wo kann man Traumrenditen von 1.333 Prozent erzielen, und zwar dauerhaft, legal & steuerfrei? Wo liegen unsere Steuerreserven?
– Mit einem Nachtrag zu aktuellen Haushaltsüberschüssen –

BASIC 11: Steuerflucht und Nationalstaat
Ist das Kapital ein scheues Reh und der Nationalstaat am Ende?
– Mit einem Abstecher in die USA, das Land des unbegrenzten Steuervollzugs –

BASIC 12: Konjunkturen und Krisen
Warum gerät unsere Wirtschaft immer wieder in Krisen?
Wie erklären die maßgeblichen Wirtschaftstheorien den Krisenlauf?

BASIC 13: Entwertung, Stagnation und Aufschwung
Welche Wege führen wieder aus der Krise heraus?
Worin besteht das gängige Konzept der »absterbenden Belebung« und welche Nebenwirkungen weist es auf?

BASIC 14: Außenwirtschaft und Währung
Überschüsse /Defizite, Wechselkurse, innere Abwertungen:
Wie beeinflussen sie die sozioökonomische Entwicklung?
– Mit einem Anhang zum Euro: Ist er Kitt oder Dynamit? –

BASIC 15: Finanzwirtschaft
Welche Sonderregeln herrschen im Finanzsektor?
Was macht den Sektor so ungeheuer attraktiv und destruktiv zugleich?

BASIC 16: Wirtschaftsprognosen: die ständige Versuchung
Was ist vorhersehbar am Konjunktur- und Krisenlauf? Warum ist Präzision reine Illusion – in der Wirtschaft wie beim Wetter?

EXKURS 16: Ökonomie und Mathematik – eine problematische Beziehung
Wie viel Mathematik braucht der Volkswirt /die Betriebswirtin?
Was macht das Wirtschaftsstudium zum Martyrium?

BASIC 17: Produktion und Verteilung: eine Zusammenfassung
Wieso bestimmen sich die beiden gegenseitig?
Und wie kann, wie sollte der Staat die Verhältnisse steuern?

EXKURS 17: Zur wissenschaftlichen Sonderstellung der Ökonomie
Was macht die Ökonomie zur Exotin im Kreis der Wissenschaften?
Warum sind die Nobel-Preise für Ökonomie reiner Etikettenschwindel?

VORAUSSCHAU auf die folgenden Streckenabschnitte

Dank

Ulrich Thielemann, der Geschäftsführer der Me'M Denkfabrik für Wirtschaftsethik, hat mit seiner exzellenten Zusammenfassung der finanzierungsbezogenen Kapitel meiner »Basics der Ökonomie« im Me'M-Mitteilungen, die ich gerade zum Zeitpunkt der großen deutschen Neuverschuldung kennenlernen durfte, den Anstoß zur Abfassung der vorliegenden Schrift gegeben.

Weiterer Dank gehört meinen regelmäßigen Diskussionspartnern Peter Costas, Jürgen Hegemann, Rüdiger Brandt und Werner Koch. Sie haben mein Problembewusstsein und meine Argumentation geschärft.

Last not least geht mein Dank an meinen Lektor im Büchner Verlag, Norman Rinkenberger. In nun schon gewohnter Qualität hat er mich beraten und die Transformation meines Manuskriptes in ein Buch bewerkstelligt.

Weitere Publikationen des Autors im Büchner-Verlag

Axel Stommel
Basics der Ökonomie
Herrschende Lehren auf dem Prüfstand. Wirtschaftspolitik, Staat und Steuern
366 Seiten, 15,0 x 22,0 cm
ISBN 978-3-96317-129-1 (Print)
ISBN 978-3-96317-642-5 (ePDF)

Axel Stommel
Klimapolitik: Die Optionen
Von Massenverbrauch und Einzelverzicht
138 Seiten, 14,5 x 20,5 cm
ISBN 978-3-96317-367-7 (Print)
ISBN 978-3-96317-932-7 (ePDF)

BÜCHNER